趙柏巖集

桂學文庫・廣西歷代文獻集成

潘琦　主編

①

廣西師范大學出版社
GUANGXI NORMAL UNIVERSITY PRESS
・桂林・

圖書在版編目（CIP）數據

趙柏巖集 / 趙炳麟撰．—桂林：廣西師範大學出版社，2013.1
（桂學文庫．廣西歷代文獻集成 / 潘琦主編）
ISBN 978-7-5495-3197-4

Ⅰ．趙… Ⅱ．趙… Ⅲ．趙炳麟（1874～1927）—文集 Ⅳ．Z426

中國版本圖書館 CIP 數據核字（2012）第 313889 號

廣西師範大學出版社出版發行
（廣西桂林市中華路 22 號　郵政編碼：541001
網址：http://www.bbtpress.com）
出版人：何林夏
全國新華書店經銷
廣西民族印刷包裝集團有限公司印刷
(廣西南寧市高新區高新三路 1 號　郵政編碼：530007)
開本：787 mm ×1 092 mm　1/16
印張：135.25　　字數：2164 千字
2013 年 1 月第 1 版　　2013 年 1 月第 1 次印刷
定價：2400.00 元（全 4 册）

《桂學文庫·廣西歷代文獻集成》編輯委員會

總序

潘琦

21世紀以來，隨著各地社會經濟的快速發展，與之相呼應的地域文化研究蔚然興起，呈現出多種地域文化研究競相迸發、研究成果累累、各種學理學説迭出的生動局面，有力地推動與彰顯著社會主義文化的大繁榮、大發展。廣西桂學研究，即誕生在這一時代大背景下。桂學是廣西最為重要的文化地標之一，它以廣西社會、歷史、文化、思想、藝術、科技、工藝等為研究對象，是具有鮮明廣西地方特色和民族特色的理念和學説的總和。桂學作為『學』，是一種能正確地、合理地呈現廣西客觀社會歷史文化與現實文化的系統知識的學問、學理和學説。

桂學研究無論是在時空上，還是在範圍及内容上，都是一個龐大的、系統的、廣泛的工程。其中，對廣西歷史文化的研究，是桂學研究的首要任務和重要内容。而對歷代形成並留存至今的關涉廣西的文獻遺存進行系統的整理、研究、保護、出版，又是進行歷史文化研究的首要內容，是保證桂學研究能够持續深入推進的學術基礎。為了全面、系統地整理相關文獻資料，廣西桂學研究會成立後，特在內部設置了古籍整理出版委員會，職司廣西歷代文獻的整理出版與保護工作。《桂學文庫·廣西歷代文獻集成》叢書的策劃與啟動，便是這項工作的重要成果之一。

桂學研究會由何林夏、蔣欽揮兩位副會長牽頭，組織專家學者開展了卓有成效的工作，在廣西壯族自治區圖書館、廣西壯族自治區桂林圖書館及廣西師範大學圖書館、廣西師范大學出版社以及有關單位的大力支持與積極協作下，意在蒐集現存的所有廣西古籍的《桂學文庫·廣西歷代文獻集成》將陸續出版，為桂學研究提供源源不斷的堅實史料支持。桂學研究會將在一個較長的時間內，集中力量，籌措資金，全面、系統、整體、有序地推進整理出版工作的持續進行，希望藉助於這種長期務實的工作，為桂學研究向更深、更廣的方向發展，提供翔實、系統、完整、可靠的史料，推進桂學研究各項事業的持續繁榮。

以整理、研究、保護傳統文化為出發點的古籍出版，在一定程度上起著繼承、弘揚地域歷史文化的作用。古籍作為歷史文化的重要載體，其本身即是珍貴的歷史文化遺產，它不僅記載著歷史發展的生動進程，同時也集自然之美與人文之美於一體，書於竹帛的歷史記載、華美辭章是我們瞭解歷史、解讀歷史、研究歷史、承繼民族優秀文化的主要途徑、可靠依據、重要史料。《桂學文庫》的整理出版，更因廣西本身鮮明的地域性、民族性特徵，而具有顯著的多重價值。

一、研究性價值。桂學研究以研究廣西歷史文化為切入點，即首先需要研究廣西文化的產生、源流、特色，探討廣西歷史文化與其他地域或國域歷史文化之間的關係。為此，需要通過廣視角、多層面、全方位的探討，以究明廣西歷史文化發展的脈絡，做到知根知柢。先秦時期，廣西為百越之地，秦統一嶺南後，廣西開始行政建置納入統一國家的版圖，並出現於此後各種史料的文字記載中，經歷代的文化積澱，已經形成了大量的文史文獻資料與考古資料。這些遺存流傳至今，都是廣西地域文化的珍貴財富，更是建立和支撐桂學研究的寶貴財富。我們通過對這些資料進行系統、全面的整理出版，並在此基礎上開展全面的研究與考察工作，將有利於加深對廣西文化的源流、性質、内涵、特徵、地位及影響等的理解，得出符合歷史實際和歷史文化發展規律的結論。同時也能為社會學、民族學、歷史學等領域的研究提供豐富的研究素材，為文化研究的多學科共同繁榮作出積極的貢獻。

二、教育性價值。古籍兼具知識性與情感性學習兩種功能。中華文化歷經千年，其所積澱留存下來的古籍，包羅萬象、博大精深，通過對存世古籍的閱讀，有助於我們加深對古代文化的理解與體驗，掌握古代人文知識、古文知識、古人寫作技巧，領略古文之精彩，增進對地方發展史的瞭解與認識。與此同時，通過對古籍中所記録的重要歷史人物的人生經歷、治學經驗、高尚思想品德和自强不息的成長道路的認知，對於今天提高我們自身的精神境界和文明修養，都會是一種有益的啟迪與教育。

三、開發性價值。古籍作为歷經千年的文化積累，有著豐富、深厚的文化内涵，蘊含著先人的智慧，同時保持著原創性、傳承性、地域性、多樣性的特點。通過對古籍所記載歷史文化等内容的研究，今人可以擷取其精華，作為現代文化藝術創作的藝術源泉與靈感來源、拓展文藝創作題材、開發文化資源、創新文化產業，使先民的文化生命通過古籍的傳遞，重新生發出新的藝術活力與價值。

當然，任何事物都因產生於具體的歷史空間而不可避免地被自身的歷史性所局限，產生於歷史中並留存至今的古籍也是如此。面對種類繁多的古舊典籍，需要我們用批判、借鑒的眼光去加以審視，要本著去粗取精、去偽存真、古為今用的原則，充分發掘其所具有的優秀文化價值。今天，我們重要的任務之一，即是從精神上、思想上接應優良傳統，並通過繼承優良傳統而獲取更多的精神與思想資源。歷史不能複製，它只屬於它具體存在的那個空間和那段時間，但歷史又永遠不會消失，只要人類生命還在繼續，歷史就必然活躍在人們的精神生活裏，並影響著人类文明的繼續向前發展。

我們希望以《桂學文庫·廣西歷代文獻集成》相關整理成果的持續不斷出版，向世人展示廣西優秀的歷史文化資源與人文傳統，能為方興未艾的桂學研究提供充足的資料支持，為桂學研究的向更深更廣推進有所貢獻。希望桂學研究能在繼承吸收廣西優秀的歷史文化遺産的基礎上繼往開來、勇於創新，服務於今天廣西文化的大發展、大繁榮的歷史需要。

出版說明

廣西桂學研究會自2010年成立以來，即將整理出版廣西歷代留存至今的各類文獻列為學會的重要工作內容之一，並成立了專門的出版委員會職司其責，其動議之一，便是協調所有從事及志於研究、整理、保護的單位、個人、專家、學者，共同促成《桂學文庫·廣西歷代文獻集成》的整理出版。

本套叢書的宗旨，是想通過整理出版歷代形成現仍存世的桂人文獻及關涉廣西的文獻遺存，為從事桂學研究的學者提供推進研究所需的翔實、可靠、系統、全面的資料，為桂學能在學者們持續不斷的長期研究中向深廣發展打下堅實的文獻基礎。

面對歷代留存至今種類繁多、卷帙浩繁的廣西文獻，本書在編排上以著者為主綫，通過查考相關資料著録及文獻存藏信息，努力將同一著者存世的全部著作蒐羅淨盡，匯為一書。

在出版形式上，本書採用整理一種、出版一種的方式，以及時向學者提供各类文獻，並希望憑借這種方式聚沙成塔、集腋成裘，最終將關涉廣西的文獻遺存全部展現於桂學研究者面前。

為保持相關文獻的真實性，避免因整理不當而對原文獻造成的誤讀與誤解，本套叢書對納入整理範圍的文獻，採用全文影印的方式出版，旨在為學者的研究提供最本真、最可信的資料形態。

與影印存真相應，我們也組織相關領域的專家學者，為所整理的著作，按照統一的格式撰寫了解題，冠於各書首册。解題的主旨：一則簡述著者生平等信息，使用者可據此對撰著者有一直觀的瞭解；二則簡介歷代目録著録情況並著作的主要內容，以明文獻傳承源流與撰著主要價值所在。

我們希望本套叢書的出版，能為桂學研究的發展繁榮提供充足的文獻支持，為桂學研究向深廣推進貢獻一份心力。桂學研究，首先是對廣西傳統文化與歷史的繼承與吸收，其更重要的意義，則在於在繼承基礎上的開拓創新，推進今天廣西文化的繼續發展，如果本叢書的整理出版能够起到其應有的作用，我們將深感與有榮焉。

解題

《趙柏巖集》十三種四十一卷：《庭訓録》一卷，清趙潤生撰，趙炳麟輯；《光緒大事彙鑑》十二卷，《宣統大事鑑》一卷，《彙呈朱子論治本各疏》一卷，《興亡彙鑑》一卷，《諫院奏事録》六卷，《柏巖文存》四卷，《潛并廬雜存》二卷，《柏巖詩存》四卷，《柏巖聯語偶存》一卷，《潛并廬詩存》二卷，《柏巖感舊詩話》三卷，《潛并録詩存初續》三卷，趙炳麟撰，1922年山西太原潛并草堂鉛印本，今編為四册。

趙潤生（1850—1905），字鍾霖，號柳溪，廣西全州人。父趙典臣，子三：長子炳麟，次子炳靈，三子炳熙。光緒五年（1879）舉人，十七年（1891），其長子趙炳麟中舉，遂携子赴京師以備考。居京間，結識岑春煊，岑見趙潤生『沉默寡言笑』『知為儒碩』，乃請其入府，延為西席，以教子弟。光緒十八年（1892）貢士，二十年（1894）進士，以即用知縣分發湖南補用。光緒二十一年（1895）檄委按事新化，二十二年(1896)委署益陽縣知縣，二十三年(1897)補授湘陰縣知縣，二十七年(1901)調署常寧，二十八年(1902)擢南洲直隸廳通判，『廉公有威而養民以惠』，後卒於任上。《國史館循吏傳》云『潤生宦湘十年，凡四易任，所至案無留牘，必嚴查保甲以清良莠』。生平事具《庭訓録》卷首冠《國史館循吏傳》『趙潤生』條，參見《柏巖文存》卷三《先君柳溪公行述》。

趙炳麟(1874—1927)，原名淅杭，又名長樂。趙啟霖《清空居士墓表》云『君生時，父母夢天竺居士入室』，故取字竺垣，一字炳粵。中年號養真子，晚年有感於清王朝的滅亡，以『我清人也，萬事皆空』，自號清空居士。清末民初，歸隱全州，筑室柏巖，故又號柏巖，齋號『萬松草堂』。1917年，應閻錫山之邀往太原，以太原古屬并州，故齋號『潛并草堂』、『潛并廬』。

清翰林院檔案及《趙柏巖集》所載趙炳麟生年，表述不一。翰林院檔案云趙炳麟生於光緒二年十一月二十六日(1877年1月10日)；《潛并廬詩存》卷二云『庚申十一月二十六日(1921年1月4日)為炳麟四十八歲生日，在太原慶華春酒樓成二十二韻』；《潛并録詩存初續》卷一《五十一歲初度偶賦》云『癸酉（同治十二年，1873）余以降』；其墓碑載『生於同治癸酉年十一月廿六日（1874年1月14日）亥時，殁於民國丁卯年正月三十日（1927年3月3日）寅時，享年五十五歲』。今據《趙柏巖集》及趙炳麟墓碑所敘，著録其生年為同治十二年。

趙炳麟幼時多病，曾寄名全州廣覺寺為僧侶，拜定慧禪師為師，實並未出家，十五歲入邑庠，贖身還俗。趙炳麟幼承家教，七歲從父讀書，至十八歲，未嘗一刻離其左右。其間遵父囑，『學以立身』，『考求古聖先賢修身治世之大經大法，勿徒以科名為念』，十一歲時『先循吏公授以制藝之法』，十四歲讀十三經畢。光緒十七年舉人，二十一年（1895）在京參加乙未殿試，因卷錯五字，本置在三甲，因『策論熟嫻如掌故』，為光緒帝所欣賞，破格提拔為二甲第十一名，授翰林院編修。在京期間，曾積極參與維新變法運動，後變法失敗，幾罹黨禍。光緒二十六年（1900），上疏言義和團即是紅巾、黄巾，得罪於當朝。八國聯軍侵華，慈禧太后及光緒帝離京避難，趙炳麟携家追隨，行至高麗營，因亂兵横行，不得前行。趙炳麟於翰林院任職十年有餘，其間因詞館清暇，與九江劉廷琛、南昌胡思敬往還，益究心古今政治得失、中外利病，儲為世用。光緒三十一年(1905)丁父憂回鄉，三十二年(1906)六月返京，八月授監察御史，歷掌福建、江南、京畿各道。履任之初，即就『預備立憲』上疏陳事，提出正紀綱、重法令、養廉恥、抑幸進、懲貪墨、設鄉職等主張，為慈禧與光緒帝所納。在臺諫以『年少氣盛，蹈厲風發，遇事敢言，不畏權貴』，有『鐵面御史』之稱。胡思敬撰《國聞備乘》云：『湘潭趙啟霖、莆田江春霖、全州趙炳麟，同時為諫官，甚相得，號稱敢言。京師人争目矚之，因假上海洋商標記，共呼三御史為三菱公司……炳麟汲汲好名，視趙、江稍馳騖，所著書秘不示人，多記國朝掌故，然文筆不甚雅馴。』光緒三十四年(1908)，偕給事中陳田劾袁世凱『包藏禍心』，袁世凱遂以足疾罷歸。宣統二年(1910)，上《劾慶親王奕劻疏》，列奕劻十二大罪，斥其『貪庸亡國，負國背君』，浸為政府嫉忌。宣統三年(1911)，奕勵出任内閣總理大臣，兩廣總督張鳴岐上奏『請調御史趙炳麟回籍，督辦桂全鐵路，並協商實業辦法』，清廷遂令趙炳麟以四品京堂候補督辦桂全鐵路。趙炳麟以康熙朝魏象樞例，請留臺效忠，不許，遂回籍督辦桂全鐵路。辛亥革命爆發後，張鳴岐將桂全鐵路官股挪作軍費，鐵路興建遂成泡影。宣統三年九月二十四日（1911年11月16日），清廷委趙炳麟為廣西宣慰使，以安慰疏導民情，趙炳麟深知局面已不可挽回，遂辭不受。民國初年，兩次當選為廣西出席國會之會員，因『鮮所諧和』，感歎『報國無能空涕淚，救民乏術付諮嗟』。後避居全州故里，從事躬耕，興辦礦業。1915年12月，袁世凱恢復帝制，改元洪憲，趙炳麟因曾上疏彈劾袁世凱，並將彈劾奏章結集為《諫院奏事録》，為人舉報，恐遭迫害，欲東渡日本避禍，逢廣西督軍陸榮廷等興兵討袁，趙炳麟遂與之同出湖南赴國會。1917年，趙炳麟為避戰亂，應山西督軍兼省長閻錫山之邀，出任山西省實業廳廳長，『歷八九載，勸課農桑，成績卓著』，且積極發展煤鐵業，以圖實業救國。1925年，趙炳麟離開山西，至北京養病，總統徐世昌聘其為高等顧問，授二等大綬嘉禾章，旋調河東鹽運使。趙炳麟力祛積弊，積勞成疾，於1927年春病逝於北京，兩年後歸葬故鄉全州湘山之陽。

1922年，趙炳麟於山西實業廳廳長任上，將生平著述結集出版，並請趙啟霖題寫書名，即為趙啟霖署簽本之《趙柏巖集》。著述之外，趙炳麟幼承家教，畢生仰慕先賢志士，於光緒三十四年出資並主持重刊全州籍先賢謝濟世之《謝梅莊先生遺集》，為後世謝濟世研究提供了重要的資料。生平事參見趙啟霖撰《趙瀞園集》卷四《清空居士墓表》，及民國《全縣縣志》。

《趙柏巖集》十三種四十一卷，封面題簽題「趙柏巖集 湘潭趙啟霖署檢」。綫裝，十五册，開本高二六六毫米，寬一五六毫米。首册首卷卷首冠《趙柏巖集總目録》，以《庭訓録》冠於諸稿之首。《庭訓録》一卷，清趙潤生撰，趙炳麟輯。半葉十行，行二十四字，小字雙行三十六字。四周雙邊，單黑魚尾，無本版大小字字數，無書耳。書口上端鐫「庭訓録」，書口下端鐫「趙柏巖集」，版心鐫卷次及葉碼。框高一九一毫米，寬一二三毫米。内封題『庭訓録』，綫裝，一册。

《庭訓録》卷首冠1922年趙炳麟跋語，略述《庭訓録》内容及編撰經過。《庭訓録》所録主要為趙炳麟父趙潤生所撰家書，趙炳麟輯其『教子各書可傳世者』，『弁以國史列傳、墓志、墓表，都為一卷』，冠於其《趙柏巖集》之首。正文首冠《國史館循吏傳》中《趙潤生列傳》，題名之下書纂輯者名氏；次宣統二年(1910)時任湖南巡撫楊文鼎會同湖廣總督瑞澂所上《湖南巡撫請列循吏傳原疏》；次《湖南紳士公呈》；次光緒三十一年(1905)岑春煊撰、唐景崇書《南洲直隸廳撫民通判趙君墓志銘》；次趙啟霖書《南洲廳通判趙公柳溪墓表》；次録趙潤生諭長子趙炳麟家書十餘通。家書以《訓子大概十二條》、《臨别訓子書》冠其首，二書撰於光緒二十六年(1900)，時趙炳麟由湘西赴西安，臨行，趙潤生書以教子。末附遺詩及名流題詠。卷末附《庭訓録正誤表》、《庭訓録正誤表第二表》。

《光緒大事彙鑑》十二卷，行欵同《庭訓録》。書口上端鎸『光緒大事彙鑑』，書口下端鎸『趙柏巖集』，版心鐫卷次及葉碼。内封題『光緒大事彙鑑』，正文首卷卷端題『光緒大事彙鑑卷一』，署『全州趙炳麟柏巖著』。綫裝，四册。

《光緒大事彙鑑》為趙炳麟任職於北京期間所撰，歷記光緒朝大事，並於卷首冠一小序，對相關事件作簡要評述，次敘詳細内容，按年編排。卷一至卷二敘『法越之役』，卷一卷首云：『中國軍事之失機，吾必以甲申（光緒十年，1884）為最。自南關規復，我師有戰必克，越人内附。法之政府方詰責國會軍餉，幾至内閧。使我贊廟謨者，鼓勵將士乘機進取，河内可襲而破也。然後再訂和約，則建威可銷無限之萌矣。乃捷書朝聞，和議夕上，事會一失，日蹙百里，嗚呼，是誰之罪歟？』末附《光緒大事彙鑑法越之役正誤表》；卷三至卷五敘『伊犁之議』，卷五卷首云：『中國外交術著著，失敗無可紀也，其差强人意者唯曾惠敏索回伊犁一案。當是時也，湘陰侯帥新疆，劉錦棠金順各軍驍勇善戰，無隙可擊，俄屢嘗試，無不敗退。彼又因突厥事新挫於聯軍，故能就我範圍，而惠敏得於尊俎間索還土壤，孰謂天下事可以口舌爭之哉？』末附《光緒大事彙鑑伊犁之議正誤表》；卷六至卷八敘『中日之役』，卷八卷首云：『物必自腐而後蟲生之，日本持遠交近攻之策，伺我久矣。甲午（光緒二十年，1894）戰後，日趨於强，我趨於弱，然考日之所以强，因明治帝整飭紀綱，勤求民隱，我則紀綱日馳，政出多門，國事日廢，國民日困，長此不返。吾不知採稆之所矣，弱云乎哉？』末附《光緒大事彙鑑中日之役正誤表》及《光緒大事彙鑑正誤第二表》，第二表後有趙炳麟跋語，云『右《光緒大事彙鑑》八卷，與《庭訓録》、《柏巖感舊詩話》皆湘潭趙芷蓀侍御史在山中校出寄晉，嗣以修族譜停校。侍御年近七十，糾謬訂訛，精神矍鑠，因並列為正誤第二表』；卷九敘『戊戌之變』，卷首云：『中國政事之失機，其在戊戌（光緒二十四年，1898）乎？當是時天子圖治，殷殷整綱飭紀，使不中蹶，必非今日之廢弛，可斷言也。惜乎其多故也。孔子曰：「天無二日，民無二王。」孟子曰：「定於一。」吾於戊戌益信之。』末附《光緒大事彙鑑戊戌之變正誤表》；卷十至卷十一敘『拳匪之變』，卷十卷首云：『清社之亡，其在庚子（光緒二十六年，1900）一役乎？是役也，無非家人之間互生嫌怨，於是來聯軍、賠巨款，竭民脂民膏，輸諸異族，馴至百政無措，四海困窮，宮庭之嫌怨愈深，邦國之危疑愈甚，不待民黨起、强藩興，識者早知其無救矣。吾讀《大學·平天下》一章，益嘆修齊之不可略也。』卷十一末附《光緒大事彙鑑拳匪之變正誤表》；卷十二敘『立憲大略』，卷首云：『光緒朝制度之泯棼，其在預備立憲時乎？使有英主當陽，而出以誠心，行以毅力，亦未始不可塞一時輿論也。乃是時德宗病弱，梟雄伺側，愈言立憲，愈搆猜忌，朝野上下皆循虚文，幾無一實政可紀，吾敢曰：戊戌可議立憲，至光緒末年而議立憲，是速亡也。』

《宣統大事鑑》一卷，行欵同《庭訓録》。書口上端鐫『宣統大事鑑』，書口下端鐫『趙柏巖集』，版心鐫卷次及葉碼。内封題『宣統大事鑑』，卷首冠1914年趙炳麟跋。正文首卷卷端題『宣統大事鑑卷一』，署『全州趙炳麟柏巖著』，卷末附《宣統大事鑑正誤表》。綫裝，與《光緒大事鑑》卷九至十二合一册。

《宣統大事鑑》為辛亥革命之後，趙炳麟歸還桂林所作。卷首自序云目睹政體遽變，因思宣統御宇雖僅三年，而新陳遞嬗，關係尤鉅，甲寅（1914）匿居全縣柏樹塹，開墾荒地，空山寂然，長夏無事，仍用《光緒大事彙鑑》書法，總輯宣統間大事，成書一卷，起光緒三十四年十月『孝欽顯皇后立醇親王載灃子為皇子』，終宣統三年『攝政王載灃退位、幼帝退位，隆裕太后懿旨組織共和政府』。

《彙呈朱子論治本各疏》一卷，行欵同《庭訓録》。書口上端鐫『彙呈朱子論治本各疏』，書口下端鐫『趙柏巖集』，版心鐫卷次及葉碼。内封題『彙呈朱子論治本各疏』，卷首冠光緒三十三年（1907）十月趙炳麟所上奏摺。正文首卷卷端題『宋臣朱熹論治本疏』，署『臣趙炳麟敬編』，末附《彙呈朱子論治本各疏正誤表》。綫裝，與《興亡彙鑑》合一册。

光緒三十三年，趙炳麟奏請勤求帝學，為慈禧、光緒帝採納，令孫家鼐等逐日進講。趙炳麟觀後世奏疏，以『宋臣朱熹述帝王之治理極精微，論亂亡之陋習極其沈慟』，『考朱熹論治要領，不外振綱紀、厲風俗、嚴賞罰、辨是非、肅宫闈、杜賄賂之數者,必人君學識進於明强,而後萬事萬物之來,如影在鑑,毫髪莫遁』,故謹將朱熹奏疏關係治本者,『節其要而擇其精,彙輯成書』,並在每疏之後,作有按語。

《興亡彙鑑》一卷,行欵同《庭訓録》。書口上端鎸『興亡彙鑑』,書口下端鎸『趙柏巖集』,版心鎸卷次及葉碼。内封篆字題『興亡彙鑑』,卷首冠《興亡彙鑑緣起》。正文首卷卷端題『興亡彙鑑』,署『臣趙炳麟恭擬』。綫裝,與《彙呈朱子論治本各疏》合一册。

《興亡彙鑑》共十篇,分類纂綴,附以己意,著明之所以亡,論清之所以興,深有裨於治理,並於每段引文之下,雙行小字標明出處。首篇敘清之開國,並録天命十一年丙寅(1626)正月己酉上諭;二篇言『國初用人之善,明末用人之失』;三篇言『國初行政之善,明末行政之失』;四篇言『國初綱紀整飭,明末綱紀倒置』;五篇言『國初政事皆有精意,明末政事皆為具文』;六篇言『國初財政之裕,明末財政之絀』；七篇言『國初軍事之强，明末軍事之弱』；八篇言『國初之愛民，明末之擾民』；九篇言『國初大臣為國求才，明末大臣為己植黨』；十篇略陳己意，以為總敘，論興亡之理。每篇之後，皆有趙炳麟所作按語。卷末附《興亡彙鑑正誤表》。

《諫院奏事録》六卷，行款同《庭訓録》。書口上端鎸『諫院奏事録』，書口下端鎸『趙柏巖集』，版心鎸卷次及葉碼。内封題『諫院奏事録』，卷首冠《諫院奏事録自敘一》，末署『宣統三年辛亥六月初一日洮陽趙炳麟識於桂林寓廬』；次《諫院奏事録自敘二》，末署『壬戌(1922)六月趙炳麟識於太原之潛并草廬』；次《諫院奏事録目録》。正文首卷卷端題『諫院奏事録卷一』，署『監察御史全州趙炳麟竺垣稿』。末附《諫院奏事録正誤表》。綫裝，三册。

《諫院奏事録》所收内容，主要為趙炳麟任職監察御史期間所撰奏事及彈劾疏稿，内容涉及趙炳麟、趙啟霖、江春霖等人對奕劻、袁世凱等人之彈劾，以及作者對於立憲所持觀點、建議等。所上《論陝甘路政疏》、《籌遼備倭疏》、《劾袁世凱疏》、《論桂邕鐵路片》及《密陳管見疏》等疏，分析時局，指出俄國及法國的侵略野心，力主保衛邊疆、實業救國、練兵以防外患，尤為世人稱道。

《柏巖文存》四卷，行款同《庭訓録》。書口上端鎸『文存』，書口下端鎸『趙柏巖集』，版心鎸卷次及葉碼。内封題『柏巖文存』，綫裝，二册。正文首卷卷端題『柏巖文存卷一』，署『全州趙炳麟竺垣稿』。末附《文存正誤表》。綫裝，二册。

《柏巖文存》收録光緒二十一年（1895）趙炳麟任翰林院修撰至1917年出任山西實業廳廳長間文章。卷一收策論、讀書劄記及序跋；卷二收遊記、書信，遊記如己亥（光緒二十五年，1899）《遊西山記》、庚子（光緒二十六年，1900）《高麗營避難記》、辛丑（光緒二十七年，1901）《柏巖記》、《登雁塔記》、《八仙庵觀牡丹記》，書信如《自湖北上禮部侍郎唐春師》、《自行在致岑雲階中丞》、《復岑雲階中丞》等，於考察趙炳麟交遊，頗有助益；卷三收所撰傳記、行述、遺略、壽序、墓表等；卷四一名《國魂録》，為趙炳麟官翰林院時所作，時趙炳麟讀書閱世事輒有所記載，其巨者或編年立傳以書之，多入《光緒大事彙鑑》，瑣且雜者，不能盡收，而事多奇傑不忍盡棄，遂成此卷，所記皆民間著名人物及品行高尚的無名百姓，如王俠客、程長庚、楚二生、一瓢一劍生、朱蓁仕、王蔭、陳生、順德守備，所記人物事蹟多不見於正史，而於考察社會民情，則多有所裨益。

《潛并廬雜存》二卷，行欵同《庭訓録》。書口上端鐫『潛并廬雜存』，書口下端鐫『趙柏巖集』，版心鐫卷次及葉碼。內封題『潛并廬雜存』，正文首卷卷端題『潛并廬雜存卷一』，署『全州趙炳麟竺垣稿』。末附《潛并廬雜存正誤表》。綫裝，一册。

《潛并廬雜存》收録1917年趙炳麟應閻錫山之邀出任山西實業廳廳長後所撰文章，卷一主要為書信及演講講義，如《覆趙芷孫年丈書》、《山西實業廳成立宣言書》、《宗聖社演説詞》、《洗心社演説詞》、《山西第一次實業展覽會開會演説詞》、《實業講義》、《上馮總統段總理請赦免張勳書》等；卷二為政論、序跋、傳記、書信、壽序等，如《與閻督軍商榷土地資本公有公授書》、《山西東山公林碑序》、《編定山西礦務志略自序》、《重印敦艮齋遺書序》、《理學備考書後》、《山西第一次實業展覽會報告書跋語》、《陳勉齋先生傳》、《復閻督軍垂詢鄉軍之制》、《王母蔣太夫人壽序》。所收各書於考察趙炳麟實業主張、交遊、思想等，多有裨益。

《柏巖詩存》四卷，行欵同《庭訓録》。書口上端鎸『柏巖詩存』，書口下端鎸『趙柏巖集』，版心鎸卷次及葉碼。内封題『柏巖詩存』，正文首卷卷端題『柏巖詩存卷一』，署『全州趙炳麟竺垣稿』，末附《柏巖詩存正誤表》。綫裝，與《柏巖聯語偶存》合一册。

《柏巖聯語偶存》一卷，行欵同《庭訓録》。書口上端鎸『聯語偶存』，書口下端鎸『趙柏巖集』，版心鎸卷次及葉碼。正文首卷卷端題『柏巖聯語偶存』，雙行小字注曰『聯語向不存稿，遺失殆盡，玆將偶存者付刊』，收聯語二十二則。綫裝，與《柏巖詩存》合一册。

《潛并廬詩存》二卷，行欵同《庭訓録》。書口上端鐫『潛并廬詩存』，書口下端鐫『趙柏巖集』，版心鐫卷次及葉碼。内封題『潛并廬詩存』，正文首卷卷端題『潛并廬詩存卷一』，署『全州趙炳麟竺垣稿』。末附《潛并廬詩存正誤表》。綫裝，與《柏巖感舊詩話》合一册。

《柏巖感舊詩話》三卷，行欵同《庭訓録》。書口上端鐫『柏巖感舊詩話』，書口下端鐫『趙柏巖集』，版心鐫卷次及葉碼。内封題『柏巖感舊詩話』，正文首卷卷端題『柏巖感舊詩話卷一』，署『全州趙炳麟竺垣稿』。末附《柏巖感舊詩話正誤表》。綫裝，與《潛并廬詩存》合一册。

《潛并録詩存初續》三卷，行欵同《庭訓録》。書口上端鐫『潛并録詩存初續』，書口下端鐫『趙柏巖集』，版心鐫卷次及葉碼。内封題『潛并録詩存初續』，正文首卷卷端題『潛并録詩存初續卷一』，署『全州趙炳麟竺垣稿』。卷末無《正誤表》，惟於正文中需校改處，旁鈐一印，書應改正文字。綫裝，一册。

《柏巖詩存》、《柏巖聯語偶存》、《潛并廬詩存》、《柏巖感舊詩話》、《潛并録詩存初續》等書，主收趙炳麟於各個時期所撰律詩及絶句，起光緒二十年（1894），多數内容，有著較强的時代烙印。其中不少内容，反映出作者對時局的關注，體現出作者對一些事件的觀點。如《大東溝戰事有感》、《聞德人據膠州》、《天寧寺送李苾園端棻司寇西戎》、《四恨詩》等篇，對時局戰事多有描寫，於考察晚清時期的一些重要歷史事件及人物，有較重要的參考價值。

《感事》、《封事》、《感懷》、《聞警》、《哀王孫》、《高麗營旅感》、《自高麗營回京》、《春明竹枝詞》、《八里橋》等篇，紀詠光緒二十六年庚子（1900）八國聯軍侵華事較詳，堪稱『詩史』。如《春明竹枝詞》，以近乎白描的手法，實録庚子之亂全過程，用第三者的視角記述國家與黎民百姓的苦難；《高麗營旅感》則側重於抒發詩人心中的哀痛與悲憤；《八里橋》則歌詠戰事中的正派大臣。

趙炳麟所撰詩中，亦不乏詠史懷古詩及與友人唱和之作，體現出作者的救世愛國情緒，貫穿著對儒家『立功、立德、立言』的崇尚，對研究晚清時期文人、士子、官員的精神風貌，及趙炳麟的交遊，有著重要的參考價值。

《趙柏巖集》記述晚清時期史事頗多，内容相當廣泛，約占全書之半，為研究中國近代史之重要史料，於中法戰爭、中俄戰爭、中日戰爭、戊戌變法、義和團運動、八國聯軍侵華、預備立憲、清朝滅亡等事，敘述尤詳。除了史料記載和時政奏稿外，還包括官場内幕、宫闈秘史、名人軼事、文壇趣話、江湖傳奇、民間異聞等等，反映清代社會生活的各個方面，可以説是一副生動的清代社會衆生相。書中涉及的人物，上至帝王、后妃、王公大臣、各級官吏、社會名流，下至豪傑遊俠、富商大賈、平頭百姓乃至江洋大盜，無所不包。尤其是對普通官吏、下層人物等種種逸聞趣事的描寫，在一般官修史書中是無法看到的。

需要説明的是，本書在整理中為便於讀者使用閱讀，對原書無文字内容的白頁作了統一删除，其他未做改動。此外，由於古籍刊印過程中印製條件的限制，以及後世保存中的一些客觀原因，底本部分葉碼文字偶有蟲蛀、漫漶，或在現代技術允許的條件下作了一些處理，或以館藏複本置換，其他則一仍其舊。

馬疃超

目録

第四册

庭訓録

趙柏巖集
湘潭趙啟霖署檢
國立廣西大學圖書館
THE LIBRARY OF NATIONAL KWANGSI UNIVERS
CHINA

趙柏巖集總目錄

趙
成玄欽
武
贈

趙柏巖集 總目錄 一 趙柏巖集

趙柏巖集 總目錄

潛弇廬詩存 二卷 附潛弇錄詩存刊續二卷

柏巖感舊詩話 三卷

庭訓錄

庭訓錄

男炳麟謹編

先君柳溪公所著書清時在長沙付印而未錄家書也歲次壬戌炳麟編輯教子各書之可傳世者弁以　國史列傳墓志墓表都爲一卷冠諸拙稾之首嗟乎

先君望麟甚殷每寄一書諄諄不憚詳盡惜麟無學加以遭時不造於　先君所期望千分未償一二至今讀之痛何如乎壬戌六月男炳麟謹誌於太原潛幷草堂

國史館循吏傳

纂修官翰林院編修龔元凱初輯
纂修官翰林院編修章梫覆輯

趙潤生列傳

趙潤生廣西全州人光緒二十年進士以知縣分湖南補用二十一年檄委按事新化時新化有富紳造私刑立遷善所寃殺平民爲言官所發下巡撫按治使吏相屬於道卒瞻隱無敢取決潤生至微服鉤訪廉得實迹立拘之富紳大恐以重金乞爲轉圜不納械至省一鞫而服巡撫陳寶箴以爲能二十二年委署益陽縣知縣密檄察辦幕友經商事潤生涖任後傳典商至署調簿詳覈無疑隙蹤究詰語亦無左證卒爲昭雪益陽故多銻礦士人溺於風水之說省員勘礦至鄉民洶湧會首集二千

人圍鑛局將要而殺之潤生力陳利害反覆曉喩衆悚悟乃解
立懲黨中惑民者二人鑛事以集二十三年補授湘陰縣知縣
時設電報立木竿民疑懼輒斧而仆之大吏欲捕斬一二人以
示儆潤生憫其愚躬詣鄉里沿途解說以釋羣疑自是湘陰無
截竿之事元塘墟者湘陰四都之村會也二十六年拳匪倣擾
京師南中同震湘陰姦民於此設壇張幕祀所謂馬山神者謂
其教能避刀火或反用滅敵愚者禮之浹旬之間傳集數百人
潤生曰此妖民也乃逮治其渠餘各鳥獸散二十七年調署常
甯縣事常甯教堂林立教徒恃符擾民民恚怒若水火當事者
輒左右袒大釁幾成潤生稔其情勢遇事必準曲直以爲裁決

因是民教胥安適會匪劉五聚衆數千據豬塘窿爲巢窟寇患將起潤生聞警躬率役會營往剿以夜入突擒之並毀其巢二十八年擢南洲廳通判廳故洞庭湖西淤地土沃饒業產無主籍客民之來居者以河爲界分南北黨攘利相仇殺堤工多北豪包修名曰總首按畝科錢而故緩其工及湖水大至土岸傾圮又重斂之南人因之傾產者無算潤生詷其弊於一切公所悉罷土豪而用正紳強暴爲之歛迹黨怨以解其官荒均發照承佃時方新設廳治承發無定則淤地多寡與照數每有出入民訟紛起潤生爲之定數法曰地多照少者補照地少照多者待淤民無爭焉廳屬麻河口新港市一帶故淮鹽引地也咸豐

中逆亂道梗乃借銷川鹽以濟民食幾四十年比以軍餉不敷兩淮奏增引額限湘省加銷三萬引大吏乃允淮商所請絕川鹽收回引地川商聞之惶恐知不可拒擾食戶以逞潤生念習例已久未易旦夕更也乃爲調停之說請令川商配銷淮引明定期限潛移暗長逐漸配多久之川私淨去淮引暢行商人無失業之虞居民無禁食之擾待至限滿久假不歸之引地自不勞而收回策上大吏嘉納其言卒如法行廳之三仙湖舊設卡徵稅有請添立分卡者搜括繁瑣商旅交病潤生稟闢罷之南洲廟祀未備自潤生視事始集議籌款修　文　武廟紳商各欣然而土豪孟段二姓夙以不法爲潤生所抑銜之以歛費控

於上官大吏審其妄檄拘之浮議息廟成復籌常款二萬餘金立中學校遴穎異之士四十人研中西普通學又議立師範學堂及農工局未就而病三十年冬以大計卓異請咨送部引見大吏以廳事正資熟手不允次年四月復請亦不果七月卒於任潤生宦湘十年凡四易任所至案無留牘必嚴查保甲以清良莠每決一訟必兩造均服始具稿而手定之焦脣敝舌不以爲苦每行縣減傔從罷徭役自給夫馬遇儒者肫誨若子弟豪強巨滑必嚴懲不少貸瀕湖匪黨聞而歛迹歷任巡撫多其能先後奏保迭家　恩旨嘉獎並大計卓異焉公暇以其子炳麟官編修嗣爲御史各有當盡職守先後著翰林說及御史法戒

錄以訓之略謂翰林者　朝廷儲養相才之地當究中外古今強弱利病之所在一朝柄用胸有把握處之裕如倘不學無術遇事忙然無據未有不倒行逆施者又謂御史陳奏當持大體專務彈劾者隘摭拾浮議者粗因集古諫官之賢者三十人不肖者五十人彙爲一編俾知懲勸宣統二年湖南巡撫楊文鼎上其事於　朝疏稱趙潤生廉公有威而養民以惠宦湘一紀所至有聲歷宰劇邑均有建樹至其絕苞苴尚儉約與前湘潭縣知縣李尚卿同時民間有兩青天之目而其在常寧之緝和民教殆非李所能及請　宣付史館立傳　允之子炳麟翰林院編修改監察御史轉京畿道監察御史現官四品京堂炳靈

鹽課大使

湖南巡撫請列循吏傳原疏

頭品頂戴湖南巡撫臣楊文鼎跪　奏爲牧令遺愛在民謹將事蹟臚陳籲懇　天恩宣付國史館立傳以勸吏治恭摺仰祈
聖鑒事竊臣據湖南益陽湘陰常甯南洲等廳縣職紳四品銜員外郎周理蓁等聯名呈稱已故原任南洲直隸廳通判趙潤生廣西全州人光緒壬辰科貢士甲午補　殿試以即用知縣分發湖南歷權益陽常甯等縣知縣補湘陰縣知縣升南洲直隸廳通判光緒三十一年在任病故該故員廉公有威而養民以惠宦湘歷歲一紀所至皆有聲譽初宰益陽巡撫陳寶箴

方銳意採鑛縣饒銻鑛委員至則入山施鑱劖運斤鑿而土人迷信風水之說闔山大譁奸民欲乘之鼓吹爲亂有號於衆曰委員可戕也於是衆洶洶不可遏抑該故員馳至曉以貨棄之可惜寶藏之可興長官之令不可抗所使不可戕反覆開譬纔數十語聽者卽悔悟解散當是時湖南民以錮蔽稱阻採鑛毀通電日月搶攘而該故員移宰湘陰百姓無一毀電桿者導迷解紛一如其在益陽蓋平日爲治能信於民人仰之如慈父母宜乎令如流水而利用厚生庶政胥賴以舉湘陰之西爲萑苻藪夜輙篝火聞狐鳴該故員既擒薙且綏定之矣無何茶湖潭匪起有衆二千餘勢張甚該故員聞警單騎往謂衆汝良民乃

被誘作賊賊胡能保汝身者於是脅從應聲反正購渠魁誅二人俄頃而事定庚子義和團之役北方俶擾南中同震湘陰四都之元塘亦復爲壇場張幕祀所謂馬山神來教拳法礮火非所畏或反燒敵蓋愚氓迫外侮之激刺貿然欲一抉其所積怨毒人民逢迎訛言誠然該故員謂此妖民敢惑吾衆立逮治之遏一隅之亂萌而全省陰受曲徙之賜其後常寧有匪揭竿豬漊窿該故員適捧檄權縣篆擒渠散脅略如己事積資勞遷南洲直隸廳通判地故洞庭湖水以滄桑之變易奪黿鼉魚鼈之所居廳治肇興凡百荒忽該故員立學校廣教育不數年蔚然遂有棫樸之盛南洲無土著占斯籍者自以南北相界別久之

南人北人遂相水火該故員抑豪強植良善修隄塍授廛宇凡所以盡心民事者至纖至悉南洲以之大治卒之日遠近雨泣所莅數邑異喙同喟該故員之爲治能以誠感物長於折獄勤於緝捕至其絕苞苴尙儉約與前湘潭縣知縣李尙卿民間同時有兩青天之目而其在常寧之輯和民教殆非李所能及該故員初至湘卽以郤豪族餽金治新化互案見賞巡撫陳寶箴後之撫湘者罔不引登薦牘疊蒙　先朝嘉獎並大計卓異爲近數十年良牧令之冠職等親見該故員政治學術具有本原可以媲於循良風示後世謹釃縷該故員歷任事實請奏懇宣付　國史館立傳等情具呈前來臣竊維理亂之樞機繫於牧

令之賢否賢者類能消患未萌弭釁始事若其敦化善俗尤造福於無窮查原任南洲直隸廳通判趙潤生歷宰劇邑均有建樹流風餘沫稱者未衰方今時局日艱非獎勵親民牧令整飭內治無以挽回氣運維繫人心伏讀同治二年十一月二十四日　上諭祁寯藻奏弭盜安民必資循吏請分別表彰錄用一摺嗣後各省大吏務宜加意訪查其有政績官聲遺澤民人者著奏明宣付史館編入循吏列傳欽此　欽遵在案今該紳等瀝陳該故員事實按之所謂弭盜安民均能實事求是自應據情上陳合無仰懇　天恩俯准將原任南洲直隸廳通判趙潤生生平政績宣付史館立傳以勸吏治除行取該故員履歷册

結分咨查照外理合會同湖廣總督臣瑞澂恭摺具陳伏乞
皇上聖鑒訓示謹 奏 宣統二年十二月二十九日奉 硃
批著照所請該衙門知道欽此

湖南紳士公呈

具稟益陽湘陰常甯南洲等廳縣職紳花翎四品銜陸軍部員
外郎周理蓁候選郎中陳炳煥前翰林院庶吉士劉潤珩湖北
候補道李祥霖知府銜分省補用直隸州知州魏業篚四品銜
候選同知郭慶蓉留奉補用同知郭立章花翎運同銜候選同
知張鼎勳同知銜廣東補用知縣周錫勳同知銜浙江補用知
縣姚肇椿花翎五品銜分省補用知縣朱頌棻卽用知縣准補

湖北襄陽縣知縣薛炳善廣東即用知縣曹佐熙新疆候補知縣朱佩蘅運同銜前山東莘縣知縣劉煥釆候選通李判翰候選通判周銘勳直隸州州同楊肇桂直隸州州同盧起琳直隸州州判龍炳章中書科中書郭漢超五品銜候選訓導仇道南候選訓導朱齡前署湖南九谿營游擊撫標左營候補都司兼襲騎都尉世職胡錫吉五品銜湖南補用縣丞劉澤珩藍翎五品銜前安徽當塗縣縣丞常瑩分省補用巡檢劉輔艮警察畢業生謝庭樹師範畢業生熊光炳五品翎頂附貢生毛英燦附生周淦清黃壽鼎吳思祖何德勳蔣行健李炳華李灼華常壽仁等爲已故宰官遺愛在民謹將事蹟彙呈　憲鑒懇祈據情

入告請　旨宣付國史館列入循吏傳以彰循績而洽輿情事
竊以治國之道安民最先安民之方飭吏為要我　朝於官吏
著有循聲者身故之後經紳民籲請無不欽奉　諭旨宣付史
館所以彰吏績而重輿論也已故南洲直隸廳通判在任候補
直隸州知州趙公潤生廣西全州人光緒己卯科舉人壬辰科
會試中式貢士甲午　恩科補行覆試　殿試三甲進士引
見以知縣即用分發湖南到省時適新化豪族有造私刑立私
監寃殺平民為言官舉發者前撫憲陳公寶箴委趙公查辦趙
公微服至新化盡廉得實情始謁縣提案豪族大懼託人許三
千金求為轉圜趙公嚴却之拏解數人到省按律懲治以此見

知於陳撫憲光緒二十二年署益陽縣知縣益陽銻礦陳撫憲委曾昭吉勘辦而土人溺風水之說聚衆阻撓趙公親赴礦山婉詞開導有會黨尹左溪者藉端肇事聚二千人圍礦局將刼委員而殺之趙公力說利害衆皆曰此趙父母吾縣清官也今日毋殺委員累趙父母頃刻而散趙公隨卽會營嚴拏會黨之惑民者懲二人而銻礦卒開二十三年補湘陰縣知縣當是時湘陰新立電線鄉民多毀之大府欲拏誅一二以示懲儆趙公曰此愚民之無知也親赴鄉村告以設電線之利毀電桿之罪沿途講解民爲之化卒未捕一人而民不毀桿湘陰故多盜牛賊極爲民患有賊首某累犯到官薄懲之某益放膽無忌及

趙公到任犯案被獲詳鞫之所盜牛已逾百數趙公惡其擾害農民嚴法治之自是盜牛之風稍息湘陰西鄉多曠野羣小相聚爲匪私立名色曰草堂入會者已數百人趙公訪聞得實卽時捕獲匪首立置之法凡脅從者予以自新其患乃熄茶湖潭土匪滋事聚衆二千餘人趙公單騎馳往曉以利害一面派城守督同兵役以爲後援一面照會本處及鄰境團紳挑選壯丁合力堵截拏獲首犯二人誅之餘衆解散百姓焚香以送光緒庚子義和拳起北方大亂湘陰四都之元塘地方妖民祀馬山神傳習神拳言神能教人打法不畏刀鎗火礮數日間聚集逾千人趙公立至該地捕治其首領衆遂解散二十七年調署常

甯縣知縣常甯教堂林立民教往往滋事趙公事無偏畸民教皆服之會匪劉老五聚數千人於猪漊窿揭竿起事趙公立擒其魁民賴以安是年升補南洲直隸廳通判南洲地屬新淤文教闇然趙公籌常款二萬餘金立中小各學堂以廣教育廳屬麻河口一帶故屬淮鹽引地先因髮逆披猖道路梗塞居民不能淡食因借銷川鹽大吏欲收回引地委員辦理操切幾激民變趙公力披羣議定分年收回之法民安其業引地藉以收回南洲地皆官荒發照承佃方新設廳治時發照無定章或淤地多而照數少或淤地少而照數多轇轕牽聯民訟紛起趙公明定章程積訟悉淸是廳五方雜處並無土著客籍渡湖來者謂

之南人不渡湖來者謂之北人於是南北之分竟成水火各處隄工皆豪棍包修名曰總首按畝派錢惟總首之命是聽往往錢已出而隄未修及水大土崩則又向田主斂費極其勒索南方新籍因是傾家者纍纍趙公曰西人數萬里來異國殖民尙有國權保護是間風俗若此不爲除暴安良國家焉用此官哉遂更改舊章罷土豪用正紳強暴斂迹光緒三十一年以勞心太過卒於南洲任所趙公疊任繁劇所至必查保甲以清良莠每問一案必兩造帖服始具結幾乎刑措不用下鄉輕騎減從夫馬必自給遇有儒者殷殷教誨如訓子弟而極惡盜痞嚴法治之不少貸濱湖匪黨畏而斂藏是以歷任撫憲多奏保之屢

蒙

先朝傳旨嘉獎並大計卓異在案平日待人接物悉尙樸厚與前湘潭縣知縣李公尙卿友善皆以誠實治民所至而民悅服同時有兩靑天之目其敎子以義方嘗撰翰林說及御史法戒錄敎其長子炳麟言可爲世法則職等以趙公政治學術皆有本源至今湖湘父老嘖嘖稱道查李公尙卿前經紳民呈請業已宣付史館立傳趙公事同一律未可聽其湮沒理合臚陳政蹟籲懇據情奏請宣付國史館列入循吏傳不徒輿情允洽且可激勸後來曷勝屛營祈禱之至伏乞　大公祖大人俯

賜察核施行實爲公便謹稟

南洲直隸廳撫民通判趙君墓誌銘

昔歲在壬辰予薛若湘源趙君柳溪於京邸見其沉默寡言笑知爲儒碩遂與訂交禮延於家教育子每深夜翦燭啜茗縱談天下事至嘆息泣數行下不自知其涕泪之何從也迨甲午夏君以是科進士出宦楚南予閱數載亦出京師遍歷涼雍并益廣桂諸州與君音翰或數歲一達要皆仰恤國艱俯愍民瘼不作酬應寒溫庸語竊幸此十載之内予與君努力崇德共保歲寒不以羣離居索而有異也客有自湖湘來者予輒詢君在官聲績謳譽良吏衆口一碑乙未按事新化掩捕巨猾嚴拒三千金之宏賂以此爲巡撫陳公寶箴知賞丙申攝篆益陽昭雪寃滯富商用綏蚩氓惑於曾楊廖賴家言麕集阻開銻鑛巽言啓

牖羣情愉釋不煩兵力而聚者渙丁酉調補湘陰值電竿新立鄉民斧而仆之大府欲捕斬一二以警來者君躬詣閭左曉譬利害未刑一人而民知悛悔庚子夏妖氛障天神京訩擾湘陰姦民亦僞託神教謀嘯聚作亂君禽戮其渠地方以寧辛丑調署常寧邑多祅祠從其教者爲虎作倀民懷憤思逞將踵芷陽君胸無偏頗辨理曲直先事消弭有同曲突徙薪之功會匪劉老五聚黨數千據猪𨔶窿爲巢窟民情風鶴一夕數驚君躬率健卒銜枚疾走夜晦攻入鳴角鼓噪賊出不意倉皇犇竄魁乃就殲脅從盡解百里懽聲雷動逃者皆返大府嘉其功能升補南洲廳通判廳係新建百廢未舉君建孔廟以隆祀典立學堂

以宏教育裁釐局以杜苛征懲豪猾以肅法紀清湖灘淤地以
息訟復淮鹽引地以惠民凡所設施力破浮議事集衆服略無
炫矜大吏奏　聞遂奉　璽書嘉獎之命君故樸訥儒者予初
不意其吏事敏幹若此嗚乎此其所以爲儒者也漢章帝戒俗
吏矯飾外貌而取劉方之悃愊無華非儒者其奚足語於此乎
君宦轍四更清勤一軌所至尤留心獄訟寒暑訊鞫無少息自
以倫勤太過思改官京師藉息勞肩且就養於其長君竺垣侍
御計甫定而風疾猝作竟於光緒乙巳秋七月六日歿矣君生
於道光庚戌三月二十九日年僅五十有六耳南洲士民多聞
喪流涕況予與君會稀別遠積懷若飢而元瑜長逝化爲異物

追維昔遊如在心目如之何其勿悲也君諱潤生曾王父樹綸王父聖基父典臣母曹氏配蔣氏生子四人長炳麟以編修荐擢御史蜚聲諫垣出嗣從父鍾霖次炳靈次炳文蚤卒次炳熙女子幾人適某某孫四人俱幼將以某月日葬君於石巢炳麟以書來請銘於予予曷敢以不文辭銘曰　湘源發處君篤生湘流盡處君宦成湘江長流君同勤湘水無滓君同清清湘不竭君譽不滅後有輶軒視此碣　太子少保兵部尚書都察院右都御史兩廣總督世愚弟岑春煊拜撰　賜進士出身工部左侍郎世愚弟唐景崇拜書　光緒三十一年

南洲廳通判趙公柳溪墓表

楚南受蜀黔兩粵之水瀦爲巨湖湖西洲嶼環列大而名者曰寄山團山江水敗藕池沙泥倒灌日益淤墊偏西瀕湖二百餘里包攝中流二山悉成平壤土既沃饒貧民就食者四方踵至不絕迺建南洲廳治稍收其賦入設官屯兵以規久遠受任者委靡不治事客民占籍日以寖多分南北兩黨嗜利忍死挺刃相仇殺艇匪游弋湖濱伺隙而動大府患之察州縣廉能吏獨趙公柳溪爲賢遂由湘陰令擢升通判檄令治之公至輕裝屏傔從入民家訪問疾苦首淸保甲別良莠以次興學校築隄垸罷苛斂配銷川鹽淮引豪強不便侵欺設蜚語陷之不能敗則大愳慴服盜寇遠颺爭訟不興廳以大治余嘗南遊衡嶽謁義

寗陳侍郎於長沙渡湖入武陵東至益陽出岳州習與湘人士游因得詳公治蹟及戊戌再來京師交其子竺垣編修益知公生平學行本末蓋無日不以古人自期既放棄卑溼局促一隅胸中蘊蓄鬱積施用於政十不能二三則日夜以望其子其言之小者反覆丁寗於家人父子之間雖竺垣不能備述其大者關係一代人才盛衰世或目爲迂遠晦於今知其必大明於後也咸同以來京朝士大夫習爲酣嬉遨遊修飾容貌巧說工走趨寖以成俗翰林號清班習楷灋善聲律馳傳出國門意氣煊赫中實枵然遂稍稍爲世詬病竺垣初入詞館公撰翰林說勗之以謂國家優養翰林不責小成而期其大效當閉門謝絕酬

咨竭少壯精力沉潛饜飫於道義之途考質中外古今治亂成敗一旦柄用內試之九列外試之封圻常而拾遺補闕以文章侍從取光寵變而折衝尊俎或提兵殺賊用王命指揮四方無所不通斯罔或不濟後竺垣以御史用公又言御史陳奏當持大體肆意彈劾者踈摭拾浮議者龐因集古諫官賢者三十人不肖者五十人彙爲一編曰御史法戒錄郵示京師觀公拳拳於家庭者如是則其自治者可知觀公經營湖濱新造之區治鋌險好亂之民艱難劇重視內地十百不止則其歷試於沅湘資澧之交南楚人交頌勿絕者又可略也世方破格求才犇走小吏依附貴幸强有力大臣不二三年擁節坐鎮一方或內躋

卿貳往往而有公以大有爲之才阨於時命老死簿書期會之間可稱述者祇此然則朝廷汲汲以求或別有見才之地而人才果足有爲者未肎屈志貶節炫鬻於王公大人之前雖笑侮譏讒槁死而猶不悔獨不能不爲有國者惜也公諱潤生廣西全州人以進士分發湖南爲知縣光緒三十一年七月初六日沒南洲治舍年五十有六有子三人長炳麟即竺垣編修次炳靈鹽課大使次炳熙尚幼今兩廣總督岑雲階宮保既誌公墓詳述三代世系故略之特表其大節樹之隧道以示後人且慰竺垣之哀　賜進士出身前翰林院庶吉士　記名御史吏部稽勳司主事加三級新昌胡思敬謹撰賜進士出身前翰林院

編修掌江蘇道監察御史加三級湘潭趙啟霖謹書

訓子大概十二條　柳溪老人

一審時勢酌進退
一謙交君子而不可流於黨善避小人而不可結爲仇
一謹言語不可說他人之短惜筆墨不可書時事之非
一　君前不可輕奏事友前不可亂上書
一讀書必須明體達用作事不可急功近名
一度量要寬宏性情要忍耐
一談笑不可近譏誚應對不可鬪針鋒
一精明須蘊於渾厚渾厚須藏以精明
一親友以情相愛尊長以禮相敬

一心貴謙和氣戒驕傲

一當用之財不可吝惜非分之寵不可邀求

一御下宜撫之以恩感之以情制之以禮臨之以智使彼不忍欺我不敢欺我不能欺我

臨別訓子書 前訓子十二條及此書係庚子十二月以炳麟由湘陰赴西安行在所書

吾輩讀書當以忠孝爲本然求忠臣者必於孝子之門是孝又爲忠之本也父母在不遠遊今當

二聖蒙塵我父子身受

國恩自不能專侍庭闈藉圖暇逸但身體髮膚受之父母一言一動必須如履如臨爾平日學守朱程放蕩之行不必爲爾慮

特爾體素弱飲食衣服起居坐臥必要留心今又無家眷在旁雖有良朋而保養之方全在自己爾性太急急則易近於躁凡遇一事稍有不順即直指其謬遇一人稍有不正即直斥其非此我大不放心處夫聖人教人以直我豈教子以不直然直有直之道我之居心作事毋欺人更無欺己直也至於立言大則諫君小則規友須擇用直之地審用直之時度用直之勢以成用直之功而不至招用直之過孔子論臣道曰以道事君不可則止論友道曰忠告而善道之不可則止子游曰事君數斯辱矣朋友數斯疏矣子夏曰信而後諫皆言直必善於用庶於君友有益否則內不審己外不度人獻策上書侈談時事無論言

出招過卽計從言聽而時勢所阻亦未必成功孔子曰危言危行危行言遜中庸曰言足以興默足以容此不徒教人明哲保身正教人審時度勢之意也至於朋儕聚處語言尤貴謙和卽遇乖辟之人意見多偏言詞甚謬更或以刻薄之言譏我訕我鄙我祗可付之一笑切不可鍼鋒相對此擊彼攻孔子曰躬自厚而薄責於人又曰攻其惡無攻人之惡曾子曰犯而不校子張曰於人何所不容孟子言三自反蘇子言忍小忿自來大聖大賢名臣名士未有不度量寬宏性情渾厚者也交朋友處最宜和而不同羣而不黨涉世持躬尤宜秉正不阿中立不倚自命雖大不可急功近名讀書雖多必須明體達用今之世何時

哉今之人何心哉在在須要留心時時須要著意筆墨一字不可妄寫言語一句不可輕發朋友信札祇可叙情不可論人論事平日著作祇可述古不可貶人貶時我老矣精神不及曩年多矣風塵作吏案牘勞形當今之時諸事尤多棘手爾弟少不更事未讀書未養氣須賴爾爲準繩爾身列詞曹近來閱歷亦頗加進今與良朋偕行北上書此數語爾其勉旃

家信宜勤寄信中不可斥時政言人非祇可案而不斷卽實在情形當諱者亦須諱之

諭長子炳麟家書

前接你信問我近日做官又勸我因官積善以爲你後人造福

我聞積善造福四字不覺汗流浹背天下州縣官積惡易積善難造孽易造福難一條衙門自家人以至書差歇戶凡靠官得錢者有幾善人其地方之出入衙門者又有幾善人若輩皆爲利而來也此利也何利也乃荏弱百姓之血肉也其爲酷吏爲貪吏爲疲玩之吏爲昏闇之吏者固不足論卽使立心清正遇事審詳而官以一心察之若輩以百計朦之而謂弊絕風清者吾不信也況地方遼闊百姓繁盈愈荏弱之民愈與官相隔絕衙門中安居飽煖而鄉隅間痛哭流離此等情形不堪設想我歷官兩任屈指四年不知積了許多惡造了幾多孽捫心清夜夢寐不安約束家人之道已屬萬難寬固受欺嚴亦滋弊祗好

恩威相濟平日無事訓以天理人情國法如父之教子師之授徒曲証旁參引經據典不作官場習氣溫語諄諄若輩有喜喪疾病則賞賜從優矜恤備至視如家人骨肉置腹推心至於公事務須察察爲明彼出一言我即察其此言因何而發彼作一事我即窺其此事因何而行時時留心不露聲色如作八股之審題然使若輩之伎倆盡歸我洞鑒一得其弊即嚴加責究而我之喜怒言動使彼無從窺測務使若輩感我之恩不忍欺我知我之明不能欺我畏我之法不敢欺我庶幾可杜弊於萬一總之用人以少爲貴少則易於約束多則難於糾察平日又當以儉約倡之儉以養廉不徒居官宜然也我平日常穿布衣滿

衙中家人皆穿舊布衣卽紳士便見亦多穿布衣我平日見紳
民和藹謙恭衙中家人不惟不敢張露爪牙且無不畏紳民者
可見上行自下效也湘陰紳士正經者畏事不敢出來辦公而
豪强者又往往藉公濟私不惟於地方無益而且有損我三年
來虛心採訪幸得諸君子不棄尙未擾害地方而挾私請託之
徒知我性愚戇絕不遷就初到任時猶有以函投者或親見說
項者皆見無益而此風今盡杜絕矣練團一事甚費躊躇
上諭煌煌敢不欽遵辦理然地方寬用人多籌費必鉅不得其
人流弊多而成功少徒擾閭閻幸　湯方伯在省頒定章程
並由　方伯委邑紳鄭少橋張翊廷等舉辦該紳等類皆老成練達各局

紳團總均由鄭少橋等公舉經理一切經費出入均由紳手今年七月陰雨連綿我甚憂之因與諸紳酌商經費萬不可不停收只可寓團練於保甲清查保甲莨莠既分使歹人無處潛蹤而且保甲一聯守望相助卽不練之練也地方紳民均以爲然我任湘三年幸各正紳皆願爲助理我平日亦愛下鄉故四鄉情形亦頗熟悉去年洋工師勘鐵路過我湘陰境者七八日甚屬安靜皆地方紳士幫忙開導百姓之功也你說防飢須阻禁理本如此然亦須因時制宜如去年北鄉花旱我下鄉察看四五次有謂地方歉收宜早出示阻禁者有謂秋收後窮民全賴賣穀贖當者且湘邑惡習一經出示阻禁地痞卽藉阻禁爲名

攔途搶穀或稱富戶糶穀出境向其擾鬧滋事往往彼鬮之穀不到此團此姓之穀不濟彼姓窮民富戶兩有相妨我再四思維急速出示並頒諭帖要各鄉各市殷商富戶辦錢囤穀小戶賣穀大戶買穀以地方之穀仍糶之地方來年按照時價發賣囤穀者亦可以得利息人皆樂從此不阻之阻也一面先下諭後出示諭飭長樂新市歸義河家塘營田臨賫口白馬市樟樹港等處正經紳士親自查阻不准船運穀米出境如有船運來此者卽要他仍將穀米運回原處發賣不准阻禁人將穀挑散亦不准取罰至一切不奉諭之人概不准干預其事若未奉諭而私自阻禁卽以地痞論蓋因地方有一般痞子凡遇阻禁專

在河邊等候有錢則放穀出境無錢則將穀搶散滋生事端爲害不淺且致肩挑車運本處亦不流通徒逐痞徒以漁奪侵牟之計不唯無益而且有損凡遇飢荒穀價萬不可先議定若先議定我縣之價太低別縣之價太高利之所在人必趨之窮民祇圖目前日間不敢將穀運出夜晚亦必竊運出境且鄰邑交界近在咫尺肩挑背負者查之何可盡查阻之何可盡阻反致搬運一空唯視鄰邑以爲高低人起我起人落我落境內之穀自不致搬運出外戊戌年四月邑中頗有荒象而城內尤甚蓋因興賢堂與各富戶未積多穀幾至碓坊無米人心惶惶我發護照飭各富戶殷商出外買穀一面出示不准定價隨時起落

次日而車載穀入城者盈街矣又次日而船裝穀來縣者遍河矣起價不過數日仍然低價地方甚屬安然況湘邑富民弱而貧民強抗租霸種之風甲於各屬稍有荒象往往地痞呼羣糾黨帶同男婦老幼向富戶坐索甚至因而刼搶名為定價買穀而實則無錢索穀此惡習也為地方官者良民富民務須力為保護保富即所以安貧安貧即所以保富此非有二致也湘邑社穀實存倉者雖有亦不多留爛者甚屬不少若委員盤查票差催收徒滋耗散有損無益然地方官親往各處催查又日不暇給我惟先下諭各局局紳督率社長認真催收如有刁抗即令指禀拘究並令社長具結倘遇公下鄉即帶册結隨抽隨查

如有名無實卽唯社長是問地方亦頗畏之有盡行歸倉者有稟拖欠者雖未能涓滴歸原亦略以核其數然爲數無多不能賑窮民十分之一我本欲諭飭加捐而連年歉收不敢躁率從事近來民間困苦而捐項之事層見疊出爲州縣官者奉上撫下實屬勢有萬難湘邑東南多山嶺西北近濱湖水陸交衝南北要道盜賊痞匪來往無常且邑中出外吃糧者最多散爲游勇卽爲匪頭往往賣放飄布蠱惑愚民始猶貪圖賣飄小錢及至黨羽衆多搶刼叛逆肆行無忌此等案件不可怠忽相將亦不可操切從事縱之則難圖激之則生變爲地方官者一聞消息卽須購線密緝親往查拏如感冒之未深一發卽散癰疽之

初起一攻卽消也總以嚴辦首要解散脅從爲主我在益陽辦過幾次去年湘邑新市辦了一次今年與長沙平江交界之處又辦一次我一得信卽會同城守營前往該處一面購線緝拏首要一面出示解散脅從然脅從亦分重輕如素不安分者自不能不大懲小戒總之枷責可收押亦可若取罰錢文則斷不可如今人利心最重一經議罰百弊叢生充公少而入私多往往令人敗產傾家賣妻鬻子皆爲罰款如是生之不如殺之也我於各局各團皆力禁之近來買飄者不惟田野愚民卽世家少年子弟背着父兄被其引誘亦在所不免解散之法不令其繳飄又恐死灰復然若令其人人繳飄又有畏官不敢向前者

亦有爲戶族團保所挾制必令出錢而始帶同繳飄者且有懼一經繳飄具悔終身不能洗爲匪之名闔家不能解從匪之戶倘後來稍有口角人必牽引以爲詞者我於地方著名從匪之人必須令其繳飄布具悔結問擔保其餘則設一自新桶於公處桶上留一小孔有物可以投入不可以拏出桶上有蓋用鎖鎖固並貼鈐印封條有繳飄者令其將飄投入十日取回將飄焚燬滅其痕迹解散頗多地方幸相安無事我平日最恨是盜賊痞匪訟棍盡法懲治嚴爲痛除若輩雖稍爲歛迹然盜賊之風終不能息民間尚受害不少如楊姓搶案我日夜焦思萬法設盡差緝至湖北江南廣東廣西之遠懸賞至壹千五百兩之

多陽則出票陰則禱神迄今尚無影響雖獲有一二素不安分之犯訊之亦似有供然無贓証確憑恐供亦不實在而欲以他人之性命銷我開參之案我斷不爲也雖地方皆曰此乃已故提督楊某部下所爲隨即船運遠遁然爲地方官者究不可因此無稽之談遂謂免疏防之咎也湘邑幸無教堂可免教案然近來教士教民與外洋諸色人等游歷過境者一月數次　上憲嚴扎妥爲保護而保護實有萬難不過派差勇於入境處所守候然往往候之而彼不至及不候而彼又突如其來由陸路來者其難保護固不待言由水路來者一到口岸彼必上坡或賣書或賣鐘表或游觀山水或獵擊野物鄉民少見多怪小孩

子尤易亂喊倘無知者偶然干犯地方官之受累固不待言而百姓之牽累者不知凡幾此誠近時之一大難題目也我因做官勞心幾成一怔冲症日間聞人說句重話夜晚聞犬吠多聲卽心驚不安每夜起必數次四年來憂懼未嘗稍釋以此知州縣之不易爲不可爲也你問我近時如何做官又望我積善造福我不憚長言爲你告之我之做官如此而積善造福我不敢知也你幸職授翰林官本清苦苦盡或有甘來切不可圖捷徑改外官舍其清而入於濁況近時外官之不易爲不徒州縣也至於窮通得失富貴貧賤自有命在可不必計矣知之

諭長子炳麟家書

接你信知　皇太后　皇上廻鑾你又上條陳雖是你愛國愛君之良心我不便阻你但上書要度時勢若時勢未至反致僨事自己博一敢言之名於世何益即如戊戌之變政外間早知其必敗而當事者不知追事敗一切皆返故轍新機反爲遏抑可爲痛心者也我於月前奉　上憲釘封說莫海樓范源濂與鄂中富有票案有關飭拿獲立即正法我查莫海樓是因事被監禁之人在哥弟會中甚有勢力爲人俠義我在湘陰所辦大盜多彼暗中相助但既在監中我亦無法救他臨刑之時我爲流淚莫反談笑自若謂我好漢做事好漢當洵可惜也至於范源濂年紀甚輕才學甚好我密遣家人范升設法送信告他逃

出可免於難爲國家留一人才即爲國家留一民心盡我之職而不隨時作惡可也你年少氣盛喜談國政戊戌名在保國會我已擔心須知今日人心壞極時局險極特告你以爲當頭之棒喝凛之愼之

諭長子炳麟家書

七月十二日早寄陛字一百零二號一函想必遞到是日午接你六月二十五寄我之信你信中言時獘政日見其弛民日見其漓數語洵屬確論我老人早已見之特不敢言耳中國積獘無窮其大端有六曰假（人無論貴賤皆口不對心事無論大小皆圖敷衍而官場爲尤試甚看文武官中委身致命者有幾

人其舊學中眞理學有幾人新學中眞經濟又有幾人口談則有餘身行則不足也而商工小民無論已）曰私（無論何事總圖自己恕道全無鄉間之有勢力者則袒護之而官場中用人行政更可想而知）曰懶（又不做事又要得錢往往人浮於事）曰貪（有微利則羣起而爭又不自食其力一味鑽爭不講義信不察情理官場則鑽營相尙有利則趨有害則避中飽之弊上下相朦）曰悖（近時學術人心之弊不堪言狀）曰嫉（各分黨羽妒嫉相害）上失其道民散久矣此其時也內憂外患何時而息其弊積重難返徒抱杞人之憂而已近世妒嫉之心爲害甚烈一言一動刻刻須要留心柳匪攻城而不

守其兵力必不強刼掠擄殺必無大志特須早除之免致養癰貽患耳如久則亂黨相應恐動大局桑梓其小焉者也外人藉口平亂出師有名何堪設想此層愚夫婦亦能見及想有權力者必有良策以弭患也南洲今年幸豐收地方安靜釐金委員信用私人於九都立一分局重收我稟上已將委員撤換分局撤銷商民亦頗感激我老人非不言不行特必慎重出之而不輕舉妄動耳益陽礦務不畏上譴不顧民謗而不多出一票多殺一人至今礦務成而地方亦沾利益國計民生兩受其益湘陰辦團禦匪(庚子年)積穀防饑(戊戌年)初猶有謗之者而後沾利益小民至今未忘常甯剛字旂放鎗傷人我秉公言之

於地方全無騷擾兇犯亦無寃枉今到南洲又兩年矣而辦學堂辦警察煞費苦心雖自問無私僞特未必大有裨益恐辦之未得其法耳

諭長子炳麟家書

（前略）你所辯建言一節理極正語極確但見解各有不同你之所論者道理也我之所慮者時勢也你有爲國爲民之志我幾有避言避世之思你欲爲伊尹臯陶我欲爲晨門封人耳（中略）你集我信說我近年興致不及早年時有早暮氣有盛衰而興致之高低即因之理固然也然而庚子以前之時局若何庚子以後之時局若何吾輩居官全賴時局好作事方不掣

肘是非亦有公評今之世道如斯人心如斯而官場中爲尤甚雖曰變法而習氣仍如故也老人素性迂拘其所以興致索然者亦未始非杞人之思也

諭長子炳麟家書

前寄數函想已接到署內自　祖母以下均皆平安不必罣念都中冬月頗寒宜善保養功名一道祇好安命聽天我讀我書我寫我字我守我職我保我身誠意正心平矜釋躁謹言慎行居安思危官紅者吾不攀援官黑者吾不訕笑親敬君子俾言行有所楷模善避小人俾德怨均不任受如今人心險詐世道艱難此等持己待人功夫最要留心斟酌總以少出門慎守口

擇交游寡酬應養氣以忍耐爲先居心以謙和爲貴與物無忤與世無爭在彼無惡在此無射不矜才不使氣不急功不近名居易以俟命樂道以順時伴奐優游天機活潑不惟世情一切煩惱可以消除吾身一切疾病亦可不藥而自愈矣徐師所謂至樂性娛至靜性廉者即此理也氣體既舒精神自健精神既裕後來極大事業即於此立其基讀有體用之書精有守有猷之學以四子六經植其根柢以百家諸氏擴其才用功名自有顯達之期即子孫亦自有繁昌之日所謂和氣致祥厚德載福春光和煦而萬物發生者是也所以讀書必要養氣有學問尤貴有涵養如是可以致君澤民可以光前裕後而我之心慰矣

卽　祖宗之心亦慰矣卽使用家人亦須寬恕須凛近之不遜遠之則怨之言宜學君子易事難說之道朱柏廬家訓奴僕待之寬恕豈容責備苛求二語本忠厚之心亦遠怨之道也

諭長子炳麟家書

我聞京都近日風氣大變門戶分爭人心狡詐官場中尤似鋒鏑一言一語一擧一動俱要留心你性情太剛過於激烈聞小不平之言輒見於詞色恐爲人所用我常常寫信教你一忍字張留侯受圯上書忍也郭汾陽不與盧杞爭忍也諸葛武侯一生謹愼亦自養氣得來孔子曰忿思難又曰人無遠慮必有近憂又曰躬自厚而薄責於人則遠怨矣又曰小不忍則亂大謀

又曰君子欲訥於言又曰而慎於言又曰臨事而懼好謀而成孟子曰動心忍性曾益其所不能又曰自反而忠自反而仁自反而有禮其橫逆猶是也君子祇以妄人目之曾子曰犯而不校此皆古聖賢養氣功夫恢恢大度方是俊傑謹小慎微思患預防懲前毖後此聖賢之學並非庸俗退縮之心也孟子曰人有不爲也而後可以有爲孔子曰君子貞而不諒讀聖賢書即當體聖賢之意忠孝二字人孰不知人孰不願人孰不樂爲之以成其名然有大忠大孝有小忠小孝有愚忠愚孝聖賢之所爲者大忠大孝也才智蘊於胸中精明藏於渾厚斟酌盡善務期計出萬全成其功不生其過敏於事而慎於言不徇人不徇

己不逞血氣之勇不貽君父之憂正所謂好謀而成方爲經濟若匹夫之氣奮不顧身無益於事而招怨於人不惟事不能成而轉受小人之害此愚忠愚孝聖人所不取也

諭長子炳麟家書

末世人心太變凡事不可太率性任情務須謙遜含容親近君子以收其益善處小人以避其害是爲至要我十年歷治四處告示諭稟未留稿有數事稍可對子孫言者遲日我述之近來作有一聯一詩略叙宦跡聯云（五十年天水風清琴鶴相隨鐵面不甘塵世唾八百里洞庭月冷泥鴻偶寄冰心惟有鏡湖知）詩云（侯門車馬正喧闐彈鋏吹竽客幾千怪底淵明腰

不折出山泉是在山泉）

諭長子炳麟家書

你應酬頗廣務須親近君子而善避小人學無論新舊均有君子均有小人親近君子則緩急可依德行日臻上達善避小人則恩怨無係傾軋不致旋生我時以近時人心險詐爲慮教你兄弟須平矜釋躁遇事愼重一話一言均要留心不啻三令五申似近過慮而疑人太甚然閱歴世故細察人心確係可畏人之生也直我豈教你兄弟以枉義方之訓我常凛之特審時度勢思患預防我不狡枉以同流我又何必悻直而招怨總以寧靜致遠爲主公侯自有度量天寬能容萬物海闊能納百川吾

輩讀書以天地民物爲已任尤不可不恢宏器宇也你身居言路職司喉舌當言者自宜言然正惟其能言則更宜慎之又慎不輕言不慮言方不愧爲敢言若徒沽轟烈之名聞之卽發爲人報仇致己有咎久後自問於心何安孔子教子路以勿欺後犯子路豈欺君者特孔子知其性太剛烈恐理未審透動輙犯顏故於腦後下針砭也凡人各有病請人醫之總不如自察其病而自醫之對症下藥其受藥愈速而收效愈大也孔子所謂內自訟也日間說一話做一事立一念淸夜一一平心思之則己之短處錯處自能了然孟子所謂夜氣凡自糾自過一絲一毫不可回護不可曲原覵此一過乃是一大害我之物必急除

之顏子所謂克己必至克無可克而後已沈潛剛克高明柔克內訟克己之功是人生大要義凜之思之

諭長子炳麟家書

現知心良友最少勸善規過尙有幾人患難相顧千難選一大抵所往來者不過酒食之徵逐談笑之聚會耳你性情又剛躁人有忠告者亦多憚而不言況願忠告者此友亦不易得也務須交接君子虛心和藹以納忠告人面有垢我見之我面有垢人見之而我不自見之也孔子所謂益友而取直諒多聞者宜三覆思之也至於小人宜委婉避之善於處之不可涇渭太明惡憎之心形於詞色小人之心陰險我恨他不過一片公心他

若恨我則生出許多奸謀做出許多詭事君子恨小人之太甚往往君子受小人之害者史鑑中指不勝屈也

諭長子炳麟家書

再者我前信中有言如今權力世界曲直難以理定以權力平等者相爭則道理即是權力以權力不平等者相爭則權力即是道理此數語尙未明言主義不善體會大有語弊今特揭之何也斯言也我蓋就環球列國之現象與中國仕宦之現象言之非言官之治民亦必如此也若官之治民亦如此則是非顚倒法律全灰強梁者肆其虎狼荏弱者盡爲魚肉天下將大亂矣朝廷何必設官須善悟之爾少年人正宜鼓其熱力以翊賛

國家而維持世界必須於學術上政治上並力講求虛心諮訪自有發達之一日你兄弟年方少壯尤不可不留意學問我想過目不忘頗不易易不如訂成定本似先年作八股之類書然分爲中西學各一册每册列爲吏戶禮兵刑工再加以交涉一部凡看書看報擇其有用者登之某國土地若干人民若干兵制官制學術政治若何某人於某年在某處作某事可法某人於某年在某處作某事可戒洞悉中外利弊情形一一親手登載或自己編集請人抄錄遇用時倘不能記年月姓名地處一經翻閱心卽了然此雖是餖飣之學然亦近時所不可少者也且不惟用之詞章宜擇其行之而有實效者登之學術政治方

有裨益你弟看化學電學光學諸書必實行考校說有驗者有不驗者我亦命其於有驗及新悟可行者登之無驗者留以待考你現官詞曹無他事可擾正講求學術政治之時詞章雖末亦立言必要之一端但只可留爲異日用不可於此日動輒上言藉詞章以邀名譽徒招人怨嫉而無益於實事且恐經駁斥一出即挫其鋒而後之立言更爲難也書曰言之非艱行之維艱孔子曰爲之難言之得毋訒乎又曰先行其言而後從之我輩作官總以實心實政爲主而虛名虛利不足羨也我在湘時有俚句自盟曰我本淸湘人來任羅湘地湘水旣相同湘人何相異老者吾父兄少者吾子弟民害即吾害民利即吾利我力

所能行我宜加勉勵我力不能行我宜盡心計況稱父母官宜思撫育義衣食足我身供膳竭民臆治邑如治家敢詡循良吏頭上有靑天鑒觀無所避我爲官已八年矣所任各處建白本無所聞然而輕舉妄動立一法而百弊叢生作一事而萬民盡擾利民卽所以害民立法正所以亂法沽能吏之名邀大僚之賞我決不爲也至於理訟詞淸監獄除盜賊安善良建學堂和民教卽庸吏亦所能爲且不敢不爲之事我亦維日孜孜小心翼翼而已人生在世總要立定做人脚跟既稱爲人自與草木鳥獸不同無論達而在朝窮而在野君臣父子夫婦兄弟朋友各有分際各有義務各盡分際各盡義務官有大小時有久暫

任一縣須盡一縣之道任一府須盡一府之道任一年須盡一年之道任一日須盡一日之道上之取舍下之毀譽人之愛憎己之得失皆可以不計孔子曰不患莫己知求爲可知也孟子曰聲聞過情君子恥之下學上達孔子所以能樂道知言養氣孟子所以不動心西詩有言英名流傳貴有眞虛譽無端妄榮身可見循名核實中外一理我之保舉出於　上憲之恩自不可忘亦不可負　廣憲知我最早屢荷栽培而其世兄對你曰老帥知我忠厚恐後受累故改補鬧曹此尤知我之深而栽培之委曲者也我聞斯語感刻莫名我老矣淡於進取報答無由爾小子書紳誌之異日當爲我圖報稱也

諭長子炳麟八條

一保養寒暑飲食言動坐臥俱要隨時留心總以調攝氣血蓄養精神爲主氣血充精神足立德立功立言全賴乎此

一性情不可躁急凡事之令我急者當以緩受之令我躁者當以靜鎮之況是非之言尤宜靜察諸葛武侯所謂寧靜致遠過於躁急必多錯誤且傷氣宜以沈靜出之近時丁韙良著有性學舉隅惟說怒字一條甚有見解略鈔之有云古人有著解怒書四卷者仍恐不能約束己心蓋情慾皆不易約束惟怒尤難昔希臘君主亞力山大暴怒而殺其友終身悔莫能追又有古賢怒將擊其家人手既舉而良久不落蓋以此

罰已也更有恐因怒而發語傷人必默計一百之數俟心平而始語者由一數至一百又以心中默計怒自釋而心自平然約束之書既多而莫如謹言慎行西諺云克己勝似攻城即怒難禁之意也丁君此數語可刻之座右該書上有四圖一曰大學圖次曰心圖三曰操存圖四曰省察圖與聖經賢傳不悖不妨參考之爲寡過之一助孔子忿思難顏子犯而不校孟子三自反聖賢養氣之功即戒躁急之功我因劉子和對我說你自知生平有二短處曰躁急曰量小你常對他言求警戒而忽然又發我聞之大喜既自知之必易改之故書此訓之

一讀書總求有體有用中學西學固宜旁搜博采又要獨具眼力擇善而從不善而改孔聖云溫故而知新是示人不可泥

於舊而不求進境亦不可偏於新而忘其始基也你學西文西語既得端倪即宜溫習久之自能入妙特西語往往有字無音開口合口用舌用唇與中國之反切相似必多擇師請益之算學亦關實用宜擇師考究不可安於不知多購書籍既能益己並可傳家我可勉強籌費

一擇友須親君子而善處小人總以精明寓於渾厚爲主滿招損謙受益躬自厚而薄責於人宜三覆之也

一處世宜澄幾觀變職守固宜盡而時勢亦不可不知聖人所謂以道事君不可則止賢人所謂事君數斯辱矣信而後諫等語亦非盡爲無官守無言責者發也老人昏瞶之談書之

以備一解

一書法近日本不重然見面工夫我看近來不用謄錄卽以墨卷徑送試官而書法工穩者究易擅長閒暇時宜臨帖學習之

一聽言必察凡人之來我前言事之是非人之長短雖不可屏絕以塞言路然究竟我心中自有權衡必須察其實在確切憑據方可深信孟子所謂由左右諸大夫以至國人曰賢曰不可必細察而尤須親見然後再定用舍何其慎重我老人作外官言是言非者不知幾多而湖南尤成爲風氣若輕聽之幾乎有案而不能决斷矣

一交涉之事爲如今第一要件公法約章及中律西律務須留心考習極力講求或出使或京官或外官均不可少能深知西人法律教堂底蘊及新舊約章萬國公法一遇交涉自有把握外人且欽敬之而不致挾制之矣

諭長子炳麟書

你信言近日大臣博變法之名獲擾民之實此語頗有見地我試以湘省近日裁門丁改派收發委員一事爲汝證之門丁之爲害不可勝言把據要津恃爲利藪今令其裁去上下之情不隔是非之理易明官保聲名民無擾累實於吏治大有裨益雖然裁之則裁之矣而又改添收發委員是除弊之餘又出一流

弊之舉不惟以暴易暴直以大暴易小暴也何以言之門丁乃官之賤僕也約束較易縱令跋扈萬不敢以履加於冠如有不是驅之可罵之可打之可嚴辦之亦無不可世有庸懦無能之官事事聽信門丁轉爲門丁所挾制者然百中不過一二如稍有氣骨卽能駕馭斷不使該賤僕明目張膽舞法弄權恩威任官之所施用舍聽官之自便况既爲賤僕其平日與相往來者不過書差歇戶耳地方紳士稍知自愛亦斷不肯與之爲伍惟訟棍恃衙門爲生活或出入門房包攬詞訟則有之然而此等不顧廉恥之人聲名惡劣地方官到任訪察未有不聞而知之一經查拿自然斂迹若委員乃本官之同寅又係大僚所委心

目中早挾一奉大僚扎委之意而來本官供應稍疏卽生嫌隙名曰收發而實則無事不攬外而士農工賈交結不分內而歇役丁書通同一氣苞苴潛進一掌遮天膽大妄爲全無顧忌本官稍加勸諭未遂其欲則肆散謠言明知各大僚最惡官重家丁而彼則迎合其意造言本官重視家丁輕視委員裁門丁非本官所深願用委員非本官所樂爲衙門事件皆係本官家丁所操委員在署是一贅疣委如未委卽以辭委要挾此言一出大僚最易動心雖虛實是非自有定論然而黑白待洗總多一番波折矣雖大僚扎飭本官於委員以屬員相視遇有不是准卽稟請撤改然而強項之官稟請撤委者有之如稍存忠厚顧

全寅誼者則往往曲與圓通不欲此擊彼攻與之結孽也如曰委員由本官禀請本官不愼始不擇人委員之不良亦本官咎由自取然而人心叵測古來大賢用人而非其人者不知凡幾且正惟其始請委繼請撤之碍手此州縣所以多隱忍而不敢言也卽使言之而卽撤之昔者所進今日不知其亡又將成何政體乎且安保其繼委者之必不如前乎如曰州縣有吏目典史巡檢等官何以均循分相安并無窒碍而又不然吏目典史巡檢各有衙門各有職守一經接篆卽不敢擅離若委員與印官本同一衙委員經理之事皆本官經理之事况加以襄辦名目無論一印兩官其遇事干預有所藉口委員自視不知如何

高大稍有不合卽以回省繳委要挾之此吏目典史巡檢所不能也況佐雜本貲不過數百金如果大有所獲事不發則安享其利事卽發亦不過失此數百金本錢以視門丁犯事則有身家性命之憂者又不同也且裁門丁而用委員是明明以委員易門丁有何寵榮有何利益佐雜中稍有衣食稍有志氣者必不肯承委其願承委者試問其心果淡然寡欲乎如有所欲是以得委爲生財之地門丁之弊又在委員矣去門丁而用委員是所謂後門逐狼前門進虎也況州縣於刑名錢穀交涉各重件必須親理獨收發一小事卽不暇及而必用委員乎既要州縣日日坐堂則文件本當堂開拆封發之事何不責令本官當

堂收發絕無隔閡如曰呈堂亦必要人此本係承發書辦事即有委員亦必有書辦送領或由委員之家丁呼喚送領并非委員親向收文處領文親向發文處交文也是多一委員反多一轉折且開州縣不坐堂懶於辦公之漸收發有誤州縣有所推諉何如既裁門丁并裁委員專責成各州縣每日坐堂親身收發事無旁貸責有專歸之爲愈也如曰佐雜人員太多添此差以作調劑何不量缺肥瘠扎飭各州縣每年捐廉若干以濟窮員較爲名正言順如曰借委員以監察印官是更啟攻擊之嫌試問委員之言其眞可憑乎豈印官皆貪而委員皆清乎吾恐委員議論之是非皆係印官應酧之多寡也何不責成各道府

勤於察吏嚴於甄別半年出具切實考語該督撫亦隨時隨事留心考察接見時又視其人之舉動言論何如以相印證則屬員之人品心術操守作爲未有不瞭如指掌者又何必以佐雜委員察州縣印官也近時督撫非不講求吏治智者千慮不無一失門丁之弊已久人所共知委員之弊方興事難預料似可爲各督撫解然方用之始弊即生之流毒何窮挽回宜早有心吏治者將設何法以救此弊外之弊務期政臻全善則造福天下無涯也

附遺詩及名流題詠

黃花紅葉滿秋山（耶律楚材和薛伯通詩）萬里馳書望玉關（元好問送李參軍北上詩）樽酒闌珊將遠別（韓偓贈別離詩）轉蓬流水幾時還（李遠贈潼關不下山僧詩）

此 先大夫柳溪公集句詩槀也 先大夫不喜爲詩偶爲詩亦不存槀此詩係己丑九月將赴京應庚寅會試集古句別湘源親友者也從舊書中檢出裝䌙以存手澤謹依原韻占四首聊誌孺慕並乞 吟壇賜題無任榮幸

風雨鵑聲滿四山望雲猶復戀鄉關無如親舍今安在色笑追思不再還

當年烽火滿榆關記得孤蓬戴月還從此洞庭添夢影愁聞香

火說君山 甲午中日之役津沽震動 先大夫以即用知縣分發湖南麟因次年會試未獲隨行自是睽違色笑 先大夫在湖南任湘陰縣最久卒後湘民思遺愛廟祀之

似水年華去不還墓田漠漠近嚴關每懷庚子年間夢灑涕拈香湖口山 庚子 先大夫官湘陰麟在京上書論拳匪爲紅巾黃巾適音信隔阻道路訛傳 先大夫日夜痛泣延僧誦經於洞庭湖口之赤松亭 先大夫葬全州石窩距古嚴關數十里

晚年父喜白香山一達能空生死關和淚和煙題此片桂雲寂寂鶴知還

男炳麟謹題

題柳溪先生遺詩殘箋

後學羅振琳

洞庭秋水君山綠無限煙波湘水曲行人此地幾低徊淚洒湘波浸寒淥聞公宰湘盈十年地遍桑麻水滿田獨留琴鶴家風

在青史應刊循吏篇猶憶當年歲己丑匆匆北上公車走偶聽班馬鳴西風携手河梁別故友雁聲斷續隔瀟湘一片寒山木葉黃泳得詩人驢背興盡裁錦句入奚囊寫將素紙珠璣吐揮毫都作龍蛇舞右軍書法少陵詩兩絕綿綿獨千古柏巖太史孝思純檢點遺篇自足珍往事追廻題此片墨花長與淚痕新吁嗟乎公化鶴兮長去矣伊誰憑弔湘江水祗今政績娩龔黃豈待詩名齊杜李

題柳溪太夫子遺詩　　小門生胡嗣寅

西風黃葉滿秋山孤雁長飛已度關泳得詞人驢背思奚囊好載錦詩還

浩渺湘源有故關俸錢好爲買名山詩人老去遺縑在惆悵華亭化鶴還

題柳溪夫子遺詩　受業羅炎藻

頻年烽火滿衡山無限逃亡出故關安得程門三尺雪洗淸原野慶生還　吾湘近年南北戰爭人民盡遭蹂躪加以水旱天災逃亡出外者不計其數回憶吾師宰湘時深仁厚澤人物雍熙大有天淵之隔每一念及誠不勝今昔之感也

題柳溪先生遺詩　辛漢

匹馬西風入帝京不勝折柳玉關情杜欽才調龔黄政詩卷摩娑百感生

題柳溪先生遺詩　夏同龢

能爲循吏况詩人彭澤高風萬古新傳誦倚樓長笛句瑞蓮芝草憶湘濱明韓璟知湘陰縣莅政公勤時有芝草瑞蓮之祥人以爲善政所致

合將玉笥貯詩靈湘陰縣東北有玉笥山長共湖山草色靑湘陰縣北有靑草湖史乘他年搜韵事柳谿輝暎杜公亭亭在湘陰縣少陵嘗泊舟江滸因即其地建亭

書存晉法律希唐片羽瑰奇重吉光千和聲聞驚帝座信知天不負賢良

題柳溪先生遺詩　江大鐸

巧借佳詞惜別離文章風誼見於斯不須更問千秋業一卷靈光刼不移

發揚潛德後人賢獨秀峯高奕世綿愧我鯉庭聞六義遺篇星

散未能傳

題柳溪姻伯遺詩 林炳華

遺篇珍重出家山恍見精神化鶴還爲與子孫傳世守賢郎和淚寫鄉關

蔦蘿仰止得高山好息塵勞學掩關爲憶當年仁孝子風濤一葉附身還柳溪親翁爲吾鄉泰斗炳華讀書桂山時心焉欽遲者久之戊戌廷試入都正擬叩謁適　親翁出宰湘江未及一瞻風采然此後即得與竺垣親家訂交過從至密倍聆　親翁在湘德政藉慰私淑之忱方欲趁暇赴湘一叩起居而　親翁遽歸道山悵望無似竺垣在京聞電之日星夜呼號南下至洞庭風浪大作榜人不行竺垣乃易漁舟以進卒無恙抵南洲任所豈非天之所以嘉孝子歟竺垣今得　親翁遺墨如獲至寶囑題謹步韻成二章以誌景慕非敢獻拙也

題柳溪先生遺詩 江瀚

偶集前人句留將手澤長離心依八桂循績播三湘國史淸名

著家風奕業光平生經世志昌大有賢郎

題柳溪先生遺詩　周紹昌

書劍行千里鄉關望轉深雲裳裁剪手風笛別離心樽酒携同好蓬窗耐獨吟寥寥餘短札珍重過球琳

寒風落山日楓葉下秋聲慷慨揮毫素纏綿見性情停雲廻旅夢流水計行程湘上春波綠萋萋草又生

元白詩名遠龔黃吏治循口碑傳惠愛手翰見精神三十年前事七千里外身披吟增太息桑海幾揚塵

行役征人淚承家令子才齊年叨齒錄高詠出心裁戰野龍猶鬬狆霄鶴未回鮮民同罔極展卷有餘哀

題柳溪年伯遺詩　章華

淸獻家風琴鶴隨三湘遺愛有豐碑零縑斷幅俱堪寶想見掀髯下筆時

題柳溪年伯遺詩　吳肇邦

日下曾親笑語溫今看手澤倍消魂鹿鳴幸附年家子燕翼堪貽奕世孫循績一編青史在輿歌十載赤松存當時我忝觀風使猶見彤廷沛湛恩（湘人請表遺愛時邦適任湖南鹽法長寶道）

題柳溪先生遺詩　姚錫光

衡麓豐碑繼峴山更教墮淚古巖關零縑拱璧龍雷護竚望仙軺控鶴還

清獻家風仰道山遺徽流扇到壺關湘雲恆雪相輝映浩氣長新自往還

題柳溪年伯遺詩　陳枘

三門灘上有甘棠灘水聲清頌德長試向杜公亭外望瑞蓮芝草應嘉祥

宰官身已無由見紅葉黃花賸吉光寸楮而今人盥誦留貽翰墨有餘香

題柳溪姻伯遺詩　虞銘新

集句清新似子山離情渾欲擬陽關臨池今後恐無法庋置書堂未肯還黃庭堅詩此後臨池無筆法時時夢到君書堂即酬李君昵借示其祖西臺學士草經幷書帖詩也

親朋此日踏歌還臘有征蓬出故關爲想曉風楊柳岸不堪回首桂林山

千古詩人惜往還此情脈脈總相關遺編讀罷神如在一炷香煙繞博山

題柳溪先生遺詩　朱善元

清才惠政媲香山獻策承明記叩關祇惜吉光留片羽湘江化鶴幾時還

黃花紅葉別衡山寫出公車上帝關從政南洲猶著訓鯉庭想見受書還

遺愛豐碑仰道山斯民休戚最相關杜陵詩句文翁教共有千

秋勝錦還

羈宦何如返碧山年來勘破利名關獨欽循績留靑史善政流風幾往還

題柳溪先生遺詩　　徐翮

趙君示我書一帙羅煙雲上有循吏傳南董攄高文中寫河梁句先澤璆琳珍末裁錦繡段題識爭紛紜吾生一野服烏足語皇淳獨感陽九厄百變摧心魂大賢遺澤地觸眼迷荒榛十年慘淡績蕭條湘水濆文章與禮樂蹴踏無纖塵佳兵古所戒迺今寗殊聞欣逢名德裔巾衍傳邱墳吉光照霄壤片楮留貞筠賓朋競傳視耀眼來并汾撫此感世變涕笑知安云獨欽象賢

美頂禮吟朝曛

再題柳溪先生遺詩　　徐翽

罇酒黃華悵所之山城惜別雨如絲只今縑墨光家乘絕勝河梁五字詩

帝京一去幾時還珍重新詞望玉關遊躅已空天步改紙痕猶著淚斑斑

公車故事紀春明正始人文尙典型孳乳再隨昆刦盡爲薪今已到元經

風流枉憶太平年魚蠹蛛絲于蕘篇極目湘南烽火徧更無漫叟訟西原

庭訓錄正誤表

册別	頁數	行數	字數	誤	正
卷一	第七	第二	通字下	李判	判李
	第十二	第七	君字上	碣	竭
	第十六	第十八	朋字下	友處	處友
	第二十四	第十	尤字下	試甚	甚試
	第二十六	第十三	時字下	伴	泮
		第十六	體字下	脫	有
	第三十八	第十	孤字下	蓬	篷
	第四十一	第十九	拱字下	壁	璧

庭訓錄正誤第二表

冊數	頁數	行數	字數	誤	正
卷一	第三	第八	巨字下	滑	猾
		第十八	和字上	緝	輯
	第十	第十二	子字下	脫	弟
	第十一	第十七	勦字上	倫	勞
	第十七	第十一	背字上	夾	浹
	第二十九	第五	動字下	竊	輒

光緒大事彙鑑

趙柏巖集
湘潭趙啟霖署檢
國立廣西大學圖書館

光緒大事彙鑑

光緒大事彙鑑卷一

全州趙炳麟柏巖著

嗚呼中國軍事之失機吾必以甲申爲最自南關規復我師有戰必克越人內附法之政府方詰責國會軍餉幾至內閧使我贊廟謨者鼓勵將士乘機進取河內可襲而破也然後再訂和約則建威可銷無限之萌矣乃捷書朝聞和議夕上事會一失日蹙百里嗚呼是誰之罪歟述法越之役

法越之役

二年丙子五月雲貴總督劉長佑請愼邊防

法之經營越南也康熙時有闊爾倍兒者創立社會謀開

廣南商業由法廷使濮挨物來廣南闢芝林居留地又有教士在東京廣南間布教是爲法越交通之始越嘉隆王兄弟爭位走暹羅法教士許介政府發兵助復位事成訂約和親且割化南酬之適法政黨搆難國民集義勇隊傾山岳貴族改革國會內亂阡阡議遂寢及越王宏文宏時繼立逐法將校教士道光咸豐間法遂擾越之南六省嗣德王立法遣外交官孟契尼來越越不接待法復進兵水師司令官格兒自化南港上陸占領西貢越求和割定祥嘉定三川流域畀之償款二十萬佛郎同治間雲南提督馬如龍購火器西洋已革同知李玉墀乘法商輪取航道

越南寗海汎入紅江達滇越官阻之法領事徐普義照會
我副將陳得貴得貴札越官放行商船大副台僕依因至
北圻適法帝拿破侖三世派海軍大佐竇得圖力探越航
路自湄江入口不便竇死命海軍大佐安鄴繼之遇台僕
依漢口台言由富良江便遂集貲開航路越廷拒之法遣
兵攻河內結越匪黃崇英爲內應我滇督劉長佑檄總兵
劉玉成知府覃遠璉等助越剿越招劉永福抗法斬安鄴
黃崇英於陣而越臣阮仲合者黨法力言戰不利和便越
遂以仲合行成立安南保護約以寗海爲通商埠代越榷
稅東京越君臣未關白中國也長佑知越難未已上疏請

愼邊防疏云越南緬甸國原弱小勢復衰微越南割地於法人咫尺之間儼然敵國緬甸接壤於印度往來之便視若通衢彼自立之未能豈維藩之可寄藩籬不固莫禦外侮之侵兵甲不修難爲小邦之庇臣擬侯餉項稍裕簡練精兵扼咽喉之地備戰守之資與外藩近接聲援爲中國資其捍衛使彼無隙可乘窺伺之心庶乎稍歛長佑籌防數年而越內政礦玩亂黨颮紛毀散終不可扶持云

七年辛巳十月詔滇粵督撫籌保越禦法策

法謀越日急其政府向議院預計兵費議院籌兵籌餉殷殷我駐法使臣奏聞之乃詔滇粵各督撫統籌保越禦法之策詳細入奏雲貴總督劉長佑奏云竊意防禦之道愼密爲先控制之方利便爲要法人居中爲變尙在未動若合水陸內外並防則防禦之中有控制之勢越南水路距澳門五十餘更惟廉州協營汛地與之連界海面向無師船往來近年招商輪船運米越南則往來甚熟李鴻章請於商船往越之際添派兵

輪同往遊弋與曾紀澤請撥師船數艘移近南服所見相同要須假巿糴之便以漸移
入東京借護商之名分泊順化等處既可以遠壯聲威使彼有所嚴憚更可以近探動
靜在我得爲豫防再派得力大員隨機密諭越王並令動息相聞則越南君臣縱不能
奮發自强亦不忍輕背　大德至陸路則廣西現有防軍駐紮越南邊境以助緝捕若
於現有之營添調勁卒於毗連之地潛設要防是備禦在無形之中與兵輪有相應之
勢不至啟法夷之疑議即可爲越國之聲援昨接慶裕來函現已議增防軍與臣等所
籌正合若雲南僻在西南於越南交界地方從未設有防軍倘遽畫疆列戍轉孤越人
之勢即如丁日昌所云添設關卡堵塞谿徑亦恐外人得以藉口尤慮內匪乘而生心
第事變無常未可逆料若竟不爲戒備一旦變起倉猝始謀調兵遠赴則無以爲綏藩
之計更無以爲固圉之方臣等至愚亦惟有藉辦土匪爲名於臨安開化廣南各郡增
募練軍遴員統帶無事則勤加訓練以資巡防有事則相機應援以便調遣以現在情
形而論但能如此設防惟念法夷自據嘉定六省以來越南四境皆有商埠教堂恣其
橫行無所阻礙所顧忌者惟該國羣盜久據要津今羣盜勢亦稍衰故欲擱然除之以
幷其國自非中國提挈越王必無以圖存然法夷脅其君臣漁其財利已非一日取越
與否非有甚異其所以處心積慮者乃在通商雲南先以圖越爲嘗試中國庇之則求
開市雲南寖取越之說中國置之則且全據越境爲漸進之謀此時稍失權衡即貽他
日無窮之患臣等再四籌度以爲待其既吞越境爲守邊之計不如乘其始動爲弭釁
之謀滇粵三省與越接壤東西首尾山洞相連幾二千里叩關造釁莫可端倪要害與

共勞費滋甚分之則患勢弱合之又恐防疏若及此時弭釁於外則自三江口以至海
陽一帶東西僅百數里其西北境之宣光興化兩省現有該國副提督劉永福駐守以
中國兵力爲之禦敵東京兵聚而力省以視防守滇粵之邊勞逸懸殊利害相遠然遽
以兵屯禦河內則有啟釁自我之慮待其已變而始出境相援則有鞭長莫及之憂伏
念越南爲我藩臣及同治以來粵省疊次奉　諭旨爲之出兵助勦四夷所共知聞苟
明示以綏藩之意則可直用其禦敵之謀願
皇上令總理各國事務衙門召集各國駐京公使幷令南北洋大臣召集諸國領事秉
公會議開示信義宣　列聖之寬大以動其心舉衆國之公法以破其詐各國公使暨
領事豈無一二守正之人辨其曲直即法人之狙猾亦豈願以失和棄好捐津滬各口
之利源幸而從之則戢兵不用之術也苟其不從則法國啟釁之罪也曲在法國釁在
法國則可以宣示其用兵之意而彼不得以爲藉口之端用防邊之力於關外而我不
受其害移防邊之師於江邊而彼不得議其事一朝有警朝發夕至然後可以救護其
東京而無失緩之慮也顧廣東自廉州而西白龍尾玉山門諸處海岸迂險非十日不
能抵海陽又四五日始能抵東京惟水師則自廉州冠山前發舟順風二三日可抵其
海東府雲南之廣南開化雖與連境要皆其西北邊隅山谿險峻軍行難速若取道臨
安府之蒙自由蓮花灘而南旬日始達其水尾等處又須八九日始至其東京惟自廣
西入境皆可七八日達河內請以廣西兵二萬爲中路之師而廣東雲南各以萬人爲
犄角若以廣東水陸之師自廉州而入雲南之兵出洮江而東而別以輪船守廣南順

化港口斷其首尾法人必無自全之理至劉永福籍本粵西爲賊首吳亞終之黨後與
黃崇英搆隙臣在廣西巡撫任內曾於越使回國時言其可用以辦賊後果就撫爲該
國副提督曾以兵力拒戰東京今駐保勝州與滇邊河口相接應請　皇上密諭越王
信用其人給其兵食並由臣等潛爲聯絡喻以忠義亦可以效指臂而助聲威第滇粵
三路之師相去千里行有遲速勢難尅期並進轉致疏虞非其事權不能用命擬請
皇上於南北洋大臣內特簡一員駐廣西爲之督辦廣東雲南之軍並歸節制庶幾事
權歸一聲息相通東西並進乘勢赴機可無違律失機之慮如南北洋大臣一時未便
移動或即　命兩廣督臣爲總統大臣其形勢較爲利便於調度更易靈通是否有當
均候　聖裁自諸夷通商以來江海衝要皆爲所伺其未開市者僅西南一隅若其遂
據越南進規滇粵則楚蜀之藩籬盡撤郎英俄之外患益深事關天下大計臣等愚昧
亦不敢不盡其慺慺之誠惟雲南自平定叛回以來土曠民窮財力殫絀臨安開化邊
境其未經剿撫之黨往往逃出西貢趨附法夷尤患緝姦在在皆宜防豫舊制額兵僅
復五城外惟練軍五千以之分布邊鎮尚形不足此次籌援出境務必增兵十數營方
資調遣其兵餉所出爲數較多相需尤迫應請　旨飭下現協滇餉各省源源撥解以
資接濟勿復仍前延緩并飭四川督臣於現協各款外另行增撥若干按月籌解來滇
庶可以充軍實而備緩急伏乞　皇上訓示遵行長佑又奏泰西諸國自於印度及新
嘉坡檳榔嶼設立埠頭以後法國之垂涎越南者已久開市西貢據其要害同治十一
年復通賊將黃崇英規取越南之東京聚兵合謀思渡洪江以侵諒山諸處又欲割越

南廣西邊界地六百里爲伊駐兵之所臣時在廣西巡撫任內雖兵疲餉絀餘盜未平
即遣將弁出關往援法人不悅訐告通商衙門謂臣包藏禍心有意敗盟賴　皇帝
聖明洞鑒諒臣愚忠乃得出師助剿內外夾擊越南招用賊渠劉永福以折法人沙酋
之鋒廣西援兵分爲兩路左路則提督劉玉成一軍趨太原北甯以次進剿右路則道
員趙沃一軍由興化宣光等處分擊賊黨直抵安邊河陽破崇英等巢穴盡殲渠魁奉
國威靈將士用命幸得保其東境故法人寢謀不敢遽吞交趾者將逮一紀然臣每
詢諸邊境商民知法人志在必得越南以窺滇粵之郊而通楚蜀之路夙夜惴惴懼其
狡焉思啟所恃條約已定　國威日崇開埠之外當無異志乃昨八月二十九日接到
兩廣督臣張樹聲來函云法國海軍卿請於其主增加越南水師經費又中寄橫濱書
報稱於七月初九日見英倫西歷七月二十三日我六月二十八日發來電報云法國
下議院議准籌借二百五十萬佛郎爲越南東京海灣水師經費軍餉既儲師行在邇
十四日復見橫濱巴得利法文報云法海軍卿格羅愛現在逐日籌畫東京用兵之事
所派統兵將軍本報館已知其名俟突尼斯案一結即可起程臣逖聽之下不勝惶駭
竊歎法人果蓄志而遂謀嗜利而背約也又聞造此謀者乃法人伯朗手般在越南西
貢爲巡撿司開埠之後招徠土夷客民衆至百萬民情相洽物產日增東埔塞所招商
民亦二百萬運米出洋歲百萬石所徵賦稅入西貢庫藏者歲計佛郎二百五十萬牧
埔本荒藪開成通衢車路方軌溝渠修濬越南素奴視東埔人今東人感法恩德願以
六百萬口獻地歸附故伯朗手般以越南情形告其總統今富良江一帶法人已駛船

開市巂溯上流以達瀾滄江通中國之貨結檜方諸夷以窺滇粵邊境桀西貢至東埔寨鐵路以避海道之迂繞越南四境皆有法人之迹政治不修兵賦不足勢已危如累卵今復興兵呑噬加以東埔之叛民勢必摧敗不可支拄臣案同治十三年法提督僊鳴徼示威西三省已予法越南國王許於紅江通舟地險已失所立條約惟不肯予以東京國岌岌恃此爲犄角今奪其東京即不窮極兵力圖滅富春已如贅旒不能自立而況豺狼之性有不可測者乎臣以爲法人此舉志在陷取越南全境無疑既得之後或請立領事於蒙自等處以攫山礦金錫之利或取道川粵以通江漢據泰西諸國通商口岸之上游計狡志邪未有涯涘況滇中自同治以來平定逆回或殲或降其餘黨之桀黠者類多潛竄越南嘯聚山谷或南奔洋埠爲法人役使不免告以軍情虛實邊地情形故時有夷人闌入滇境以覘形勢倘法人遂覆越南則逆黨必借兇燄導之內寇以逞其反噬之志今雲南地瘠民貧銅政未復疆宇孔棘兵餉維艱聞警憂惶罔知所措或以爲西人惟利是營惟通商是亟則吐蕃求互市而戎馬踐於汧渭之郊先零盜牛馬而烽火徧於河湟之上不能徇其一時之風聲習俗而以爲不我寇掠也

法人陷越東京毀其城而去

越匪蜂起法乘機陷東京劉長佑遣沈壽榕率師出關法

旋退砲毁東京城而去

十一月命出使大臣曾紀澤詰問法廷

紀澤反往詰辨議終不就紀澤自光緒七年與法詰辨累牘連篇法置不理九年九月復遺書法外部曰本欽使於英九月二十二日接到貴大臣是月十五日照會並貴國朝廷降旨所擬辦理越南東京事務條程據貴大臣稱於去年攻打東京時曾有貴欽使白君及直隸總督所議一切經奏明兩國朝廷云云但貴大臣所言係從去年十一月到今之事至從前之事未嘗一言提及此何以故查越南於西歷一千八百七十三年以前東京之地物阜民康從無擾亂自我同治十二年貴邦至東京通商後民不安堵變故頻生致有去歲之事本欽使於三年前曾照會貴大臣謂貴國欲在東京干預一切事將來必有釁端貴國置之不理嗣於去歲六月十四日又照會貴大臣以爲此事關繫實大貴國務當三思嗣後屢次行文貴大臣總置不答直至本年上月貴國內閣大員始議其事我國朝廷以貴邦遲遲至此茲滋不悅惟本欽使以既經議及頗深忻慰閱貴國所議條程中有不損兩國之權不壞兩國之利云云乃議自沿海經線二十一二十二度起至紅河之西老撾之北爲止依此緯線北爲中國地界該處一帶據貴國已准不駐兵不開仗矣惟南界尚欲另議據云中國亦不能在該處駐兵並增築砲臺一切之事仍歸越南官員管

轄倘有匪徒肆亂於兩國交界有不妥之處兩國須商議或合剿或分剿事平後各即
退師不准駐紮一兵一卒至紅河上游之雲南蒙自縣地方欲開通商口岸與中國各
海口無異云云本欽使已將此條程奏明朝廷我皇上即飭本欽使照會貴大臣此議
斷難允許蓋以越南本屬中國理當全境保護況東京與中國交界華民之在該處貿
易者實繁有徒紅河一帶向爲中國船隻往來必由之路實與越南利益均沾一氣相
生之地在貴國以爲中國祇圖保護雲南交界殊不知中國原顧大局越南是中國藩
服焉不干預其事然本欽使以上所云前者屢次照會俱已言之而貴國所議條程中
幷未提及恐貴大臣或已遺忘不得不再行瀆告蓋貴大臣若非遺忘斷不出此條程
耳但本欽使言之再四而貴大臣終置腦後竟若不睹不聞衡諸事理恐亦難辭其咎
耳至中國朝廷所以不能允許貴國所議條程者原無足怪蓋此條程不過欲中國不
預紅河南界之地及許雲南蒙自通商二者而已如此而欲中國允從豈非將二百年
服屬之全境唾手而與貴邦乎貴國條程中所云不損兩國之權不壞兩國之利今如
所議貴國誠獨得權利矣與中國則大損大壞焉據本欽使所見若非依照同治十二
年前越南爲中國屬國他國不得干預或所議條程中國得以統轄越南全境幷無專
管紅河之說斷不能從惟中國朝廷未嘗不欲降心以就但據所議兩條中擇之或者
第一條所言西至老撾地方作爲越員自管中法兩不干涉之處中朝勉改二百年藩
服之制姑即貴國所議條程由南經線二十度至廣平關一帶地方爲界而以紅河爲
通商口岸與中國通商各海口一例其埠頭則祇准設於桑台對河之豐和關將來貿

易日盛或再商量推廣似此或可允從若必如貴國所議於蒙自通商以老撾爲界則
中國實不能曲從也以上本欽使所議貴大臣如能俯從實兩國如天之福至欲於此
外別籌他策則本欽使無能爲役中國朝廷亦斷難遷就矣再者越南地方民情與貴
國風俗實不相同況中國邊疆苗民雜處將來難保不往東京與貴國商人滋生釁隙
所望貴大
臣三思之
紀澤於十月二十日又照會法外部大臣費禮謂越南服屬中國已二百餘年冊封貢
獻克盡以小事大之禮普天下皆知同治年間越南北境一帶盜賊潛滋我中國特命
將出師爲之驅除盜賊如李揚材等一律蕩平十年之中常常如此所用兵餉不下數
百萬原爲保護屬國起見亦普天下共知乃法人不知何故忽興師攻取越南海防河
內南定等處我中朝大皇帝念切睦鄰不肯遽傷友誼願與法國從容商議而法人置
若罔聞乘越王新喪要盟立約中有一欵謂越南不得屬中國故特告天下各友邦共
評此理數百年屬國可以棄而不顧否中國不願與法國失和倘法國亦同此意則仍
可彼此互商妥議其事今觀法國不顧交誼辦理不公於中國兵丁所戍之國敢於相
攻是法國自欲失和也蓋中國既有兵戍守法兵往攻自必與之交戰則兵端由法開
之其咎惟法人任之兵連禍結大傷和誼中國均不受其咎也特此咨請轉達貴國朝
廷察奪十月二十三日法國外部大臣復書云前曾呈有一函於來函未到之先已逆
料及此中國謂越南爲其藩屬以是爲榮我法國亦不欲壞其榮名惟法國欲保護越

南中國亦不阻我保護之權則此事可以妥商一千八百七十四年我國與越南立約簽名之後中國之兵亦即撤還是兩國均深喜悅但自是以後越南盜賊繁多照所定保護章程若有未足繼知中國總理衙門調兵前往北甯我國因思和約內本有可以添兵至越南各處之說故亦添兵到越蓋欲照和約辦理我國理應保護本國之兵并欲報戕殺我大將之仇且欲保護越南俾得永遠太平使各國均此通商故欲更取數處新地今年在順化重與越王立約因九年前立約之後越王不能善爲遵辦故此重爲立約欲其遵照前約此事於中國並非新翻花樣法國之保護越南非自今年起一千八百七十四年已然現惟重堅舊約而已乃因東京一事本國與貴國有不洽之意前此來往文件可知本國之心本國願與貴國妥爲商議本大臣與貴大臣相見數次當亦深知我心本大臣與前大臣同此一意沙理抹納古大臣七月二十五及八月十五兩次函致貴大臣皆云此事必須妥商兩邊皆不失顯名本大臣於十月十八日又函致貴大臣可知本大臣之意深願中國勿因我國有兵在彼而誤會其意我國之兵亦不欲與貴國之兵相見於行陣之間接貴大臣交來文稿中國誠心欲和若不照本大臣前此與大臣相商之法則殊覺爲難來稿有謂我法國不公之意恐此言係繙譯之誤若照此言不能責我法國蓋本國駐京欽差曾有電報傳來其中並無斯語也十月二十五日紀澤又致法外部大臣費禮函云本大臣與貴大臣辦理東京一事時時留神惟恐兩國或有誤會之意貴國所云與我國之兵在河內一節未識本朝可能允許但貴國言急須駐兵於越之桑台洪化北甯等處貴國既云願與中國不失和好何

以又欲駐兵其處殊難索解本大臣若不向外人探訪則貴國之意更不能明本大臣明知貴國議院所議之事辨論之言錄入公文頗爲未便但前大臣曾於七月二十五日致函本大臣云及議院所議欲以錄入公文本大臣亦已計之十月初一日議院議事之時貴國相臣創言近來法國欲整頓屬國故以東京用兵爲急前任相臣所擬定攻取越南等事皆深爲合意并言欲固東京奄有紅河兩岸攻桑台北甯等地在貴國固爲得計但本大臣以此意告知本國莫不惋憤咸以爲法人又出新意前此僅爲越王不遵和約之故今則又翻花樣人人共知前貴國外部大臣巴的里迷因接本大臣照會曾覆本大臣一函言及法國止欲越南遵依一千八百七十四年所立和約一切奉行而已即貴國干卑德弗禮細納杜格刺三大臣亦皆同此意若照貴國相臣所言前任諸大臣皆以攻取東京之事爲然則本國與貴國三年以來所商議東京諸事皆屬無濟本大臣聞此說殊深戚戚然既聞此說貴國之意從此可以曉然目下貴大臣大異從前深喜保護小國今則名爲保護而遽取其地現在本大臣惟願與貴大臣以公文來往之言爲信而不以相臣議院之言爲是故本大臣宜明本國之意決不肯以東京歸之法國也又十一月初一日法外部大臣費禮照覆曾侯十月念五念七兩次來文其略曰本國現在欲取洪化北甯地方殊爲汲汲來函云十月初一日議院所議之言爲不合謂我法國另出新樣並云一千八百八十一年與前大臣巴的里迷曾言法兵往東京不過欲越王遵依一千八百七十四年之和約等語請細爲剖白本國之意實無變異惟照一千八百七十四年所立和約辦理一切悉與和約相合嗣因欲從

容奏功而不可得復有阻撓之人以致興師動衆然本國仍不改初意自昔至今無欲取東京土地之心不過欲重堅一千八百七十四年所立和約欲踐保護越南及來往紅河以與東京通商大局故前於十月初一日在議院言欲取東京亦無非此意而已歐洲各國與中國通商中國人民計有四百兆之多商務自必較大故本大臣之言自揆實自所慎大約貴大臣不免誤會茲本大臣重爲申明請貴大臣無庸疑慮本大臣欲兩國不失和好故曾知照貴國謂東京分界之事但命兩國將軍經理可矣貴國似不以此爲然故貴大臣復述及前此六月念九信中之言謂以河內桑台及紅河左右分界但來函明言東京無中國之兵即有亦不過在交界之地是彼時未必遂有河內桑台及紅河左右分界之說也且六月三十日貴大臣與沙里挾納古大臣會晤沙大臣曾經言及法國在東京之兵斷不致與華兵相攻緣法兵並無東京之北境者倘華兵近而相逼則法兵亦必以華相助越南力拒華兵如此則必致生事本國進攻東京始終一無異意倘兩國兵有交戰之事亦不與我法國相干惟願兩國不啟爭端則爲最妙華兵仍在交界處不過界相逼則法兵整頓東京一切亦可便捷而各國皆有利益十二月二十日紀澤又覆費大臣二十日來文略言本國深願與貴國妥爲商議俾本國與貴國之兵不至在東京開釁惟貴大臣初八日來文言貴國欲取桑台洪化北甯三處本國已有兵駐守若貴國有此舉則深惜東京一事不可復商前曾與貴國前任大臣相商欲在河內桑台兩處及紅河左右兩岸畫爲兩國交界之地茲者再申前說緣我兩國設或交兵與萬國均有未便請貴大臣細心察奪可也

八年壬午五月法西貢兵官李威利攻據越河內
光緒六七年間李威利覬越內亂謀併越以圖滇礦聯約政黨持進取議法政府以新受德創越爲中國藩屬中國必力爭戰必劇難之李威利力言越弱中國無能爲政黨附之至是以兵五百攻越河內據之時土匪陸之平覃四隸方亂越境我記名提督黃桂蘭統左江左路軍候補道趙沃統左江右路軍剿之聞河內警無敢問者
六月詔雲貴總督劉長佑兩廣總督張樹聲雲南巡撫岑毓英廣西巡撫倪文蔚相機因應
七月命雲南布政使唐炯籌防駐蒙自屯數營白馬關防之

八月以吏部主事唐景崧宣諭劉永福

永福嶺西亡命（上思州人）聚二千人轉戰關外號黑旂兵時有黃守忠者（思州人）年二十以八百人出關驍勇善戰俗呼為北江黃永福收之三分其軍守忠將前營吳鳳典（廣西人號雅樓）左營楊著恩（廣東欽州人號朓卿）右營復降葉成林朱泳清諸黨兵衆皆梟健獷猂同治時河內之戰越招永福破法軍斬其大佐安鄴及巨匪黃崇英（黃崇英擁衆數萬附法聲勢甚盛號黃旂兵踞山西太原一帶永福破斬之）名遂著越王授以三宣副提督雲貴總督劉長佑奏請諭越王信用永福至是景崧上書言綏藩固圉宜諭永福助討并云臣粵人也與同桑梓請行允之景崧至山西永福來見感激

受令

十二月大學士直隸總督北洋大臣一等伯李鴻章納法使寶
海分界通商議訂約天津尋廢之

越事棘議者以北圻之屯鶴三岐口扼要宜令永福據守
越滇粵督撫派兵助規河內法兵僅二千大懼法使寶海
以分界通商說上鴻章開議天津訂約三條越以紅江爲
界分任保護幷許通商滇境疆臣言路執不可法遂撤寶
海回國廢前約

九年癸未二月法人陷南定

初黑旗驍將黃守忠欲進兵十州道九龍直搗西貢以解

北圻越將黃佐炎賫之尋天津開議慮永福梗欲移屯守忠遂不進永福觀望而滇粵各軍詔止深入駐諒江待和議法乘機攻南定陷之北圻五大省河內南定北寗海陽山西是也南定尤繁富有兩海口一巴辣口一遼海口富良江自此入海

三月命廣西布政使徐延旭出關籌邊

詔兩江總督左宗棠籌畫邊防

宗棠請飭王德榜偵探法越情形募廣勇數營駐滇粵邊界以待緩急并自請出關詔止之

四月命李鴻章赴廣東視師鴻章駐滬尋命回天津

鴻章奉命至粵而駐滬朝議非之副都御史張佩綸號敢

言排鴻章尤力鴻章幕客薛福成者以能文與佩綸善爲遺書解之書曰法廷四月初旬遣使赴越將逼越王畫喏以東京永歸法兵距守并有保護全越之權越政務稅務悉聽轄五月內法使必至越越弱必懼而喏越受盟中國進退失據祇有將援軍撤回尙復何說伯相自宜駐上海示可南可北可和可戰可進可退之勢宜速集所調之銘軍輪船陸續運至廉州迅於法使未到預張聲援越君臣氣壯劉永福心堅牽掣無形法燄自歛或且徐示轉圜此越南存亡呼吸之機不容刻緩者也尋朝命鴻章回津法使德理固至滬隨鴻章北渡開議天津德理固要挾萬狀議兩次不就

越南三宣副提督劉永福大破法軍於紙橋斬其兵官李威利紙橋者小橋涸水橋東二里卽河內城永福營西三里令黃守忠夜襲城外焚其教堂法嚴守不得進楊著恩請當前敵永福戒曰戰洋人毋急急必損著恩曰見洋人能忍

者非人也法兵傾城出戰著恩聞報全營不待飯馳赴敵
永福禁之不及乃令吳鳳典伏道左爲奇兵黃守忠扼大
道迎敵爲正兵自率親兵自後督戰著恩至紙橋分其軍
三一據橋旁關帝廟一列廟後自帶親兵當大道右軍甫
列而法兵布滿橋東鏡瞰廟中槍砲雨注瓦飛棟折磺煙
蔽空有四畫巨酋勒馬登橋爲右營火筒轍擊落橋下人
馬俱碎法隊退席地吸酒醉復起十人一隊連環施槍魚
貫過橋前僵後進不少避著恩前隊潰於廟二隊接戰力
復不支法兵一抄廟後一走大道夾擊著恩一彈洞著恩
雙股左右尸疊親兵掖退怒曰大丈夫寧進死不退生強

起折右腕坐地輪開十六響手槍斃法兵十數人忽飛彈中著恩胸遂亡軍亦潰法兵直驅大道黃守忠前隊接戰二隊馳援將敗守忠誓死戰鳳典道左伏起橫衝法軍永福聞著恩被圍馳至關帝廟適包法軍之後守忠扼其前鳳典衝其中法陣大亂遂敗五畫巨酋李威利中槍坐地黑旂兵殺而臠之是戰也斬四畫至一畫兵頭三十餘人兵二百餘傷者無算獲槍械馬疋刀劍鼓角時表遠鏡稱是

徐延旭駐兵諒山壽至北寗唐烱駐兵山西

延旭率粵軍出關以黃桂蘭趙沃分統之烱率滇軍出關

以張永清林大魁分統之諸將待和議戒深入越南險要多爲法據初中國許濟永福餉械徐延旭令助兵四百槍二百兵至者僅百人槍皆朽腐不可用

五月法福輪擊山西劉永福戰退之

山西爲雲南門戶犄角北寗法人欲據以扼永福歸路自紅江駛兵輪三艘攻山西永福營臨江十里而無扼擊砲臺法船進喝江永福以貢生李唐率板船六邀戰板船低法砲擊不中戰三時始退

六月政府議開放紅江爲萬國通商地不果

越南王阮福時死以堂弟朗國公嗣位

七月法軍攻永福臨河戰退之

法陸軍分五股自懷德進撲永福軍以四股分攻前左右武烈各營以一股踞大道窺永福坐營又駛兵輪九艘攻河岸礮臺之武煒營兼出奇兵沿岸直上武煒離坐營十里許永福率親兵迎戰大樹下敵槍如雨永福戒其軍毋輕發槍堅伏以待敵輕武烈新軍逼攻極緊右營韓再勳分兵救之海防帶水喬爾赤率客匪助法戰客匪者多廣東嘉惠人貪重募而來者也法見黑旗不動未敢進客匪白旗忽進忽卻少頃永福令發槍馳出敵合五股並攻大道永福前於大道築堅牆右營奮力憑擊敵氣沮退懷德

喬爾赤負重傷遁而河干武煒營鏖戰未已槍彈告竭黃守忠帶隊往援河漲驟發漫及炮台武煒營葉成林等遂拔隊行

法人決隄灌永福營

法陸軍退懷德而兵船泊河干燃炮遥擊時秋漲怒發法復決隄灌營平地如江河永福移屯丹鳳景崧及桂軍統帶黃雲高田福志皆移軍山西城內

法軍攻永福丹鳳戰退之

法以兵船六艘攻丹鳳陸軍千人循隄進丹鳳四面爲喝江環繞兵船乘夏秋漲自紅江入也長隄直通河內黃守

忠據隄迎敵亡三哨弁死兵卒數十守忠握刀坐地不退隄狹彈密敵避隄下守忠亦趨隄下兩軍僅隔隄數尺船礮俯擊劉營炸彈雨注越將黃佐炎營有三千觔巨炮永福請發之六響中五兵輪始退隄下法兵乘大雨驟奔守忠麾兵追之斬八十餘級而守忠精銳亦多損亡矣是戰也黑旂兵窘甚有議退者適桂軍統帶黃雲高田福志自山西省垣率師來援而雲南解逼碼一萬踵至氣復壯遂退法師

八月法人陷越京富春越王協和氏及其外部大臣陳踐誠降法求和定約宰相阮說啓太妃廢協和立阮福昇

法兵自懷德敗後馳兵輪至富春攻順化海口阮說督兵力戰大敗法兵入越京協和氏與陳踐誠求和法營立約二十七章政務稅務皆聽法干預越永爲法保護國人不平說遂廢太妃廢協和氏立阮福昇抗法嗣爲法使霍樂滿所懾遂簽喏詔其樞密院諭將罷兵

命廣東巡撫倪文蔚廣西巡撫徐延旭督飭各營聯絡聲勢扼北圻要隘

越京旣陷延旭等奏稱月解劉永福餉五千助討自率桂軍駐扼山西相機規河內仍用黑旗號幟免礙交涉延旭又請明告萬國宣戰速定大計

越南北寧總督張登憻高諒勦撫使梁俊秀等起義勤王富春警報至北圻大將黃佐炎等遷延莫知所措登憻倡議勤王力任濟我軍粮俊秀集四五千人圖取海陽永福亦擬兩路進兵直趨青威伯陽規復河內廣安省之大黃鄌民集千人誘殺法兵法兵往攻擊殺法兵數百遂自焚其廬舍以遁

九月法人以兵船至我廣東尋衅法使脫利古自滬來天津要索

越南寧平巡撫阮尉迎降法人入據之尉接罷兵諭迎降法人法兵入據寧平寧平接壤河內山

西興安等省扼南北圻衝至是富春消息不達北圻矣

欽差大臣彭玉麟至廣東督師

脫利古來津要索聲言大隊兵船將與中國開衅遂命玉麟至粵會同張樹聲裕寬妥籌布置南洋海防責成左宗棠北洋海防責成李鴻章又令吳大澂統吉林練軍三千來津候調玉麟聞命即附輪至粵慷慨誓師乘小舟巡閱各口部署井井有古大將風

雲南巡撫唐炯自撤師入關

初唐炯爲滇藩時上滇督岑毓英書言宜斂兵入關以北圻委劉永福資以餉械俾自爲守在我不過歲捐四五萬

而法人終必爲永福困以視勞師開釁利害不侔毓英奏于朝薛福成爲文譏之曰西洋風氣剛則吐而柔則茹中國斂兵入關顯示之弱法必吞併全越彼知中國畏事而無遠畧也滇粵邊鄙必難久安各國亦將環視而羣思蠶食矣至是炯擢滇撫竟以入關受代爲名不請朝命全撤滇軍入關

十月法易置政府

法越之戰多主持於下議院其院員多少年喜事窺知越弱中國官素無遠大堅毅者持之力而政府務持重深知法國方受巨創債重民囂力主和平至是唐炯盡撤師入

關竄見中國無能爲而越事已成騎虎遂解舊政府任置新政府定議決裂我駐法使臣曾紀澤奏其情形於朝命雲貴總督岑毓英出關督師令劉永福規河內

朝廷知法廷戰議定以河內爲北圻門戶令永福攻拔幷賞銀十萬而滇軍撤回山西守空趙沃忌永福功媒孽於延旭扣其賞銀不發永福遂藉詞守山西不進永福自是知中國情弊薾然無鬬志

桂軍統領黃桂蘭趙沃令其營官陳朝綱党敏宣率四千人襲海陽梁俊秀率義兵助之入其城尋爲法戰退

令王德榜率師出關

初左宗棠請令德榜出關諭令候旨遵行至是邊防喫緊恐兵力太單德榜尚在永州卽令統所募八營出關歸延旭節制

法人陷興安越巡撫　死之

興安陷永福以山西喫緊獨力難支請調興化滇軍以爲援助唐炯不應

十一月法人陷山西我師敗績

初徐延旭表請宣戰談兵侃侃聞者壯之而病昏怯且爲趙沃党敏宣蒙蔽漫無布置至是法以陸兵三千兵輪十

二艘民船四十艘大舉圍山西永福景崧告急北寗不應景崧強之乃令張永淸率張世和莫矜智三營援半老弱永福景崧令黃守忠全部暨吳鳳典左營駐東門外蓮美朱泳淸帶武煒營正副兩營駐東門口爲先鋒韓再勳右營胡崑山武烈營劉榮瑁七星四營及景崧所部之李應章一營駐北門外李唐一營及景崧部之賈文貴半營駐南門外張永淸三營駐西門外景崧駐城內永福駐城外分任督戰城外築牆抉濠以爲憑蔽越撫張登壇報法傾河內兵圍山西議者欲乘虛擣河內山西危自解河內可破滇粵諸將無敢進者法兵自東北陸路擊北門船桅懸

大砲擊城中戰數刻法兵據城外民房永福令守忠鳳典泳清自東抄北繞敵後隔溪水不能進而隄下砲台爲敵碎一彈入我軍砲台砲裂我軍潰敵遂據我壘壁登河隄隄與城齊緊接北門我軍遂無出攻路屢請援北甯遣黃雲高尙國瑞兩營至主客軍多不洽永福調黑旂全軍入城內相持兩日夜法兵大攻北門懸巨砲西門外古刹轟城城中教民應之法人入城永福軍潰走不拔越縣名景崧走枚支滇桂敗軍所過擄掠姦淫備至越民苦之山西報到京朝震恐

令侍講張佩綸至津向李鴻章問戰和大計鴻章奏曰臣惟中外交涉每舉一事動關全局是以謀畫之始斷不可輕於言戰而敗挫之後又不宜輕於言和劉永福以新集之軍隔河而守山西本是危道殺傷相當棄城走險疆場勝負彼此何常此亦未足介意即敵或逕犯北甯三面受兵勢頗難守然我兵終無遽罷之理也竊謂關外進止機

宜應請旨悉以委之岑毓英進退戰守惟利是視不爲遙制就不甚愛惜之越地以練我兵以撓敵志越亂未已黑旂尙存法亦尙有顧忌久之彼氣衰餉耗自願轉圜斯得理處之法豈可望風震懾倉卒撤防使法窺我內怯要挾多端增環海各國狎侮之漸哉夫南宋以後士大夫不甚知兵無事則矜憤言戰一敗則恇懦言和浮議喧囂終至覆滅若漢唐以前則英君智將和無定形戰無定勢卒之虛憍務名者恒敗而堅忍多略者恒勝足知制敵之奇終在鎭定伏願朝廷決計堅持增軍善備內外上下力肩危局以濟艱難不以一隅之失撤重防不以一將之疏撓定見不以一前一郤定疆吏之功罪不以一勝一敗卜廟算之是非與敵久持以待機會斯則籌邊制勝之要道矣至津防爲京師門戶尤係聖心臣練軍簡器十餘年於茲徒以經費太絀不能盡行其志然臨敵因應尙不至以孤注貽君父憂伏乞聖躬頤神加餐毋以法船到津挾和爲慮臣事君治軍惟矢一誠輸寫愚忱語多越局無任悚惶之至

越人弒其君阮福昇立前王福時繼子　嗣

岑毓英遣總兵丁槐屯興化

　槐掘地營作方阱深六尺大小度地勢爲之阱內四圍密

竪大木出地尺許開槍眼上鋪大木覆土取其低不受炮遙見不知有營也阱背爲地槽通入阱阱口有栅一人閉栅坐則阱內數十人不得出既避槍炮且免逃潰或迴環掘數營皆於地下開槽彼此可通互相策應水米藥彈均儲其中又於地營外開曲折明槽人頂齊地寬僅尺五長一丈即轉以避炸彈明槽以護地營恐軍在阱中不知敵情也地營三丈外用槎枒樹枝以藤纏之密排三層是謂鹿角所以防敵衝突四圍埋地雷離營二十餘丈

十二月欽差大臣彭玉麟請暗結暹羅襲取西貢並阻和議

道員鄭官應因王之春言於玉麟謂暹羅國王鄭氏惡法

取越逼已有助我謀法意宦應與暹王同鄉族誼頗善請說暹王出師襲西貢以爲奇兵玉麟上其事於朝力阻和議密旨允行宦應後至暹羅我師皆敗退入關議遂寢後至

光緒二十二年法謀暹羅英已占領緬甸出而干預兩國限暹羅領土至瀾奈何流域止使當日我與暹同心破鹵兩國不皆銷患未萌哉玉麟奏云竊照法夷吞噬越南占踞西貢已二十年現復由河內奪占宣泰山西北圻勢頗危急其偪迫越人立約欲中國不預紅河南界之地及許在雲南蒙自縣通商顯係圖我滇疆冀專五金之利不特滇粵邊境不能解嚴即廣東天津亦未知撤防何日彼以虛聲我以實應數年之後疲於奔命必至財力俱窮臣蚤夜思維寢不安席疊奉 寄諭飭各軍堅守北圻以固滇粵門戶然自唐炯無故退兵永福大受其累旋至山西不守前奉寄諭飭總理衙門照會各國告以法如侵及我軍駐紮之地即不能坐視等語然昨准廣西撫臣徐延旭來函前月十七日法夷攻犯山西正官軍駐紮地也旗號滿布竟敢直前進攻是彼族業已明目張膽無所顧惜刻下滇粵官軍分途進取皆是正面文章必須用間出奇別開生面以假虞伐虢之謀爲圍魏救趙之舉大局庶有轉機鼻端生鑿腦後下針此之謂也擬臣軍營務處候補道王之春密稟現有三品銜候選道鄭官應廣東香山人自幼

從海船遍歷越南暹羅新嘉坡等處熟悉洋務現辦上海招商局及織布機器局南北
電報局與王之春共事有年每談及法酋蹴越尋釁廣東同深義憤據云暹羅國王鄭
姓廣東人尊敬中國用漢人爲官屬現有掌兵政者六人如中國之總督皆粵人也其
人夙重鄉誼與鄭官應熟識談及法越之事亦爲不平且引爲伊國切膚之患伊國與
越之西貢毗連嘗欲出其不意攻其不備由暹羅潛師以襲西貢先覆法酋之老巢又
暹羅極東邊境爲英國所闢者曰新嘉坡地極富庶粵人居此者十餘萬中國設有招
商分局即西貢現亦有招商分局均係鄭官應所司擬懸重賞密約兩處壯士俟暹羅
國兵到時舉火內應先奪其兵船焚其軍火以期聚殲此二端似有把握惟未奉 朝
旨未敢舉動私相歎息而已今疊奉 諭旨明示決裂與法夷决戰鄭官應恰有信來
求爲奏調由滬回粵親赴暹羅西貢新嘉坡等處密約布置機有可乘等語臣查越南
所都曰富春而以廣南嘉定爲西京即西貢也距富春千餘里法酋圖越以此爲根本
壤接暹羅遍考圖志雍正乾隆兩朝先後 賜御書匾額於暹羅曰天南樂國曰炎服
屏藩乾隆三十六年暹羅爲緬甸所滅遺臣鄭昭粵人也復土報仇衆推爲主昭卒子
華嗣五十一年 錫封暹羅國王十年一貢其人止尊中國而不知有他國用漢人爲
官屬理國事掌財賦皆粵人爲多與鄭官應之言皆相脗合則其言可信矣又考明萬
歷中平秀吉破朝鮮時暹羅自請出兵擣日本以牽其後滇撫陳用賓約暹羅夾攻緬
甸緬疲於奔命遂不復內犯永歷困於緬暹羅復起兵攻緬以援李定國之師其忠於
明若是乾隆中緬甸不臣得暹羅夾攻而緬始納貢阮光平篡黎氏養海盜寇重洋及

暹羅助阮福映滅新阮俘獻海盜而南洋始肅淸其忠於 本朝又若是然則暹羅之
能助順可信矣今越南事棘滇兵未到劉永福獨力難支北圻萬分喫緊臣擬密飭鄭
官應潛往各該處妥爲結約告以封豕長蛇之患輔車脣齒之依該國又夙稱忠順鄉
誼素敦倘另出奇軍內應外合西貢必可潛師而得惟是言易行難其中有無窒礙先
令密速探明事有端倪臣再派王之春改裝易服同往密籌屆期密催在越各軍同時
幷舉而不明言其故西貢失則河內海防無根法人皆可驅除越南或可保耳昔陳湯
用西域以破康居王元策用吐蕃以擣印度皆決機徼外不由中制用能建非常之功
我 國家厚澤深仁自應有此得道之助惟此舉若成則西貢六府自應歸倂暹羅庶
能取亦復能守蓋西貢爲越之南圻係嘉慶初阮福映兼幷占城及眞臘北境非安南
故土志稱安南南北三千七百里東西一千五百里係專指北圻言也阮氏有西貢而
不能守被法人奪占二十餘年暹羅能得之阮氏豈能復問傾覆栽培在 聖朝亦因
材而篤而已臣現附片奏調鄭官應伏乞 飭用電報傳知以免南北洋大臣奏留致
稽時日時天津和議未決玉麟又奏曰再臣正封摺間適接督臣張樹聲緘致總署電
音得悉署直隸督臣李鴻章方與法酋議欵聞之不勝駭異伏維法夷犯順率土同仇
臣昨奉光緒十年三月二十六日 上諭飭臣等振刷精神竭誠籌辦防務臣當宣示
各軍莫不踴躍懽呼激昂思奮乃甫數日而忽有議欵之舉得毋阻赴義之心而褫敵
愾之氣况今日法夷有斷斷乎不可欵者臣素愚戇忘其冒昧有不容已於言者請爲
皇太后 皇上一一陳之法夷無端生衅殘我屬國及我出師保護又復肆其豕突

撓敗我師迄今並未加懲創遽與議和何以張國威示天下不可許者一法夷并未受創繙然請款是必中藏詭譎或怠我師而徐乘其後或緩我謀而誤以多方其害無窮不可許者二既與議款不索兵費更爲叵測該夷惟利是視忽棄日前所索巨萬之費不言但言越境通商其中不免有詐恐將來必有十倍取償於後者瘠中華以奉島夷飾目前以釀邊患不可許者三以一外强中乾之法夷憑陵我藩服呑噬我疆土堂堂中華不勤遠畧不問其罪轉降心相從以就其和使之此次得志而效顰法夷者必狺狺然環向而起是欵一法夷而轉來無數法夷也羣謀日滋隱憂方大不可許者四雲南物產富饒五金之礦翠玉之璞豔稱於世久爲西人所垂涎若與議欵必由蒙自以內許其通商迨爲日既久形勢險隘彼皆周知廣傳邪敎以張羽翼一旦竊發不僅通商將何以支不可許者五此五不可者人人知之儻漫不加察貿貿焉亟與議和以爲國計萬全臣固未敢信也法夷自通商以來前於天津敎堂一案即思啟端以償其所大欲適爲普人所簪旋即中止狡謀越南爲自强之計我中華果以全力决戰審用兵籌餉分量彼族萬難久持故先爲恫喝以速其和又貌爲恭順以工其數其實鬼蜮伎倆窮矣此揣敵情而可戰者一也我 朝以神武開基將帥得人遠軼前古嗣平髮捻之亂亦忠勇輩出買其餘勇似足定邊憶前議防俄之時奉 旨著京外保薦人材即以將才不易存者什一爲慮再閱數年老成凋謝盡矣雖攘外不必定用安內之才而有識究須有膽畧若及時精選宿將必講求以柔克剛以散敵整之法以盡其長此論將才而可戰者二也道光年間夷釁初開廣東三元里團練義聲至今猶在此外各省

因事激憤之案層見疊出亦見民間不平之氣不可遏抑越南劉義亦中華民也竄伏荒裔自全不暇猶能尙義屢殲法夷各省山陬僻壤不乏英豪聞與夷戰莫不聽雞起舞共發雄心願效死力此察民情而可戰者三也查萬國公法有可節取者在戰分義與不義一節如與戰不義傷害天理不獨可以理喩幷可以力止等情深與齊人伐燕之議暗合亦足徵萬國之公也我 朝廷一面通飭各省督撫臣大張曉諭於通商和好各國極力保護專與法夷絕好准各義民誅其天主教士燬其天主鬼樓能其駐京法使撤其生意碼頭旣消萌蘖不虞支蔓此採公法而可戰者四也語云師直爲壯曲爲老今兵端自法夷開窮兵黷戰掠地爭城欺侮太甚實爲萬國公法所不容宜歷數法夷罪狀布告中外使咸知理曲在彼直在我不得已而用兵伐罪明有日月幽有鬼神共鑒此衷應蒙默佑此卜天理可戰而決必勝者五也有此五可亦人人知之儻失此機宜恐我中華永無自強之日其將如天下後世之非議何伏乞我 朝廷乾剛獨斷嚴飭沿海各疆吏及各將領防務不可一刻稍懈尤須洗心易慮臥薪嘗膽各矢天良修矛偕作憤切同仇以與法夷從事臣雖衰朽無似斷不敢惜此病軀殘喘稍存畏葸尙當獎率將士爲各軍先惟宜和宜戰大局攸關 聖明洞鑒自有權衡原非臣下所敢妄議僦臣老病昏眊在軍言軍謹冒昧將所有不可欵而可戰緣由披瀝附片具陳不勝惶悚待罪之至

光緒大事彙鑑卷二

全州趙炳麟柏巖著

十年甲申正月岑毓英軍家喩關距興化三十里

詔趣滇粵軍入富春毓英奏止之軍萬人家喩關尋至興化廷旨諭滇粵聯絡聲氣固守北寗而山西陷滇粵軍報中梗三江口又爲法據愈隔絕廷旨又促劉永福戰而永福鑒前此官軍牽掣致敗請毓英曰官軍宜爲一路以一支出屯鶴一支逼廣威永福自當一路渡河傍山而下永福主分毓英主合計久不決而丁槐亦忌永福永福愈首鼠

二月法人陷北寗我師敗績

徐延旭自屯諒山以統領桂軍黃桂蘭趙沃等守北寗桂蘭不知軍事沃昏庸貪忌二人互猜忌延旭爲沃姻親唯沃言是聽全無布置距北寗五十里有芹驛關又名曾濟屯者扼北寗水陸要隘延旭不屯兵爲法人據尋聞法將攻北寗沃始欲以揀卒三隊規之爲教匪戰退又嘉林之缽場扼諒江湧球入口所以固北寗後路亦棄不守法據之築砲臺其上北寗險要盡失僅賴孤城法人先攻陷扶良扶艮爲陳得貴李極光翟世祥覃東義各營扼守法人來攻得貴戰半日馳騎乞援北寗久之乃遣章和禮率三營出至半途而扶良陷乃回守北寗四十餘營分駐攬山慈山桂

陽新河左河六頭江等處沃所屬之党敏宣八營預避六頭江外累檄不至守城者僅桂蘭部之韋和禮黄玉賢李逢楨尙國瑞黃雲高賈文貴六營駐城外蔣大彰一營黄效賢兩哨駐城内法兵大舉自扶艮進攻桂蘭沃各率親兵督和禮國瑞雲高文貴四營拒戰十里外劉永福奉檄救北寗駐慈山觀望黃守忠見四營苦戰欲以黑旗麾兵接應永福呵止之曰我困山西彼不救我我何事救人未幾法兵輪入湧球守湧球提督陳朝綱聞砲卽潰法置砲高阜擊城中火起軍民譁奔越督張登憻開城遁法兵入城桂蘭沃走太原延旭請斬陳得貴党敏宣徇師

法人攻諒江我師敗績

法乘勝攻諒江府我軍于德富甘乃斌李定勝晉文治郭湧泉等敗退提督王(子鈞)鴻訓統綏南四營屯浪山聞諒江警退屯郎甲之左溪法復攻左溪綏南營不戰而潰

三月命湖南巡撫潘鼎新赴廣西視師尋調補粵撫

四月廣西巡撫徐延旭雲南巡撫唐炯以喪師罪被逮

軍機大臣恭親王奕訢大學士李鴻藻寶鋆尚書景廉翁同龢等以越事調度失宜罷政以禮親王世鐸尚書額勒和布閻敬銘張之萬侍郎許庚身孫毓汶為軍機大臣大事白醇親王裁決(祭酒盛煜號伯熙疏論法越戰事不利由我政府措置乖方故太后震怒悉易之)

五月李鴻章開議天津與法總兵福祿諾定草約

先是鴻章屢受切責竊疏辨之

鴻章疏云竊臣准軍機大臣密寄三月二十五日奉　上諭中國自與法國通商以來講信修睦歷有年所惟期永固邦交嗣法國與越南搆兵當以越南我朝舊服不得不爲保護且越境土匪滋擾尤恐竄入中國邊疆是以派兵駐紮北圻地方以資防堵仍一面照會法國使臣以免彼此猜疑乃越南昧於趨向致使該國教民抗我師行此該越南大臣不識事機所致朝廷與法國幷不願傷睦誼也本日據總理各國事務衙門接到李鴻章電報興化已被法兵據守粵稅司德璀琳密稱若早講解可請法國止兵等語自係爲保全和局起見著李鴻章通盤籌畫酌定辦理之法即行具奏李鴻章迭經被人參奏畏葸因循不能振作朝廷格外優容未加譴責兩年來法越搆衅任事諸臣一再延誤挽救已遲若李鴻章再如前在上海之遷延觀望坐失事機自問當得何罪此次務當竭誠籌辦總期中法邦交從此益固法越之事由此而定旣不別貽後患仍不稍失國體是爲至要如辦理不善不特該大臣罪無可寬卽前此總理各國事務衙門王大臣亦不能當此重咎也等因欽此仰見聖慮精詳洞燭時勢訓勉周至曲示矜全曷勝惶悚竊維中外大局關係綦重若不綜其始終本末則事理不能顯著而籌畫恐有難周臣敢披瀝肝膽謹爲聖主密陳之蓋法人之經營越南實在二十年前始取西貢六省爲其屬埠繼復攻奪河內河防等處旋踞旋退逼協越南與立和

約認爲保護斯時中國尙有內寇未暇詰問法人以中國向不務遠略誤謂鐵案已定遂謀漸占越南矣光緒六七年間法人籌兵籌餉端倪大露中國始悉其隱謀咸陳保護越南之策所以維體統而綏邊圉其爲謀固甚忠也無如法人蓄銳積慮已非一日遂成騎虎之勢攻城奪地不留餘步中國爭之以口舌而不應爭之以函牘而不應不得已而派兵分駐越境其事雖自朝廷主之臣之愚見亦謂借防邊爲名隱掣法軍之勢不難乘機講解使彼此可以收場適法國前使寶海有分界保護之議臣知相持既久必致決裂因與訂約三條以期稍有結束乃外而疆臣內而言路皆大不以臣言爲然均謂越地必不可分通商必不可允而法之政府亦不肯遵約竟撤寶海回國於是越南之患愈熾而愈棘矣自昔艱難之世議論愈多則是非愈淆而任事者亦愈無把握迄於今日西洋各國紛至沓來尤爲千古未有之奇局其中得失利病非閱歷有素者驟難得其要領即如滇境通商他日辦成決無大損可於各海口通商之事見之法人既得越南必不進逼滇粵但使妥訂約章定能永久相安可於中俄交界之事見之至於藩邦見削外侮交乘中國宜奮兵自强式遏敵燄乃爲正理惟用兵必須訓練西洋各邦皆以數千年之戰國研究兵理精益求精中國風氣初開未必各省多得勁旅用兵必先裕餉西洋賦稅煩重往往什取三四一遇戰事富商集餉動逾千萬中國財力已殫未必商民盡輸鉅餉而船艦之精火器之利遠遜西人尤其餘事既審勢而量力不能不持重而待時去歲廣西撫臣徐延旭慷慨談兵嘗稱欲盡殲法衆克復西貢乃未幾而一蹶不振臣未嘗不壯其志而憫其不知彼固不達時宜也臣於去夏奉旨

赴粵視師當時起自田里驟無可攜之軍暫駐上海籌調兵餉適法使德理固來議越
事未及就緒遵旨北行秋間德理固復來天津會議兩次彼時德理固氣燄較盛要挾
較多不能遽就範圍蓋法人之欲得越南始終不少鬆勁儻竟允其將駐越全軍先自
退出非惟衆口必譁亦恐朝廷難允且我軍無端自退與力屈而退同一棄越固不如
暫與磋磨徐待其變故臣於山西不守之後尚主堅守北甯之議此臣前後辦理越事
未敢遷延觀望亦非敢畏葸因循也諭旨責臣以竭誠籌辦今日時勢如此恐斷不能
如前歲與寶海所定三條之妥然誠能速與議結猶可比之遇險而自退見風而收帆
凡事慮敵之要挾不如行之於敵未要挾之前謂其意之自我出也凡事畏敵之決裂
不如先示以我無決裂之心俾其計之無所施也詳譯稅務司德璀琳與法總兵福祿
諾之意如臣殫精竭慮措置得手則不貽後患不失國體兩層或尚可以辦到中國誠
能先結此案以其間暇選將練兵通商裕餉造船簡器中外同心切實經理何嘗不可
爭雄於各國惟是事平之後有志之士當共臥薪嘗膽講求實事不宜復尙空談互相
牽掣乃有蒸蒸日上之機至目下法越之事總當竭臣綿力仰副聖懷然臣不能不總
總過慮者約有兩端大抵國勢隨兵勢爲轉移法既連占越地日肆鴟張即與講解豈
能盡如人意將來越地分界必有以分地太少爲言者滇境通商必有以通商宜拒爲
言者其他條目不少指摘必多臣既膺重寄固當順受其責而不敢有辭力當其衝而
不敢退避但恐意見紛歧則謀議難定枝節橫生此一端也法爲歐洲强國而議院各
黨持論每有異同今揆其本計雖非必欲失和於中國難保無傾邪喜事之徒別創新

議或要我以必不能行之事則於羈縻之中尤當相機應付恐難尅期成議此又一端也夫天下事本難逆料然如辦一國事則謀定政舉可以操劵而成惟議定和約必俟兩國與允方能定局其遇事機緊迫之際往往一言齟齬則玉帛變爲干戈一人阻撓則風波起於呼吸苟非衆志悉協時會已到決難强爲撮合臣前所以屢與法使會議而無成功者職是故也爲今之計挽救不宜再遲苟有轉圜之計臣必因勢利導趕爲設法萬一彼所要求有必不能從之事臣當儘力駁拒不稍遷就仍復加意籠絡徐圖機會尤顧宸衷默爲審定何者可行何者難允先具大畧規模庶幾國是衷於一定不致爲空論所搖而臣亦有所遵循矣

至是法水師總兵福祿諾來津議鴻章與定草約五條奏行之

鴻章奏曰竊臣奉十年四月初十日上諭目前最要者約有數端越南世修職貢爲我藩屬斷不能因與法人立約致更成憲必與之切實辨明通商一節若在越南地面互市尚無不可如深入雲南內地處處通行將來流弊必多亟應預爲杜絕劉永福黑旂一軍屢挫法兵爲彼所深恨蓄志驅除自在意中豈可遂其所欲此次法人侵佔越南衅自彼開我無失和之意若再索償兵費不特情理所必無亦與各國公法顯背以上各節均與大局極有關繫李鴻章膺此重任宜如何竭力圖維預籌辯論等因欽此仰蒙聖明指授機宜訓戒精切感悚莫名又欽奉四月十四日諭旨鈔示廷臣議覆各摺令臣迅速覆奏等因法國水師總兵福祿諾到津於十二日來見所有

辯論各節及商訂簡明條欵臣因繕摺覆陳不及先詳細函致總理各國事務衙門請
其恭代進呈御覽十五夜接准該衙門電稱奉旨詳加披閱均尙無傷國體事可允行
該大臣即照所擬辦理嗣後詳細條目務當悉心籌畫毋滋流弊欽此先是福祿諸與
臣議訂條欵即電請該國外部示遵十五日午刻該總兵接其外部大臣費理是日辰
時覆電云奉國旨予汝全權無須提督利士比來津汝即與李大臣押定等語彼以條
欵已就無可改易疊催畫押定議適臣亦欽奉電旨准照所擬辦理復將原議五條逐
加討論酌改前後欵式幷按照洋文約欵內字句有畧宜增損之處與福祿諸詳確覈
定繕寫成帙遂於十七日申時齊集臣行館校對中法文義無訛公同畫押蓋印各執
一本爲據謹將約本封送軍機處備查仍照錄清摺恭呈鑒覈竊維法越之事自光緒
七年以後曾紀澤與法外部沙美拉古費理等總理衙門暨臣與法使寶海脫利古等
往復辯論案卷盈帙均無成議愈變愈壞迨山西北寗失陷法燄大張越南臣民望風
降順事勢已無可爲和局幾不能保茲幸聖朝德威遠被由法人自請講解其始願望
未嘗不奢要求未嘗不力經臣反覆辯析迎機勸導彼亦漸就範圍如諭旨所云賠貢
一節今約內第四欵法國約明現與越南議改條約決不插入傷碍中國威望體面字
幷將以前與越南所立各約關涉東京者盡行銷廢蓋因臣指明法越甲戌約內不論
何國皆無統屬去年新約有大清國不得預及越南國之政等語顯與中國屬藩體制
有礙必須删改據福祿諸面稱已電告外部令現往越南改約之巴德諾照議删除彼
雖不明認爲我屬邦但無此等違悖語意越南豈敢藉詞背畔耶又諭旨所云通商一

節今約內第三欵許以毗連北圻邊界法越與內地貨物聽憑運銷並約明日後另遣使臣議定詳細商約稅則其云北圻邊界必不准深入雲南內地明矣查向來紅江上游中外商人運銷貨物出入滇境往來不絕本未苛禁將來互市自可在北圻邊界擇要設關收稅妥立章程似覺無甚流弊又諭旨所云兵費宜拒一節該國上下處心積慮本欲訛索兵費六百萬磅即各國新報私議皆爲是言臣預屬稅務司德璀琳道員馬建忠等多方開導復當面嚴詞厲色力與駁斥今約內載明情願不向中國索償尙屬恭順得體足以風示各國中國許以北圻邊界運銷貨物爲有益法國商務俾該外部得有詞以謝議紳亦爲中國和好互讓之據至劉永福黑旂一軍從前乘法兵單寡之時屢殪法將法人恨之切齒必欲報復上年曾紀澤迭與該外部商論由中國設法解散約束而法廷添兵攻取意不稍回去冬克山西黑旗精銳傷亡甚多已受大創今春劉永福募四千人援北寗人不戰而潰其禦大敵何怯也華人專採虛聲僉欲倚以制法法人固深知其無能爲役此時福祿諾絕未提及我自不便深論將來該國另派使臣若議及此當由岑毓英潘鼎新酌定安置之法惟目下和議已成法人必無翻覆法兵必漸減撤滇桂邊防各軍亦宜及早切實整練凡不得力之勇營應逐漸裁遣汰無用而留有用劉永福所部冗雜騷擾與越民爲仇實爲邊境後患擬請旨密飭雲南廣西督撫臣嚴明約束酌加減汰預籌安置妥策俾無生事滋擾則保全者多矣據福祿諾云此約將欲消釋中法將開之衅端爲救急止兵起見其餘詳細節目應俟該國另派大臣前來會商該外部初次電覆此約應由議院批准本日續電又云押定條欵

無須議院覆覈臚諸均經呈閱是兩國既皆定議以後商界事宜儘可從容籌度此皆由皇太后皇上宵旰焦勞懷柔大度於以感召遠人效忠孚信前後在事諸王大臣等和衷匡弼贊襄大計得以定艱危於俄頃使數年來法越轇轕不定之議得一結束之方從此保境息民練兵簡器徐圖自強天下幸甚 微臣躬親是役懍懍焉若朽索之馭六馬迭經局外責望聖諭提撕惟以不克稱塞明詔是懼今雖妥速成議非初料所能及其有思慮所不到力量所不及之處尚祈曲鑒愚誠勿爲浮議所惑庶法越之事由此而定中外邦交從此益固矣所有遵旨講解議定簡明條約畫押竣事各緣由謹繕摺由驛六百馳奏仰慰聖懷

閏五月以津約議定詔邊師三月後撤師

法人攻桂軍於諒山我師擊敗之

和議成而法猶出兵巡諒山黃玉賢統桂軍屯諒山觀音橋止法毋入諒法擊我師玉賢及黃雲高李應章陳世華等率師禦敵法大敗斬數十級獲器械馬匹無算

以大學士恪靖侯左宗棠參預機密

宗棠年七十有勳望總督兩江以目疾乞休尋愈命在軍機大臣行走宗棠梗和議薦提督黃少春羅大春率師援越疏云法人素性叵測反覆無常微臣再四籌思疑慮莫釋頃接統領定邊楚軍王德榜電稟法人果又蠢動招匪盜六千教匪一二萬法兵數千領之分兩大股一往宣光保勝一自北寗入諒江又分兩路一犯觀音橋長慶粵軍一犯王德榜谷松之營各軍請戰潘鼎新諭令毋得生衅幷聞宣光失守法人請和不足信而緩兵之伎倆畢露矣

李鴻章自與福祿諸議巡邊詔詰責之

詔曰前因福祿諸臨行巡邊之言李鴻章并未奏聞亦未告知總理衙門業經降旨申飭現在法使以此爲口實并以簡明條約法漢文不符藉詞嘗試無理取鬧皆由李鴻章含混所致著責成竭力籌備以自贖鴻章奏曰查福祿諸臨行時忽以限期退兵之語相要挾臣當即正言駁斥仍飛函密告雲貴督臣岑毓英廣西撫臣潘鼎新相度機宜酌量進止隨時奏明請旨辦理緣臣係議約之人與關外相距過遠軍情地勢究以調紮何處爲宜非敢遙度其時適因所議簡約雖蒙聖明曲諒而都人士嘖有煩言若聞福酋又請限期退兵必更譁譟徒惑衆聽臣又明知事難照行而約款未可遽背欲令岑毓英潘鼎新查照調回邊界約文自行斟酌妥辦實具委曲求全之苦衷因未敢據以上聞致干怒聖亦未立即告知總理衙門疏忽之咎誠所難辭迨潘鼎新以電報請示臣即飛告總署屬其請旨定奪昨又將當日面駁情節詳細函達總署法使即藉爲口實而臣並無允即調回之詞可以互證其質實無絲毫含混至謂條約法文與漢文不符似係旁觀挑釁之論臣本不識洋文稅務司德璀琳道員馬建忠素精法文皆欲成就此事臣原令該員與法領事法蘭亭等再三校對據稱並無舛譌自來各國訂約必聲明以洋文爲正非獨此次法約爲然而嗣後彼此辨論又往往以漢文不符兩相齮齕此總理衙門與臣等所歷辦而深知者誠如聖訓無理取鬧不過臨時多一辨駁究其大旨亦無甚出入也惟是此次越境觀音橋接戰獲勝之後法人藉詞要索所慾甚奢殊難甘心就範臣斷不敢狃於和議辦防疏懈而環顧大局恐竟無收束之法殷憂彌切負疚更深

以劉銘傳巡撫台灣督辦台防卻法兵基隆

台灣孤懸海中法累遣兵船探視遂令提督劉銘傳以巡撫銜籌防法兵攻基隆擊卻之

以山西巡撫張之洞爲兩廣總督

以內閣學士陳寶琛會辦南洋事務通政使吳大澂會辦北洋事務侍講學士張佩綸會辦福建事務

寶琛等以清流自負侃侃談天下事時人稱之至是命會辦軍務光緒初朝士敢言者稱南皮張之洞豐潤張佩綸宗室寶廷閩中陳寶琛瑞安黃體芳渾源張觀準吳中吳大澂吳橋劉恩溥甘肅吳可讀廣東鄧承脩謂之十朋

六月命邊帥復進師

法人狡譎屢攻我師廷旨令滇粵各軍進發粵督張之洞電請牽敵以戰越爲上策令唐景崧募勇四營出關與劉永福合力犄角允之促岑毓英潘鼎新張樹聲等督師攻剿毋事遷延

七月法毀我馬江船廠船政大臣何如璋會辦大臣張佩綸遁走

福州海口奇險不易入英美提督告稅務司賈雅格任調處言甚甘總督何璟及如璋畏先戰開釁下令諸將曰法船入口不准水師先開砲違者斬無赦遊擊張成口善辯談兵滔滔可聽張佩綸悅之遂劾閩安副將蔡根業以成

代令管駕揚武兵輪各兵船受節制成調回揚武濟安飛雲伏波福星振威藝新永保琛航福勝建勝十一艘駐泊一處各兵船管帶請離蛋船散泊疏密相間且毋下椗俾易轉動免擊成不聽至是法提督孤拔率水師船三艘入口屯羅星塔各軍觀望不敢擊亦無戒備尋增漳泉協勇千名副將楊廷輝統之下江泗水勇百餘副將德柯統之尙幹鄉勇三百侍衛林培基統之及馬尾道方勳之潮普勇亦至聲援頗壯未幾法大隊兵船踵進告英美兵官將戰英領事飛報閩督何璟璟匿不發示法船倏舉砲何如璋竊金銀遁省張佩綸登高望之魂魄若失走彭田跳一

足盖走不及攝屣也張成令起椗不及亦鳬水遁法遂毁我兵輪福星管帶陳英三副王漣振威管帶許壽山大副梁祖勳建勝管帶林森林呂翰福勝管帶葉琛飛雲管帶高騰雲均戰死我水師死者數千人法復毁我蛋船十九艘及金碑礮臺圖登岸踞擾提督黃超羣道員方勳都司陸桂山督隊力戰法兵退攻館頭田螺灣閩安等處張世興蔡康業劉光明督軍擊郤之將軍穆圖善駐長門督總兵張得勝副將洪永安守備康長慶等率兵截剿斃法兵甚夥擊沉兵船二魚雷船一初長門礮臺係林則徐修築爲橢圓式凡船往來上下游者皆可俯擊何璟督閩時從

道員朱　議改爲方式船在口外有堞置礮瞰擊入口內卽不受礮法乘津滬議和又遣英美提督以調解紿我我軍無敢先舉礮者遂得入口及禍發我礮臺不能擊敵敵出口始受砲故僅沉其兵船二艘焉當船廠之被毀也我軍倉卒無備法狡謀大逐其水師提督孤拔麾旂督戰獨立船首意氣揚揚甚自得我船廠學生　燃砲擊之中遂斃學生佩保險圈浮海至厦門始登陸孤拔爲法名將轉戰歐亞以驍勇著至是擊斃法鋒始挫而我船廠悉煨燼矣張佩綸爲陳英請卹疏言孤拔船爲陳英砲毀孤拔亦中砲死陳英船後亦中法艦砲沉毀英美觀戰者皆稱嘆不置云

下詔聲法罪

詔曰越南爲我大淸封貢之國二百餘年載在典册中外咸知法人狡焉思逞肆其鯨吞先據南圻各省旋又進據河內等處戕其民人利其地土奪其賦稅越南君臣闇懦苟安思與立約並未奏聞法固無理越亦與有罪焉是以姑與包涵不加詰問光緖八年冬間法使寶海在天津與李鴻章議約三條正飭總理各國事務衙門會商妥籌法又撤使翻議我存寬大彼益驕貪越之山西北寗等省爲我軍駐紮之地淸查越匪保護屛藩與法國絕不相涉本年二月間法兵竟來撲犯防營當經降旨宣示正擬派兵進取力爲鎭撫忽據該國總兵福祿諸先向中國議和其

時該國因埃及之事岌岌可危中國明知其勢處迫蹙本可峻詞拒絕而仍示以大度許其行成特命李鴻章與議簡明條約五款互相畫押諒山保勝等軍應照議於定約三月後調回迭經諭飭各該防軍扼紮原處不准輕動生釁帶兵各官奉令維謹乃該國不遵定約忽於閏五月初一初二等日以巡邊爲名在諒山地方直撲防營先行開礮轟擊我軍始與接仗互有殺傷法人違背條約無端開釁傷我官軍本應以干戈從事因念定約和好二十餘年亦不必因此盡棄前盟仍准總理各國事務衙門與在京法使往返照會情喻理曉至再至三閏五月二十四日復

明降諭旨照約撤兵昭示大信所以保全和局者實已仁至義盡如果法人稍知禮義自當翻然改悔乃竟始終怙過飾詞狡賴橫索無名兵費恣意要求輙於六月十五日佔據臺北基隆山礮臺經劉銘傳迎剿獲勝立即擊退本月初三日何璟等甫接法領事照會開戰而法兵已在馬尾先期攻擊傷壞兵商各船轟毀船廠雖經官軍焚毀法船二隻擊壞雷船一隻並陣斃法國兵官尚未大加懲創該國專行詭計反覆無常先啟兵端若再曲予含容何以伸公論而順人心用特揭其無理情節布告天下俾曉然於法人有意廢約衅自彼開各路統兵大臣暨該各督撫

整軍經武備禦有年沿海各口如有法國兵輪駛入著即督率防軍合力攻擊悉數驅除其陸路各軍有應行進兵之處亦即迅速前進劉永福雖抱忠懷而越南昧於知人未加拔擢該員本係中國之人即可收爲我用著以提督記名簡放並賞戴花翎統率所部出奇制勝將法人侵占越南各城迅圖恢復凡我將士奮勇立功者破格施恩並特頒內帑獎賞退縮貽誤者立即軍前正法朝廷於此事審愼權衡總因動衆興師難免震驚百姓故不輕於一發此次法人背約失信衆怒難平不得已而用兵各省團練衆志成城定能同仇敵愾並著各該督撫督率戰守共建

殊勳同膺懋賞此事係法人渝盟肇衅至此外通商各國與中國訂約已久毫無嫌隙斷不可因法人之事有傷和好著沿海各督撫嚴飭地方官及各營統領將各國商民一律保護卽法國官商教民有願留內地安分守業者亦當一律保衛儻有干預軍事等情察出卽照公例懲治又該督撫卽曉諭軍民人等知悉儻有藉端滋擾情事則是故違詔旨妄生事端我忠義民兵必不出此此等匪徒卽著嚴拏正法毋稍寬貸用示朝廷保全大局至意將此通諭知之

以大學士左宗棠爲欽差大臣督辦福建軍務楊昌濬爲總督

幫辦軍務

宗棠統恪靖十一營赴閩至江寧江督曾國荃復令親軍一營從行

閩浙總督何璟福建巡撫張兆棟船政大臣何如璋以罪奪職侍講學士會辦大臣張佩綸從寬議處

法人攻我船頭提督蘇元春戰退之

元春以孤軍屯船頭越地法水陸進攻元春督兵死戰千總李羣英中彈欲卻元春左手持令箭右手舉利刃擬斬之軍皆前進擊沉法船一殺數十人法退獲炸砲一尊斃法兵官尼立意是戰也督帶陳嘉及李應章陳世華累衝法

陣管帶邱柄李逢楨皆戰死我軍傷亡頗衆

法人攻郎甲我師敗績

提督方友升總兵周壽昌各軍屯郎甲（即諒江府）提督鄧　以數營爲接應我軍晨飲方酣教匪萬餘引法人突至友升壽昌大困潰鄧軍馳前亦不支全軍幾沒李定勝韋和炳督師拒嶺口救數十人出

詔戰局已成有以賠償等詞進者交刑部問罪

時議和黨屢以戰事不利流言四播請賠償以速款議詔禁之

八月法人陷我基隆臺灣巡撫劉銘傳退守臺北

我軍屯基隆滬尾者逾萬法船十數艘載兵四五千來攻知府李彤恩爲銘傳營務處帶兵駐滬尾以提督孫開華諸軍爲不能戰飛書三告急稱滬尾兵單將弱萬不可恃銘傳爲所動遽拔大隊往援法遂乘虛陷基隆銘傳退臺北知府陳星聚累請進規基隆銘傳止之

以總督楊岳斌幫辦福建軍務渡臺籌防

法船封禁海口凡英美各國商船入口搜查嚴密見中國夾板船刼掠如海盜航路阻塞岳斌易商裝帶數十人附船渡臺法見岳斌白鬚颯灑氣概嵩嵩疑之再三詰而後放行

九月法攻我滬尾提督孫開華戰退之

開華屯滬尾法兵來攻船桅懸大砲擊我營壘放小划數十載兵數百蜂擁上岸我軍三面包抄擢勝三營敵其南准軍二營截其北健營土勇衝其中法兵不支紛紛逃竄我軍尾追迫入沙崙之草寮法船燃巨砲迎救敵復登舟斬殺百餘法陷基隆後其守卒多越脅者法於九弓坑獅球嶺佛祖嶺牛椆山頂二重橋山頂大砲臺後山等處屯營置砲守法提督親自梭巡晚率兵登船惟留越南土人守滬尾捷報至越南土人多逃向臺灣道劉璈提督曹志忠處投誠詔招徠之滬尾之捷也擢勝營官龔占鰲李定

明范惠意武毅營官章高元劉朝祐等皆衝鋒陷陣拒敵不怠有張李成者臺北土人也募土兵助戰驍勇尤著嘗陣斬法兵官奪其旂幟擢勝等營見土兵獲捷踴躍爭先故克法師

十月命提督馮子材總兵王孝琪出鎮南關助討

關外諸將以餽械缺乏敵未來則圖苟安敵至則張皇失措諒山諸營爲法扼守郎甲船頭我軍不能越雷池一步太原僅馬盛治六營屯新街岑毓英欲先克宣光繼取太原分擾山西以危興化優游未能決策諸將遷延無規復寸土者丁槐劉永福互相冰炭曠日無功張之洞薦子材

孝琪遂命出關助討子材嘗三出南關督師平賊威名鎭
嶺海衆望屬之
法人攻阮下蘇元春戰退之
元春以孤軍扼船頭度勢不支退阮下法遂據船頭來攻
元春戰退之斬法兵十六兵官一
十一月法人攻同安總劉永福談敬德合兵戰退之
法自宣光撲攻同安吳鳳典營永福自連山總赴救至則
吳營圍急唐景崧右營管帶談敬德聞警率百餘人往援
法轉向敬德營施礮滇軍安邊營出隊夾擊敬德率兵陷
陣自辰至未頗殺敵逐法兵至城下而還

左宗棠編置漁團

濱海各屬汊港紛歧漁船隨波逐流以數十百計初宗棠總督江南嘗飭沿海府縣創設漁團海濱賴以安乂及閩事亟漁人嗜利運牛羊蔬菜售法軍宗棠遂編置漁團擇強壯者兵法部勒之有探敵情毀敵船者賞私濟敵物用者戮瀕海肅然

左宗棠遣兵渡臺

法陷基隆日增兵備劉銘傳告警澎湖副將周善初通判鄭膺杰屢報法船頻泊烏嵌宗棠令王詩正陳鴻志程文炳等先後率師伏漁舟渡海援臺

十二月法人攻豐谷我師敗績
王德榜統楚軍屯豐谷越地朝旨責其夙負威名日久無戰德榜遣數營逼船頭法壘不克次日法出師攻豐谷德榜拒戰大敗退車里失餉械纍纍蘇元春駐谷松不救
我師攻越宣光不克守備談敬德戰死
唐景崧統領景營會丁槐宣光中門總策諸軍攻復宣城槐襲南寨入據之法兵乘竹舟遁擊沉之景崧督師自東門攻敵談敬德匹馬衝鋒槍彈中骸猶坐地麾士卒進旋爲炸彈轟裂法人爲之奪氣
提督丁槐何秀林吏部主事唐景崧戰復宣光礮臺

槐等圖規宣城而前後受礮血肉相薄不能克景崧議先取城外礮臺使一城孤立然後易圖槐等用滾草法度距臺數百丈潛掘土爲垛可蔽數人伏垛下開濠濠漸長容人遂多人行濠中避槍礮乃束草長三尺數萬束隨滾而進草如牆立人不受彈草壓臺可立破滇人謂之滾草龍相持三四日積草離臺丈許法大隊自東門出援雲軍都司何天發曰功將成矣無先登者臺終不可取丈夫以身許國視槍彈猶落葉耳搴旗一躍登臺臺礮發陣亡各軍隨進法大敗潰殺兵官三兵二百擒教匪數百縱入城招降城外法壘乘勢多蕩平之槐復發地雷轟城決口數丈

法爲木栅拒之丁唐等攻城七十餘日血戰不怠將士效
死功垂成而諒山失法自端雄來援卒不克
法人攻谷松我師敗績
蘇元春屯谷松法兵攻之劉榮瑁粱蘭泉戰敗陳嘉繼之
亦敗總兵董履高率龍字五營助戰法踞山巔以礮俯擊
董營大潰營官劉士和陣亡元春退威埔距諒山五十里王德榜駐
車里楊玉科駐觀音橋均不救
飭潘鼎新力扼諒山
鼎新盼和懼戰屢言時勢難支阻將士氣至是朝旨飭扼
諒山毋許鬆勁

彭玉麟張之洞倪文蔚會奏分遣廣軍四枝大舉規越

法人累敗我師圍封臺灣將窺廣東人心大震玉麟等奏遣馮子材十八營王孝祺八營莫善喜陳榮輝八營唐景崧六營共四十營分四支取道進攻會合滇桂劉各軍互爲奇正努力戰復越地戰勝法勢自挫各海防圍亦解矣

十一年乙酉正月法人陷我諒山我師敗績

潘鼎新盛意氣諸將怨之王德榜以湘中宿將自負屢抗調諸將各持意見不相下自谷松失諒山愈危鼎新規畫未定而法兵來攻陷之鼎新退海村

我提督馮子材遣客滕玉亭刺法參謀勃拉佛斯

子材每督戰見一法軍校冠金帽峩峩袖盤金綫五騎駿馬指揮軍士關塞險夷如指掌能操越語訓諭越人助戰殷殷如子弟詢之越人僉曰此法陸軍參謀勃拉佛斯也子材以不去此校彼形勢熟戰不易勝滇桂恐終不保欲陣前擊之而彼兵精械良不可必得乃募人狙殺之有客滕玉亭者善手鎗自請往刺子材賙濟其家遣之爲乞丐裝日與法兵稔熟適法營招苦力玉亭與焉一日勃拉佛斯携地圖登高測繪玉亭鎗擊之中腦立斃玉亭被執法將曰爾能以中國軍謀輸我當貸爾死玉亭曰丈夫以國爲重死何足畏畏死不來矣終不言一事法人遂殺玉亭

自是法軍之氣大沮
法人入我鎮南關提督楊玉科死之
馮子材軍皆新募倉卒抵關楊玉科負平滇功而鼎新抑之僅畀廣武軍數千嘗怏怏至是法人犯關子材玉科率師戰於文淵大敗玉科中彈死法兵入關以礮毀我關門而去築礮臺文淵守之
法人攻我鎮海提督歐陽利見擊退之
法船屢攻鎮海口利見率同知杜冠英副將費金綬守備吳杰周茂訓等水陸合擊法船始退
潘鼎新王德榜以罪奪職以李秉衡署廣西巡撫馮子材蘇元

春幫辦軍務

秉衡起微員著政聲爲廣西按察使鼎新檄辦糧臺駐龍州至是署粵撫篤誠懇摯諭將士和衷討法諸將稍稍激勵

唐景崧退守牧馬

丁槐景崧苦攻宣光兩月將卒死者狼藉劉永福扼左育河道阻法援至是法自端雄攻左育永福與其將黃守忠不睦潰敗法陷左育槐崧率師退法進屯扣波欲由芁封窺牧馬盡收越壤張之洞請以景崧退守牧馬爲桂防聲援從之

命提督鮑超自開化趨保樂

超平髮冦負威望以桂防告急命超自開化趨保樂備之超至保樂尋奉旨停戰抗疏爭之

二月法人攻我澎湖據之

幫辦軍務馮子材蘇元春提督王孝琪楚軍統領王德榜等合師戰法人於南關大破之

先是法大隊自船頭來犯攻谷松陷諒山入南關將領楊玉科戰亡董履高重傷諸軍多潰惟蘇元春所部及陳嘉六營尚完法大軍諒山築文淵礮臺堅守龍州爲全軍後路商民驚徙游勇肆掠逃軍雖民蔽江而下廣西全省大

震甲申十二月馮子材王孝琪先後抵龍而募軍未足裝械未齊孝琪率數營出關而諒已潰子材帶中軍兩營駐龍州（其原有八營尚在東路）元日聞警留一營彈壓根本親率一營赴關與孝琪軍攔截潰勇一面調八營來巡撫潘鼎新告以中關無須馮令仍顧東路遂以所部全駐關外派站親往督戰初九日南關告警復檄西援十二日折回時法已於十一日焚關自退子材夙著威惠越桂人心嚮之還入關衆心始定乃建議於關內十里之關前隘跨東西兩嶺間督所部築長牆三里餘外掘深塹爲扼守計屬桂軍宜稍養銳自任以所部萃軍守之營於嶺半令孝琪勒軍屯其

後約半里許爲犄角是時蘇元春毅新軍陳嘉鎭南軍俱屯幕府後六十里魏綱鄂軍屯艾瓦防艽封在關西百里王德榜定邊軍屯油隘專備抄截兼防入關旁路在關外東三十里獨廣軍兩枝當中路前敵時値北海封口西電皆謂法將由欽廉攻南寗斷桂林後路廉州無統將鼎新夙忌子材彭玉麟調子材往廉子材以其軍輿重難移辭仍專顧桂防越人密報法將出扣波襲艽封攻牧馬繞出南關以北且斷唐景崧馬盛治兩軍歸路蘇元春魏綱率軍趨艽封待敵子材遣五營扼扣波邀之二十七日法數十騎率教匪至艽封見我軍先在驚走扼扣波之馮軍突

出奮擊法敗遁獲其馱軍火大象及匪黨二月初二日法又遣兵爭扣波遇馮軍脫其軍衣而遁尤封卽長定府法以長定知府給己殺其子去自是無西犯意子材請於鼎新調蘇軍還中路法揚言將以初八九日犯關子材料法必於初七日禮拜一出兵決計先發制敵羣議多不欲戰鼎新尤以士氣未復止之子材力爭率孝琪軍於初五夜出關襲敵山有法壘三安巨礮我軍已入街心自五鼓戰至初六日午刻敵益盛孝琪馬中礮斃易騎戰率死士由山後攀崖上破其二壘斃敵夥法敗退未刻乃還至初七法果悉起諒山之衆併力入關直撲關前隘長墻攻廣軍

營壘子材告諸軍曰法再入關有何面目見粵中父老子弟安用生爲孝琪以淮軍素爲龍州人詬病諸軍多輕之誓建功雪恥與長牆共存亡法以開花炮隊循東西兩嶺互進向下瞰擊以槍隊撲中路法謂越人皆馮內應自以歐洲白族居前黑人次之西貢洋匪又次之教匪客匪殿後砲聲震天遠聞七八十里山谷皆鳴槍彈積陣前厚者至寸許我軍死傷頗衆東嶺新築五壘未成爲敵攻踞其三孝琪自率小隊抄敵後仰攻敵稍却戰至申刻蘇元春援軍至合力拒戰諸軍竟日不食至夜仍未收隊是日王德榜自油隘出軍見我師及法酣戰亦踞文淵對山與敵

鏖鬬適遇敵運軍火乾糧之馱馬紛至逐之皆返走法糧械遂不得入關初八日清晨復大戰敵來益衆砲益緊子材居中元春助之孝琪當右陳嘉將宗漢當左右路即東嶺敵砲甚烈子材與諸統領約有退者無論何將與何軍皆誅之復於各路設卡截殺逃兵子材孝琪各及退卒數十人敵勢狂悍致死已薄長牆有越入者子材年七十矣短衣草履持矛大呼躍出長牆率其兩子相榮相華搏戰將士見子材出開栅湧出如水赴壑關外游勇客民千餘見子材親當陣首僉曰馮青天來矣相率助戰隨處狙擊殺聲滿四山馮軍之在扣波者自關外西路來夾擊其背

諸軍合力死鬥短兵火器雜進孝琪部將潘瀛率隊攖鋒
祖贊衝入敵陣故所部勦勇傷亡最多陳嘉爭東嶺三壘
蔣宗漢繼之七上七下陳嘉四傷不退至酉末孝琪已擊
退西路法兵親率軍由西嶺抄敵後與陳嘉等合擊而德
榜之軍亦自關外夾擊東嶺之背遂奪回三壘是日德榜
自清晨出軍甫谷待敵法援至率隊衝之敵截爲二法因
回槍擊德榜軍我軍奮擊大勝部將張春發蕭德龍奮勇
出門手斬法官法兵法敗退獲其騾馬五千四馱槍砲逼
碼麪餅洋銀駢坒德榜遂自外夾擊東嶺與孝琪等軍奪
三壘回法死戰兩日逼碼竭而後收隊知餉械截去大懼

頃刻砲聲頓息遂大潰我軍追殺法翻崖越澗而竄教匪徑熟早遁斃法兵官數十歐洲白兵千餘黑人千餘客匪教匪數百逐出關外而還

馮子材克復文淵

子材乘勝於初十日親率十營攻文淵州法望鋒遁走追殺紅衣兵官一法以越文淵知州通馮剖其腹而走

馮子材王孝琪王德榜克復諒山

十二日諸軍三路攻諒法踞諒城固守並扼對河北岸之驅驢墟墟有德榜舊壘甚固德榜黎明進攻之斃其六畫兵總一午後諸軍至德榜孝琪兩軍戰尤力潘瀛執旂先

登諸軍並進克之法涉水逃去併守諒城十三日五皷子材軍楊瑞山劉汝奇潛渡河攻諒辰剋克之獲其餉械無算諸軍大至法悉衆遁分兵追剿桂楚軍追中路廣軍西路

王德榜陳嘉克復谷松

十五日嘉率師力攻谷松法拒戰德榜來援克之斬法兵官一

馮子材追法兵於觀音橋大破之克復長慶進軍克拉木逼攻郎甲王孝琪進軍貴門關

子材軍追至觀音橋法巢在焉攻破之遂克長慶府即屯梅

擒五畫法官一斬三畫官一進軍克拉木逼攻郎甲孝琪進軍貴門關連日諸軍追剿捕斬法兵無算法戰紀稱自格那昧多之戰以後未見有如此猛烈者

岑毓英破法軍臨洮

法兵六千犯臨洮分兩枝一北趨珂嶺安平一南趨緬旺猛羅毓英遣李應珍岑毓寶扼北路王文山等扼南路親督覃修綱扼夏和清波中路文山進據緬旺各路營兵在象山梁支燕毛遇法戰皆有斬獲法遂併力攻臨洮圍存洱社由義埔各營李應珍伏壘堅守修綱率精銳馳援應珍突出與韋雲淸沙如珩衝法陣累傷不退法大敗潰斬

法兵官四兵二千餘教匪千餘獲器械稱是

越北寗總督黃廷經起兵應我提督馮子材

越人苦法虐（法兵索越人供應婦女值宿日供鷄子數萬稍拂鞭之刃之馭越人如牛馬）子材屢督師至越軍律井井所過無秋毫犯自克復諒江慨然有盪掃北圻之志數布諜撫慰越民越民皆感激涕零廷經自北寗城陷伏草間度日至是糾義民二萬立五大團號忠義軍建馮旗幟供粮米作鄉導李揚才之弟在北寗城報子材破郎甲率衆內應河內海陽太原等處皆密受信約西貢越民亦來通款子材厚結之僉曰規復舊藩驅逐異族指顧間事耳

三月李鴻章宣詔諸將停戰班師

時我軍大捷越人四應法軍在越者皆運其貲械船上將遁法政府以國債方重經費無出屢詰責國會主戰者法廷大譁因總稅務司赫德請和言於津約外別無所求我主和黨皆言乘勝講和無損我威德事易收束倘兵聯禍結勝負未可知結局難矣遂令鴻章分電諸將尅期罷戰越南宣光以東三月初一日停戰十一日我兵拔撤二十一日齊入廣西邊界宣光以西三月十一日停戰二十一日我兵拔撤四月二十三日齊入雲南邊界臺灣初一日停戰法即開各處封口時馮子材方經略戰事冀盡復越

土聞詔大哭曰數十血戰一旦付之東流中原從此多事矣老臣無所廬我子孫其將披髮左衽乎將士皆泣下張之洞李秉衡等抗疏阻和議不報

命李鴻章爲全權大臣辦理和約錫珍鄧承修襄之

法遣巴德納至津定約我以鴻章爲全權大臣辦理和約復以錫珍承修爲襄辦醇王禮王慶王交赫德所呈法廷約章十條告珍等晤鴻章酌定之議成奏行越事遂結南國屏藩從此沈淪異族矣 鴻章奏云竊臣等欽奉三月初六日上諭本日已有旨派李鴻章爲全權大臣與法國使臣辦理詳細條約事務并派錫珍鄧承修前往天津會同商辦法使巴德納不日到津所有應議事宜關係重大李鴻章務當與錫珍鄧承修會同詳細妥籌臨機因應與法使據理辯論毋得意存遷就總期無傷國體不貽後患仍隨時奏明請旨遵行等因欽此仰見聖謨閎遠訓示周詳曷任欽悚臣錫珍臣承修陛辭後於三月初十日抵津會晤臣

鴻章密商詳細條約業由總理衙門王大臣飭總稅務司赫德與巴黎法外部電商辦理巴德納至津彼此拜晤初未談及公事三月十六日接奉醇親王禮親王慶郡王公函以赫德面交法都所擬詳約十條皆本上年津約之意略有出入現酌改數處屬臣等再行酌度具覆臣等當據管見臚陳去後嗣迭准慶郡王等密函歷次删改辯論之處甚多均隨時進呈御覽遵旨酌辦三月二十九日先將第一三四七八九共六條彼此均允照辦四月初三初六等日復將第五六條核訂先後鈔交臣等與巴德納督同中法繙譯官詳確考究講解文義間有不符復函請王大臣與赫德丁韙良等妥細校正寄由臣等與巴德納面定仍請總理衙門隨時奏進請旨遵行四月十九日第二十兩條亦經法電遵改巴德納譯送臣等又緘請慶郡王令赫德丁韙良另譯進呈二十三日奉電旨此次議約往返電商各條均尚得體本日披覽改定第二第十兩條亦最妥協著李鴻章等再將各條詳加核對如意義相符并無參錯即著定期畫押等因欽此臣等復與巴德納面商覆加核定隨即電奏在案該使屢催尅期畫押訂於四月二十七日齊集公所將中法文四分會同校對無訛均各畫押鈐印竣事彼此各存正副本二分竊維中法兩國爲越事戰爭數年勝負互見今乘諒山大捷之後皇威震懾薄海同欽法都既有悔禍之誠中土亦可藉收戢兵之益仰蒙皇太后皇上堅持定見杜要求之詭謀擴懷柔之大度諸王大臣和衷匡弼實力贊襄自本年正月迄今往復辯折衝費經營遂得定艱危於俄頃躋舉世於平康實天下臣民之福臣等從事其間稟承廟謨隨機因應俾無隕越斷不敢稍有草率致貽後悔此後惟冀總理衙門暨滇粵

各督撫臣恪遵條約分晰籌辦慎固封守聯絡邦交庶可防患於未萌相安於無事耳謹將條約正本封送軍機處進呈恭候批准以便屆時互換其副本咨送總理衙門查核臣鴻章原奉全權大臣諭旨一道敬謹咨繳軍機處備查所有商辦法國詳細條約畫押竣事緣由謹繕摺由驛馳奏伏乞皇太后皇上聖鑒訓示施行再臣錫珍鄧承修即日起程回京覆命合併聲明謹奏約曰大清國大皇帝大法民主國大伯理璽天德前因兩國同時有事於越南漸致齟齬今彼此願爲了結并欲修明兩國交好通商之舊誼訂立新約期於兩國均有利益即以光緒十年四月十七日在天津商訂簡明條約光緒十一年二月二十八日奉旨允准者作爲底本爲此兩國特派全權大臣會商辦理大清國大皇帝欽差全權大臣文華殿大學士太子太傅北洋通商大臣直隸總督一等肅毅伯李欽差總理各國事務刑部尚書管理戶部三庫左翼世職官學事務鑲黃旗漢軍都統錫欽差總理各國事務大臣鴻臚寺卿鄧大法民主國大伯理璽天德欽差全權大臣賞給佩帶四等榮光寶星并瑞典國頭等北斗寶星駐劄中國京都總理本國事務巴德納各將所奉全權文憑互相校閱均屬妥協立定條約於左第一欵一越南諸省與中國邊界毗連者其境內法國約明自行弭亂安撫其擾害百姓之匪黨及無業流氓悉由法國妥爲設法或應解散或當驅逐出境并禁其復聚爲亂惟無論遇有何事法兵永不得過北圻與中國邊界法國并約明必不自侵此界且保他人必不犯之其中國與北圻交界各省境內凡遇匪黨逃匿即由中國設法或應解散或當驅逐出境倘有匪黨在中國境內會合意圖往擾法國所保護之民者亦由中國

設法解散法國既擔保邊界無事中國約明亦不派兵前赴北圻至於中國與越南如何互交逃犯之事中法兩國應另行議定專條凡中國僑居人民及散勇等在越南安分守業者無論農夫工匠商賈若無可責備之處其身家產業均得安穩與法國所保護之人無異第二欵一中國既訂明於法國所辦弭亂安撫各事無所掣肘凡有法國與越南自立之條約章程或已定者或續立者現時并日後均聽辦理至中越往來言明必不致有礙中國威望體面亦不致有違此次之約第三欵一自此次訂約畫押之後起限六個月期內應由中法兩國各派官員親赴中國與北圻交界處所會同勘定界限倘或於界限難於辨認之處即於其地設立標記以明界限之所在若因立標處所或因北圻現在之界稍有改正以期兩國公同有益於彼此意見不合應各請示於本國第四欵一邊界勘定之後凡有法國人民及法國所保護人民與別國居住北圻人等欲行過界入中國者須俟法國官員請中國邊界官員發給護照方得執持前往倘由北圻入中國者係中國人民只由中國邊界官員自發憑單可也至有中國人民欲從陸路由中國入北圻者應由中國官請法國官發給執照以便執持前往第五欵一中國與北圻陸路交界允准法國商人及法國保護之商人并中國商人運貨進出其貿易應限定若干處及在何處俟日後體察兩國生意多寡及往來道路定奪須照中國內地現有章程酌核辦理總之通商處所在中國邊界者應指定兩處一在保勝以上一在諒山以北法國商人均可在此居住應得利益應遵章程均與通商各口無異中國應在此設關收稅法國亦在此設立領事官其領事官應得權利與法國在通

商各口之領事官無異中國亦得與法國商酌在北圻各大城鎮揀派領事官駐紮第
六欵一北圻與中國之雲南廣東廣西各省陸路通商章程應於此約畫押後三個月
內兩國派員會議另定條欵附在本約之後所運貨物進出雲南廣西邊界應納各稅
照現在通商稅則較減惟由陸路運過北圻及廣東邊界者不得照此減輕稅則亦與
現在通商各口無涉其販運槍砲軍械軍糧軍火等應各照兩國界內所行之章程辦
理至洋藥進口出口一事應於通商章程內定一專條其中越海路通商亦應議定專
條此條未定之先仍照現章辦理第七欵一中法現立此約其意係爲鄰邦益敦和睦
推廣互市現欲善體此意由法國在北圻一帶開闢道路鼓勵建設鐵路彼此言明日
後若中國酌擬創造鐵路時中國自向法國業此之人商辦其招募人工法國無不盡
力勷助彼此言明不得視此條係爲法國一國獨受之利益第八欵一此次所訂之條
約內所載之通商各欵以及將訂各項章程應俟換約後十年之期滿方可續修若期
將滿六個月以前議約之兩國彼此不預先將擬欲修約之意聲明則通商各條約章
程仍應遵照行之以一年爲期以後倣此第九欵一此約一經彼此畫押法軍立即奉
命退出基隆并除去在海面搜查等事畫押後一個月內法兵必當從台灣澎湖全行
退盡第十欵一中法兩國前立各條約章程除由現議更張外其餘仍應一體遵守至
此次條約現由大清國大皇帝批准及大法國大伯理璽天德批准後即在中國京都
互換光緒十一年六月二十四日奉上諭上年四月間特准李鴻章與法國總兵福祿
諾議定越南通商事宜無非戢兵安民之意迨後諒山一役不得已而用兵越南地極

炎荒士卒每多瘴故且相持半載各損師徒藩屬人民亦罹鋒鏑朕心憫焉自十二月
間總稅務司英人赫德以兩國本無嫌隙力請仍照津約往返通詞棄怨修好朕仰維
上天好生之德并敬念列祖命將出師於天時地利緩急進止揆度不存成見恭繹乾
隆五十四年安南撤兵迭次諭旨權宜所値先後同符特照所請命李鴻章等與法使
巴爾納重訂新約十條於越南北圻邊界定地通商言歸於好現在法國退基隆澎湖
之兵我亦將滇粵各軍撤歸關內彼此捡獲人衆均已按數交還從此荒服免遭兵燹
海宇共慶乂安朝廷於此事權衡終始審察機宜本無窮兵黷武之心
允協字小睦鄰之義今當和局既定特通諭中外俾咸知朕意焉欽此

光緒大事彙鑑法越之役正誤表

冊別	頁數	行數	字數	誤	正
卷一	四	五	非字下	脫一字	一
	十二	四	法字下	福	兵
	十八	十二	越字下	局	組
卷二	七	九	干字下	怒聖	聖怒
	十九	三	篤字下	誠	誠

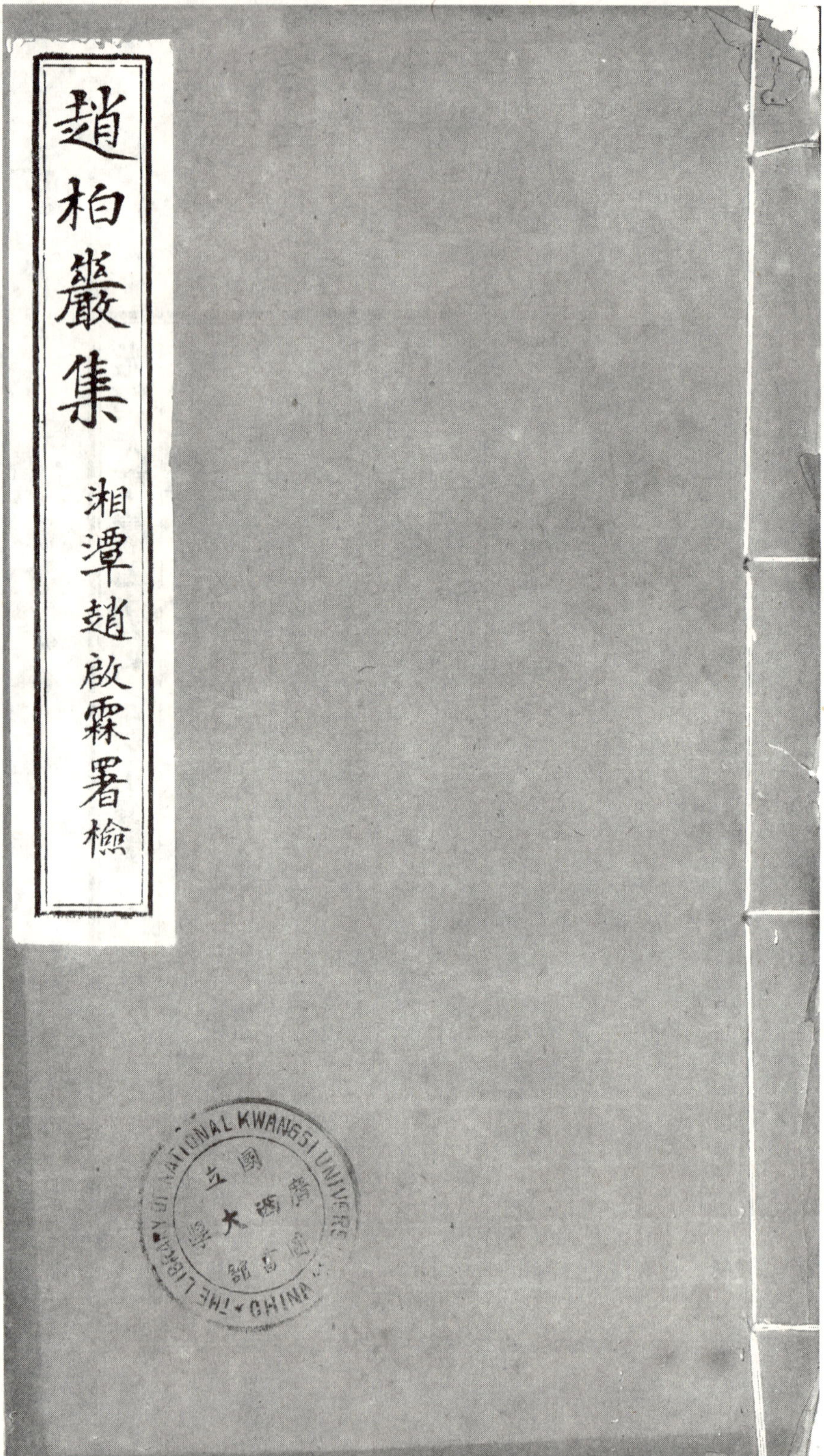
趙柏巖集
湘潭趙啟霖署檢
國立廣西大學圖書館
THE LIBRARY OF NATIONAL KWANGSI UNIVERSITY
CHINA

光緒大事彙鑑卷三

全州趙炳麟柏巖著

嗚呼中國外交術著著失敗無可紀也其差強人意者唯曾惠敏索回伊犂一案當是時也湘陰侯帥新疆劉錦棠金順各軍驍勇善戰無隙可擊俄屢嘗試無不敗退彼又因突厥事新挫於聯軍故能就我範圍而惠敏得於尊俎間索還土壤孰謂天下事可以口舌爭之哉述伊犂之議

伊犂之議

四年戊寅八月以太子少保吏部左侍郎總理各國事務大臣崇厚爲出使俄國全權大臣索還伊犂

西北嘉峪關外分天山南北兩路　高宗時蕩平南路回

部北路準部統稱之曰新疆而以伊犁爲總匯故制北路伊犁置將軍及參贊大臣一領隊大臣五烏魯木齊置都統及領隊大臣一塔爾巴哈臺置參贊大臣及領隊大臣一巴里坤庫爾喀喇烏蘇古城置領隊大臣各一哈密置辦事大臣一協辦大臣一南路葉爾羌置參贊大臣一喀什噶爾阿克蘇庫車和闐喀喇沙爾均置辦事大臣各一烏什置辦事大臣及領隊大臣一英吉沙爾吐魯番各置領隊大臣一喀什噶爾又置換防總兵一將軍大臣都統總兵皆用旗籍常昏闇不曉事吏治邊情貿然新疆沿夷俗未嘗開化官民膈膜爭訟言語不通文字莫解曲直未

克徑達全恃通事居中傳述數顚倒混淆徵收錢糧北路則由頭目承催以交糧員南路均由回目阿奇木伯克等交官民之畏官不如其畏所管頭目官之不肖者狎玩其民輒犬羊視之凡有徵索頭目人等以官意傳取倚勢作威民知怨官不知怨所管頭目百餘年來或兵民搆釁或漢回爭陵官不能制釁端踵見同治年間有逆回白彥虎者外通俄員內結回酋起亂於北路迪化城迪化失守所屬相繼淪陷而南路安集延酋阿古伯率其衆部乘我回亂陷我南疆於是南北兩路所在糜爛延及關內幾至甘肅全省名存而實亡從前新疆未嘗與俄羅斯接壤以北

路有哈薩克南路有布魯特種人與浩罕所部安集延及布噶爾所屬爲之遮蔽間隔自俄人先後脅誘哈薩克布魯特種人歸其轄屬攻奪浩罕三部據其都城浩罕所屬安集延隨墮於是北路伊犁南路喀什噶爾之邊境皆與俄屬相接距近俄境俄人乘我新疆變亂出師攻據伊犁詐言代收代管俟我師克烏魯木齊瑪納斯即交還至是年二月陝甘總督左宗棠伊犁將軍金順幫辦陝甘軍務劉典總理營務處三品京堂劉錦棠提督張曜等奏新疆全境肅清斬擒其副元帥白彥龍馬元等白彥虎自岌岌槽渡忽山溝遁入俄屬之布魯特部黑勒黑斯地方　朝

廷以新疆肅清伊犁未復向其駐京俄使布策理論不就
布策回俄因命崇厚如俄相機索還伊犁崇厚奏以候選
道總署章京邵友濂爲頭等參贊河南候補府蔣斯彤爲
二等參贊兵部員外郎張德彝爲頭等繙譯工部主事慶
常爲二等繙譯戶部郎中桂榮工部員外郎塔克什訥爲
三等繙譯理藩院員外郎慶熙主事純錫內閣中書陳允
頤光祿寺署正俞奎文等爲隨員航海赴俄俄人夏干從
之

九月命陝甘總督左宗棠統籌新疆伊犁方略
伊犁九城縱橫相連大城西南北三面舊有卡倫距近俄

境東面俄人據守伊犁將軍金順駐庫爾喀喇烏蘇不能進宗棠方有新疆改置行省之議政府以崇厚既出伊犁將還應如何布置命宗棠統籌方略宗棠奏云竊臣於十月十三日承准軍機大臣密寄光緒四年九月三十日欽奉上諭一道跪聆之餘敬悉皇太后皇上保大定功慎終如始審時度勢策及萬全至意敢不畢獻其愚仰俟聖明採酌伏讀諭旨伊犁在昔爲西路第一重鎭今爲俄人佔據形勢變遷交還以後如何防守尤應先事圖維伊犁九城縱橫相聯大城西南北三面舊有卡倫距俄境若干道路俄軍紮至何處金順見駐庫爾喀喇烏蘇前隊西至何處臣謹按俄人自佔據伊犁於西面舊有拱宸瞻德廣仁塔勒奇四城均棄而弗守傾圮殆盡綏定一城近以之維置陝回距伊犁僅三十里伊犁大城人烟甚少俄兵及商戶均萃居東面惠甯熙春甯遠三城而金頂寺煙戶尤多伊犁管事俄官名馬依爾品秩不過中國同知通判之類主伊犁之事者七河巡撫也七河一作七水其官爲固必納土爾其名爲喀爾帕科斯克依所駐阿爾瑪圖地屬俄境在伊犁西八百餘里其兼轄之官名圖爾齊斯坦總督名爲克復滿亦呼高伏滿自稱代國大臣駐浩罕故都塔什干城距我喀什噶爾不過數十程由喀什噶爾至俄邊納林河中隔俄屬布魯特部喀城馬行六日可至從前伊犁本不與俄境相連以哈薩克布魯特種

人與浩罕所部安集延及布噶爾所屬爲之隔閡近年俄人先後脅誘哈薩克布魯特種人又攻奪浩罕三部據其都城而浩罕屬安集延亦隨風而靡故我北路伊犂南路喀什噶爾之邊境皆與俄屬相接距俄境亦近也臣前疏所稱地不可棄者竊以腹地不可捐以資寇糧要地不可借以長敵勢非乘此兵威迅速圖之彼得志日驕將愈進愈偪而我饋運艱阻勢將自絀無地堪立軍府所憂不僅西北之伊犂收還以後應於邊境擇要築壘開濠安設大小礮位挑勁兵以增其險至伊犂大城西北之塔勒奇廣仁瞻德拱宸各城戶口鮮存水草卻便應各擇要隘暫駐各營分屯其間所有旂綠各營牓存兵丁各給牛種牲畜督令游牧耕墾舊有城堡緩議修復尚非不可大城以東惠寗熙春寗遠各城民戶商戶願遷徙者遷徙願歸業者歸業邊圉既奠人安其土耕其野而出其途者不待招徠適非甘肅從前東路西路數百千里蒿萊滿望杳無人煙難於措置可比若烏魯木齊所屬各城相距甚遠難於照料此伊犂收還以後情形也伊犂未還之前金順大軍駐庫爾喀喇烏蘇其西精河地方勢處要隘向駐馬隊以資扼截自瑪珠哩歸後金順未及派紮塡防致被漢回侵掠金順旋派馬隊二百前往塡防當可無虞由精河西行一日爲永濟湖再西數十里即伊犂俄官所設之頭卡三日即抵伊犂中間山徑五道可達伊犂不由惠寗熙春寗遠三城經過然巖谷幽邃僅容一人一騎行走不能通車若收還伊犂則驛道山徑皆成腹地此形勢變遷俄人見在布置官軍防守及距伊犂道里遠近大略也論旨郡縣之制以民爲本見由嘉峪關烏魯木齊至庫爾喀喇烏蘇迤西商戶回戶各存若干由吐魯番至南八城纏頭回共存

若干除舊有各廳州縣外其餘各城改設行省究竟合宜與否倘置郡縣有無可治之民不設行省此外有無良策臣謹按新疆之變起於北路迪化失守所屬相繼淪陷戶口傷亡最多漢民被禍尤酷以逆回仇視漢民故也比大軍進勦連拔堅城而昌吉呼圖壁綏來回民又因畏勦逃奔南路煙戶頓減克復以來還定安集招徠開墾戶口漸增迪化州各屬尤成效可覩舊額民戶共四千二百有奇見報承墾者已三千六百餘戶昌吉縣民戶舊共三千九百有奇見報墾者僅四百數十戶阜康縣民戶舊有三千九十餘見報承墾者僅二百一十餘戶綏來縣民戶舊有三千七百餘見報承墾者八百五十餘戶奇臺縣舊有民戶四千三百六十有奇見報承墾者五百七十餘戶濟木薩縣丞所屬舊有民戶二千八百有奇見報承墾者三百五十餘戶呼圖壁巡檢所屬舊有民戶一千七百三十有奇見報承墾者二百八十餘戶庫爾喀喇烏蘇舊有民戶僅八十有奇見報承墾者尙數十戶精河舊有民戶四十有奇見報承墾者一百餘戶鎮西廳戶口無考舊種地六萬畝見報民墾三萬六千餘畝兵墾四千餘畝土客漸增此北路民戶見存實數也久罹兵燹戶口彫耗無怪其然鎮迪一道所屬雖孑黎僅存頻年散給耕牛種籽酌發賑糧廣示招徠自木壘河抵精河除戈壁外又均是腴區土客民人及遣散勇丁領地耕墾逐漸增加署鎮迪道周崇傅勤愼廉幹事必躬親漸有明效需之時日百堵皆興即以目前論之亦非無可治之民也吐魯番舊隷鎮迪道荒地尙少見委道員雷聲遠署同知奎紱安爲撫輯糧石租稅已逾舊額之半南八城除英吉沙爾壤地褊小烏什土性瘠薄餘均較吐魯番爲饒而喀什噶爾和闐葉爾羌阿

克蘇庶而兼富物產豐盈又較各城爲盛劉錦棠張曜悉心經理見委員開河引渠清丈地畝修築城堡塘站錢糧徵釐百廢肇興具有端緒較之北路尤易爲功是南北開設行省天時人事均有可乘之機失今不圖未免可惜此新疆之應改省者一也北路得之準部南路得之回部皆因俗施治未能與內地一道同風久已概爲邊地伊犁設將軍又設參贊大臣一員烏魯木齊設都統塔爾巴哈臺葉爾羌均設辦事大臣伊犁等處設領隊大臣五員塔爾巴哈臺烏魯木齊庫爾喀喇烏蘇古城巴里坤吐魯番烏什英吉沙爾均設領隊大臣哈蜜設辦事大臣一員協辦大臣一員葉爾羌設兼管和闐事務協辦大臣一員烏什設幫辦大臣一員喀什噶爾設換防總兵一員是邊地腹地皆一律視之無甚區別與經野實邊之義不符將軍都統與參贊辦事大臣協辦與領隊大臣職分等夷或皆出自禁闥或久握兵符民隱未能周知吏事素少歷練一旦持節臨邊各不相下稽察督責有所難行地周二萬里治兵之官多治民之官少而望政教旁敷遠民被澤不亦難哉北路糧員但管徵收而承催則責之頭目南路徵收均由回目阿奇木伯克等交官官民隔絕民之畏官不如其畏所管頭目官之不肖者狎玩其民輒以犬羊視之凡有徵索頭目人等輒以官意傳取倚勢作威民知怨官不知怨所管頭目也內地徵收常制地丁合而爲一按畝出賦故無無賦之地亦無無地之賦新疆則按丁索賦富戶丁少賦役或輕貧戶丁多則賦役反重事理失平莫甚於此貨幣之制子母不能相權爭訟之事曲直不能逕達官與民語言不通文字不曉全恃通事居間傳述顛倒混淆時所不免此非官與民親漸通其情實去其壅蔽廣置義塾

先敎以漢文俾其畧識字義徵收所用劵票其戶民數目漢文居中旁行兼注回字令
戶民易曉遇有舛誤即予隨時更正責成各廳州縣而道府察之則綱目具而事易舉
頭目人等之權殺官司之令行民之情僞易知政事之修廢易見長治久安之效實基
於此新疆之應改行省者二也夫立國有疆古今通義傳曰天子有道守在四夷周秦
以前姑弗具論自漢以來通道始於張騫不能得月氏要領求馬繼以廣利不能下小
國堅城漢於西域窮天下之力以務之卒有輪臺之悔故班固以爲得之無益棄之不
爲損也今主棄地之說者祖之臣愚非不謂然顧斷斷於兵不可停地不可棄者葢以
地形無今昔之殊而建置則有因創之異窮變通久因時制宜事固有不容已者謹按
新疆開拓肇自高宗時移涼州西安熱河滿兵延綏德甯夏興安漢中西甯固原肅州
河州西安綠營兵丁駐中南北西路餉不外增各城養廉經費則以京口杭州等處出
旂漢軍俸餉口糧馬乾及甘肅等處所減草料充之計內地每歲節省之數共一百二
十九萬兩有奇而劃抵新疆養廉經費一百零七萬八千四百餘兩外尙餘銀二十一
萬一千五百餘兩不特無糜餉之虞且有節餉之實論者竊以耗中事西疑之於聖意
拓邊節餉固無當也臣自度隴以來即留心稽考甘肅新疆餉數僉稱承平時每歲約
銀五百餘萬兩自變亂以來册籍散佚難以覆按請部鈔示成案亦無以應近據藩司
崇保詳稱查得道光二十七年甘肅口內外駐防滿州蒙古旂綠官兵應需俸餉紅白
賞䘏等項銀四百一十五萬二千三百五十三兩三錢九分九厘四絲一忽內先一年
預撥銀一百四十萬兩外銀二百七十五萬二千三百五十三兩三錢九分九厘四絲

一忽由部臣照依估撥預撥完數以此準之甘肅新疆實餉五百餘萬之數雖無可考而一歲之中預撥正撥四百一十五萬有奇則有數可稽也臣竊度南北兩路如行清丈之法就畝徵賦仿什一之制而從寬定額民收十數分官徵其一以給軍食尙可有餘修渠導流以備旱潦改鑄制錢以便民用設局徵釐以裕課稅創設義塾敎之識字選調匠師敎之藝事自季春至今次第經理甫有端緒容俟各處函牘取齊即行具奏此外南北兩路物產尙有藥材皮張吐魯番之棉花和闐之玉庫車之金鋼鉛鐵均應行籌及之是新疆利源非無可開也甘肅地等邊陲土曠人稀瘠苦甲於天下承平時錢糧徵收不及東南一大郡此其明徵亂後孑黎皮骨僅存氣息僅屬雖頻年拊循休養漸有起色究之致力多而成功少者時地實有以限之通省舊設額兵太多全恃各省協欵接濟自中原軍興各省未能兼顧於是回禍起新疆淪陷甘肅全省名雖僅存實則亡矣幸値聖明在上洞矚無遺移東南之餘財救西北之奇厄親賢夾輔內外一心先關內而後關外次第圖之乃有今日不可謂非幸也此時所當亟籌者善後之策善後之策當規久遠利鈍所繫匪僅一時以甘肅與新疆并論新疆利源可開流亦可節甘肅則開源爲難而節流尙有可議從前額兵之多者一則轄疆與蒙部回番雜處兵少恐啟戎心一則新疆需由內地撥兵換防兵少難敷調派也若以見在局勢而言蒙部回番已就鈐束防營可以漸減前奏改行餉爲坐餉圖節勇餉爲復甘肅制兵之漸新疆南北如置行省換防之制可以永停又擬節制兵之餉以紓各省協欵之力竊計甘肅新疆承平時預撥估撥餉銀四百數十萬兩俟伊犁收還每歲約可節省百數

十萬兩後此利源日增餉更可減部臣可隨時察酌而任甘肅新疆之事者可隨時陳奏特恐非微臣所及見耳此統籌甘肅新疆節省餉需以規久遠之大略也諭旨宜於萬難措施之中求一可進可退之計臣愚竊以爲新疆歲需餉銀二百數十萬兩甘肅歲需餉銀二百數十萬兩本是承平時部臣預撥估撥常例玆當全隴澄清西域收復之時照常指撥於部章幷無不合承撥各省當亦無詞況承平時應撥數目內又可節省百餘萬兩此後經理得宜節省或尙不止此實於國家經出之費不無小補當亦部臣與疆圻諸臣所樂聞也臣於新疆擬辦各事皆以利民裕國爲主行省之改與否尙未奏奉明旨而所籌者無論改省與否兩不相妨可行則行可止則止進退尙屬綽然過蒙聖明矜諒示以轉圜之機若不披瀝直陳上紓慈念更何以自處至愚衷有未盡者不得不及時陳明仰祈垂察臣軍積欠之餉本八百餘萬兩頻年陸續清釐截至光緒四年尙欠一百數萬兩近因飭道員胡光墉息借商款遲遲未到劉典向蘭州票號借銀四萬兩又飭後路糧台道員王加敏息借漢商銀四十萬兩駐陝軍需局陝安道沈應奎息借票號銀二十萬兩暫應急需合之關內外新欠餉項及遣撤勇餉又積至二百數十萬兩將來胡光墉解到息借鉅款除還陝鄂息借各款點綴新舊欠餉外所餘無幾縱極力劃留以備光緒五年應用之需夏末秋初又將告罄前奉諭旨嗣後無論何項急需不得動輒息借商款致貽後累敢不懍遵惟念甘肅新疆軍務臣既未嘗劃款請餉而一切經費又未嘗另款請銷如果此次借用商款外各省協餉均能源源接濟臣猶可通挪展轉以期兼顧更何敢動輒息借商款干瀆宸聽無如各省疆臣身

事外但見西事速了此後需用或可稍紓而頻年悉索以供未免因煩生厭頻催罔應
本屬人情之常而臣則勢偪處此莫展一籌將有束手待斃之日可否仰懇天恩敕下
軍機大臣六部九卿公同集議將甘肅新疆從前每年預撥估撥的餉四百數十萬兩
指省解濟臣軍并於見協臣軍稍優各省酌撥解濟共足成五百萬兩之數以三年爲
期臣得於三年內盡心經理斟酌盈損定爲永圖三年以後甘肅新疆軍務既蕆所擬
開源節流之策亦必有成效可睹庶以前協欵爲甘肅新疆用兵收復善後之需以後
部撥爲甘肅新疆常例應有之欵每年以三百數十萬兩爲度自無不可臣本菲材疊
荷三朝恩遇忝竊至今當茲時艱孔亟非不思仰體朝廷憂勤惕厲之懷稍慰各省關
頻施不倦之意顧始謀未預晚蓋爲難所遇多艱綢繆鮮補雖有生之日皆報國之年
而年近七旬神識衰鈍欽承密諭實切悚惶謹據實備陳是否有當伏乞皇太后皇上
聖鑒訓示施行謹奏軍機大臣字寄光緒四年十一月初九日奉上諭左宗棠奏覆陳
新疆情形一摺據稱北路迪化等處自克復以來招徠開懇戶口日增南八城地方富
庶見辦開渠丈地鑄錢徵釐諸事具有端緒開設行省於天時人事機有可乘等語新
疆議設行省事關創始必須熟籌於事前乃能收效於後日該大臣爲長治久安之計
因時通變所奏不爲無見刻下伊犁未經收還一切建置事宜尚難遽定其餘南北各
城應如何隨時經理之處即著悉心籌畫次第興辦總期先實後名俟諸事辦有眉目
然後設官分職改設郡縣自可收一勞永逸之效所有辦理情形并著隨時詳悉具奏
至所奏三年以內每年請指撥銀五百萬兩俾得斟酌損盈定爲永圖等語著軍機大

臣會同戶部議奏將此由五百里諭令知之欽此

俄人匿我叛人白彥虎於托呼瑪克尋毒之叛人白彥虎伯克胡里馬壯等遁入俄境俄圖爾齊斯坦總督納之匿彥虎托呼瑪克地方左宗棠遣劉錦棠照詰塔什干阿里木台等處俄官俄人毒彥虎虛張難民人數冀多索養活費

十一月俄人嗾陝回寇我邊地劉錦棠張曜擊敗之宗棠奏云竊臣前據總統嵩武軍廣東陸路提督張曜馳報八月二十四日烏什城西一百七十里雪巴里哇地方突有馬賊四五十騎竄至又據阿克蘇西南五百一十里柯爾品六品伯克報同日由布魯特竄來馬賊數十騎肆行刦殺立飭各防營出隊搜捕九月初三日遇賊於烏什西北三百里阿依他溝陣斬逆回二十二名奪獲賊馬四十五匹生擒賊一名訊據供稱

在俄境托胡瑪克種地受苦賊目孫義合白彥虎金山商同出外搶刼孫義合金山在
前約六十餘人此係白彥虎夥內四十七人由托胡瑪克馬行十三日到此旋據續報
馬隊營官武朝聘及解餉委員周兆璋追柯爾品一股馬賊沿途頗有擒斬賊由五台
竄阿提黑兩克地方恰遇總統劉錦棠所部馬隊迎頭截擊擒斬殆盡頃據劉錦棠馳
報九月初一日據瑪喇爾巴什營官記名提督李克常飛禀八月二十七日接東二站
圖木舒克台東三站車底庫勒臺驛書渾巴什報二十六日未刻有馬賊八九十騎由
阿克蘇西北柯爾品竄至東四站雅哈庫圖克臺戕斃柴草局員補用主簿歐陽紅驛
書高清新及局勇驛卒五名附近纏回有死者是夜賊西竄至車底庫勒臺戕害驛書
二名擒去驛馬什物二十七日復折向東竄至色底克臺搶去驛馬六匹李克常聞警
立派哨官查春華副將劉長其率隊馳赴東路掩捕劉錦棠在喀什噶爾聞警以賊縱
一日擾及三臺飄忽殊甚當扼其必出之路擊之九月初二日派提督楊金龍率馬隊
百騎赴色底克台一帶提督譚愼典率馬隊二百騎赴瑪喇爾巴什一帶助李克常并
咨商張曜派隊夾擊初四日李克常報稱查春華馳過各台未見一賊據色底克臺驛
書吳耀南報賊蹤盡已北竄訊據被擄逃出之董娃子供稱賊騎百餘陝回居多亦有
新疆人在內聞賊中商議將於夜間傍山而西覓路上竄卡勒克沁各臺李克常親率
步隊數十人向西路截捕比至卡勒克沁臺則賊已先數時衝過戕害柴草局員守備
劉福泰驛書王治安局勇驛卒各一搶失驛馬十四其領解寒衣之勇丁及遞送文書
之驛卒共六名亦倉猝遇賊被戕賊向北路樹窩內竄走李克常追至樹窩賊竄又遠

是夜收隊玉帶里克適楊金龍馬隊馳至會商留隊分紮玉帶里克卡及勒克沁屈爾蓋三臺仍率隊由北面樹窩窮追而下途中接東路探報初一夜有另股賊百二三十騎竄至雅哈庫圖克二十里楊金龍即馳赴東路截剿李克常赴瑪喇爾巴什會隊夾擊初五日據喀什噶爾善後局委員同知王維國稟據阿奇木報八月二十日烏什西北三百餘里拜代里克竄出漢回一起二十三日又竄出漢回一起肆行搶殺均向柯爾品竄出與各處探報相符劉錦棠以此次竄賊行縱飄忽於各處路徑恍若舊游當即各城漏網餘孽見瑪喇爾巴什一帶官軍躡蹤急追不敢東犯非繞由喀什噶爾邊境速覓歸路必難善脫查拜代里克一帶出卡即是俄境賊覓歸路當在乎此遂飭總理營務分統右軍道員羅長祐率總兵夏辛酉提督張宗本所部馬隊三百騎五品頂帶署喀什噶爾伊什罕伯克瑪木特帶領纏回布魯特馬隊六十騎提督段伯溪率所部步隊百五十名已革花翎都司何步雲已革藍翎外委何俊帶領防營步隊百五十名赴各邊隘要之初六日午刻羅長祐等敵行是夜次阿爾圖什詗賊於卡勒克沁繞竄北面樹窩復又上竄日馳二百里所過刦掠一空羅長祐初擬截賊於阿爾圖什北二百里之索封口五更得報賊已於初六日黎明由索封口竄過矣遂改擬向封索口西北三百餘里之冲𣪊罕截擊傳令馬隊即行步隊留守一日夜馳四百餘里抵冲𣪊罕初八日天明登山瞭望瞥見騎賊由東南結隊而來飭夏辛酉張宗本分伏山前山後以待令瑪木特帶纏回六十騎出陣誘之賊易其少挺矛躍馬衝出甫過山凹前後伏兵齊赴裹賊中央槍轟矛刺短兵相接陣斬賊目賽圪塔即砕圪塔及黑振江賊目

金山棄馬而逸旋經布魯特人縛獻計陣斬悍賊百數十名生擒二十三名奪獲戰馬二百餘匹所掠駝馬衣服悉數收回械送金山及生擒各賊赴喀什噶爾劉錦棠親提審訊據金山供稱伊等隨白彥虎住托胡瑪克地方白彥虎因窮苦難過商之馬良會赴俄官處領路票假稱赴逆首馬壯所居之鴨爾湖貿易為出外搶掠計到鴨爾湖會馬壯黨夥分兩股繞過俄人所設之卡犯邊伊等係前一起頭目後一起頭目為孫依虎馬家老二均約定飽掠後由此路同歸不料到此猝遇官軍馬家老二已經官軍陣斬惟孫依虎屍首未見人據供稱在精河一帶滋擾者劉士林一股人數多少伊等不知訊畢極刑處死傳首沿邊各地方懸挂示衆并准嵩武軍分統孫金彪報稱孫義合一股均陸續擒斬孫義合即孫依虎馬家老二當即馬良會均伏誅矣各山未被害之布魯特人等咸歡呼膜拜謝官軍保全之恩聲殷山谷此次寇邊之賊分起飆忽較尋常馬賊為悍經官軍節次截剿擒斬共二百數十名并無遺漏掃除神速實足破賊膽而快人心并可張國威而弭邊釁出力將士可否量加甄叙出自天恩其陣亡遇害之花翎遊擊銜陝甘補用都司蕭夢益儘先拔補把總張發華儘先拔補外委石有元補用守備彭福泰補用主簿歐陽紅懇恩敕部分別從優議卹庶士氣常新邊防日增鞏固於時局不無小補至應還伊犁應交叛逆兩事臣等早與俄國七河巡撫圖爾齊斯坦總督商議迄無成局俄官互相推讓藉端支延意殊叵測此次寇邊之賊由逃匿俄境之首逆白彥虎馬壯等指嗾所致生擒各賊口供僉同并於賊目金山身邊取出俄官所給路票兩紙其陣斬各賊隨身路票之未暇搜取無從呈驗者尚不計也臣維俄

國邊官於新疆交涉各案屢持異議為緩還伊犁緩交叛逆之計守邊將士積忿久矣此次又藉貿易給與首逆白彥虎等路票致諸賊深入為寇戕害我民人騷擾我臺站刼掠我駝馬幸官軍速赴戎機扼要殲旃尚無損失然揆諸邦交之誼應否如斯前此
圖爾齊斯垣總督來文言喀什噶爾應照約通商并不言照約交還伊犁臣與各總統
以伊犁未還以前斷難遽照所請此次竟給貿易路票與白彥虎等致入寇犯邊橫行罔忌揆諸友邦睦誼應否如斯將來攜帶俄國路票赴卡貿易者又豈足信乎茲將搜
獲俄文俄記兩票咨呈總理各國事務衙門察驗應請旨敕總理衙門照會俄國駐京公使知悉備案或不致如察罕格根一案之事過無稽應否請敕下欽差全權大臣吏
部侍郎崇厚一併入議之處伏乞皇太后皇上聖鑒訓示施行謹奏軍機大臣字寄光
緒四年十一月十六日奉上諭左宗棠奏陝回逃匿俄境分道寇邊經官軍截勦淨盡
一摺逆首白彥虎嗾令黨夥金山孫依虎馬家老二等由俄境托胡瑪克地方股竄擾
烏什阿克蘇等處勢極飄忽因官軍躡蹤窮追不敢東犯繞由喀什噶爾邊境尋覓歸
路經劉錦棠督飭各軍扼要截擊擒斬二百數十名陣斃賊首馬家老二孫依虎并將
金山擒獲訊明正法餘匪殲除殆盡洵足以寒賊膽而快人心在事出力將士著准其
擇尤保奏陣亡遇害之花翎遊擊銜陝甘補用都司蕭夢益儘先拔補把總張發華儘先拔補外委石有元補用守備彭福泰補用主簿歐陽紅均著交部分別從優議䘏至北路精河一帶匪蹤竄發獲賊供稱係劉士林一股并著金順懍遵前旨督飭官軍遇賊即擊痛加勦洗毋任紛竄此次寇邊之賊皆由白逆等指使賊供僉同并於賊目金

山身邊搜出俄官所給路票兩紙由左宗棠咨交總理各國事務衙門此事關繫邦交甚重著該衙門照會俄國駐京使臣知悉備案并著崇厚於行抵俄國時詳悉查明按照條約妥籌辦理將此諭知崇厚并由六百里諭令左宗棠金順知之欽此

十二月左宗棠請伊犁未還以前禁止俄人通商允之

八月間俄人給逆黨金山路票寇邊至是俄商乜皮等十七人由科布多至巴里坤售貨仍持其國路票宗棠遣人阻之奏言伊犁未還俄人任意來往眞僞莫辨且草地非官軍所能照護恐有疏虞致滋論端請暫禁止允之

俄屬安集延逆目阿里達什謀襲我喀什噶爾劉錦棠率師陣斬之宗棠奏云竊臣准通政使司通政使二等男臣劉錦棠咨稱本年十月初間據喀什噶爾西南境各纏頭伯克及各布魯特頭目先後報稱上年竄遁俄境之

安集延逆目阿里達什由俄官處告假潛出帶同默爾開里木和哲擁立迭拉什罕爲條勒率安集延胖色提五名玉子巴什及賊黨一百八十餘名竄至奈曼地方句通該部布魯特頭目阿布都勒哈瑪及其子買賣提斯拉木等種人三百餘名謀襲喀什噶爾城池等語十月十三日探報賊衆擾至伊勒庫楚卡倫外嗾黨入塔什蜜里克莊分途糾集各布魯特十五日探報賊衆擾至玉都巴什卡倫幷分股入烏帕爾之瑪雜爾唫經散食瑪雜爾者回子祖墓即回衆所稱供拜者也其煽惑布魯特種人均假所立條勒名號爲詞謂漢人非其族類見聞喀什噶爾官軍內調正可乘虛襲取條勒所到之處可免上糧納稅蓋襲用安集延帕夏阿古柏先年闌入回疆時故智也劉錦棠聞報即派知府袁垚齡總理喀什噶爾漢城防務派參將劉必勝率隊移紮喀什噶爾回城北門外以備不虞十五夜二鼓劉錦棠親率提督譚愼典方友升總兵夏辛酉各帶馬隊二百騎提督楊金龍張宗本湯詠山各帶馬隊百騎飭喀什噶爾伊什罕伯克五品藍翎瑪木特爲鄕導向烏帕爾進發派道員羅長祐率提督段伯溪步隊三百名總兵侯名貴礮隊三百名已革外委何俊防營步隊三百名提督彭明達曾楚南親兵二百名帶同布魯特總管五品藍翎以尚胡里向烏帕爾繼進又派提督張俊率步隊兩營取道英吉沙爾之鐵勒克卡倫赴塔什蜜里克扼紮防賊分竄布置甫畢令赴烏帕爾馬隊各隊銜枚疾進定以十六日黎明齊隊是夜行一百五十里抵烏帕爾回莊瑪雜爾賊衆見官軍猝至即返走玉都巴什與大股合勢謀抗官軍劉錦棠令馬步隊伍搜查各回莊伏賊躡蹤急進馳三十餘里至玉都巴什瞭見迤南戈壁賊騎團集約八

百餘人立飭夏辛酉張宗本率馬隊三百先進譚慎典方友升率馬隊四百繼之羅長祐侯名貴何俊彭明達曾楚南率步隊一千又繼之自率楊金龍湯詠山馬隊二百左右策應夏辛酉張宗本麾隊直前賊排隊迎拒洋槍叉子槍子如雨注夏辛酉張宗本率刀矛隊怒馬陷陣斬執毛旂賊目而奪其旂官軍讙譟乘之賊衆遂潰向南面山谷竄走夏辛酉張宗本督隊緊追陣斬三百餘名生擒三十餘名譚慎典方友升麾所部急進馳百餘里賊分竄山谷不見蹤跡是處爲布魯特游牧地亂山叢雜難於覓徑未便窮追劉錦棠傳令停隊飭以尙胡里率所部布魯特馬隊百騎入山傳諭布魯特各頭目引路追勦違者斬劉錦棠當聞警之初預檄英吉沙爾葉爾羌各卡倫外布魯特頭目令各率衆赴奈曼會勦二十九日以尙胡里至奈曼同日庫彌什已率部衆四百餘人先伏山谷間適阿里達什經官軍擊敗率其死黨由此竄過庫彌什令其部衆四百餘人分起截擊殲斃殆盡中有裝束稍異者詢之帶傷賊黨知爲阿里達什幷於身旁搜獲玉印一顆遂割取首級同以尙胡里詣營報功劉錦棠驗視無異重加犒賞歡呼膜拜而去訊據賊供此起回目惟阿布都勒哈瑪父子敗後已分路翻山竄逸劉錦棠派隊窮搜無獲收隊凱旋其被阿里達什煽誘從逆之塔什蜜里克烏帕爾兩莊回民據擒賊供指及良民告發手持槍械者約三百人已經官兵擒斬無遺此外愚回於阿里達什入境時或前往迎接或隨同唸經或餽送粮草牛羊人數無從確指劉錦棠以首惡既誅餘可勿問惟提塔什蜜里克伯克一名玉子巴什二名阿渾毛拉五名散人十二名烏帕爾玉子巴什六名阿渾毛拉五名散人三十一名訊俱糾人從亂罪無

可宜均駢誅梟示以昭炯戒臣維阿里達什本安集延酋帕夏阿古柏親信黨羽阿古柏服毒自盡後逆子伯胡里赴阿克蘇與海古拉戰赴和闐與呢牙斯戰皆留阿里達什守喀什噶爾回城爲其援應其明徵也迨換防已革都司何步雲等反正奪據漢城阿里達什逐日引衆攻撲乂嵊白彥虎帶領陝回助攻經臣於上年十一月十八日奏報迨官軍克復喀什噶爾阿里達什隨同伯克胡里竄匿俄境之窩什地方此次由俄官處告假潛出煽惑回民圖襲喀什噶爾幸劉錦棠於謀賊甫露之時聞警星馳勦除迅速俾邊圉無驚布魯特相庇以安不至蔓延爲患惟阿里達什爲中國漏網要逆既遁匿俄境俄官不肯交出又任其告假潛出糾衆寇邊揆諸友邦睦誼應否如斯見在中國叛逆遁匿俄國者尙多似此紛紛竄擾防不勝防守邊將士無解甲晏眠之日積忿久而心不甘臣實有難於禁約者應請旨敕總理衙門照會駐京俄使知照備案可否請敕下欽差全權大臣吏部侍郎崇厚一併入議之處并候聖裁

我出使俄國全權大臣崇厚覲俄皇阿歷克三達二世於溫宮呈遞國書

俄皇以其外部大臣格爾斯前駐華京欽使布策等與崇厚開議

光緒大事彙鑑卷四

柏巖趙炳麟著

五年己卯三月俄屬布魯特安集延入寇劉錦棠擊敗之

宗棠奏云竊上年安集延賊首阿里達什句通布魯特逆回阿布都勒哈瑪及其子買賣提斯拉木竄擾邊境經官軍擊敗阿里達什伏誅阿布都勒哈瑪父子翻山竄逸各情形經臣於上年十二月二十一日馳報嗣准通政使司通政使二等男臣劉錦棠函牘幷稱阿布都勒哈瑪父子敗竄俄屬阿來地方議投俄羅斯俄官令其暫居邊境阿布都勒哈瑪遂句結寄居俄境之安集延酋愛克木汗條勒阿希木汗條勒吱買提和卓再爲內犯之計條勒和卓者回部尊其教祖後裔之稱如中國之稱聖裔也愛克木汗阿希木汗二人本同胞兄弟即從前首逆張格爾胞弟玉素普之孫阿布都勒哈瑪之句結愛克木汗者以其爲安集延酋長應與阿古柏報復爲詞其句結阿希木汗吱買提者以其爲條勒和卓足令布魯特各部歸心也向三逆詭稱南諸沿邊一帶有衆數萬許爲之助待汗與和卓到即此事奪回各城愛克木汗等信之率其屬肸色提二十餘人玉子巴什百餘人所部安集延回衆八百有奇於上年十二月十三日徑抵烏魯克恰地方我守外卡纒回頭人布魯特頭人及回兵共二十八名被其擄去又脅誘正西西南一帶布魯特各部其不從者殺之至臘底聚衆已一千七八百人由烏魯克恰提而東三百四十里爲卡浪圭內卡再東六十里曰明約洛即明要路距喀什噶爾城百里劉錦棠

連接邊報賊氛漸近明約洛本喀什噶爾要隘劉錦棠原派總兵田九福步隊一營扼守賊不得過上臘二十八日遂繞向東南竄至畢勒套格依地方又以水草不足本年正月初一日復折而南趨至博斯塘特勒克地方即希布察克布魯特比所居也其左大山緜亙其右山巒起伏中爲廣谷水草甚便出谷口東南行六十里爲烏魯阿提外卡有路可通色勒庫爾一帶再東二百里爲塔什蜜里克之伊勒庫楚內卡出谷口正東行百六十里爲烏帕爾之烏帕拉特內卡稍南爲烏帕爾之玉都巴什內卡地皆戈壁賊由畢勒套格依北來皆必經戈壁惟博斯塘特勒克後面岡原錯雜草木叢茂由此西北行二百里爲阿依阿提外卡再西二百里爲卡拉阿爾提又一百八十里爲黑子里拉提達坂逾此即入俄屬阿來地界之賊踞博斯塘特勒克者以其爲布魯特比駐紮之處意在盡脅希布察克各野回部衆以厚其勢而協以謀我也劉錦棠詳考地圖稽諏各布魯特部衆而得其詳意以官軍前去必度戈壁戈壁平衍一望無涯賊得覘我虛實動靜預爲準備似此示形以致寇非計之得也須伏兵山谷待賊來擊之遂定四面圍勦之策五年正月初三日派提督方友升率所部三百騎進烏帕爾提督譚愼典率所部二百騎進玉都巴什駐營兩營相距三十里飭令分段偵明賊蹤隨時飛報人陰縱卡內布魯特人投入賊中佯言官軍無多誘其深入初七日方友升報賊衆大至約二千三四百人游騎已擾至烏帕拉特近邊劉錦棠遂留知府袁垚齡督同總兵侯名貴率礮隊一旂親兵一哨守漢城總兵杜錫斌率步隊一營守回城先派提督張俊督同提督胡登花石蘊玉率步隊千名由英吉沙爾取道圖木舒克以向塔什蜜

里克限初十日午正到烏魯阿提防賊旁竄又派提督董福祥督同總兵田九福率步
隊千名提督張宗本總兵夏辛酉率三百騎由喀什噶爾回城取道卡浿圭拔至無胡
素魯克該處西距烏魯克恰提百二十里東南距畢勒套依格二百里以圖截賊來路
并飭官軍到時或賊尚未折轉則急進畢勒套依格駐營扼賊回竄皆令掩旂息鼓以
行劉錦棠自率道員羅長祜營勇并喀城防勇步隊一千五百名親兵步隊一百六十
名馬隊二百騎於初九日黎明由喀什噶爾漢城啟行是夜接方友升馳報本日有騎
賊三十餘直薄烏帕拉特卡當經擊退賊向博斯塘特勒克竄走并訊據纏回擒獲探
賊供稱賊中傳令是夜由博斯塘特勒克來烏帕爾搶官軍營盤劉錦棠以賊由南路
來地勢平坦一經官軍剿敗退竄歸巢地散路平官軍雖躡賊窮追未能多殺不如先
取其巢待賊返擊之遂留參將劉必勝提督段伯溪張復良李雲照已革外委何俊率
步隊七百五十名紮烏帕爾莊外助同堵剿派羅長祜率提督譚愼典方友升楊金龍
馬隊五百騎小馬隊四十騎及提督張春發湯彥和張仕林彭明達曾楚南總兵彭禮
堂把總張鴻疇步隊七百五十名是夜由北面小路銜枚疾走向博斯塘特勒克進進
約次日天明取齊徑擣其巢部署定羅長祜即率隊前進黎明行近博斯塘特勒克谷
口守巢之賊方散布谷中熟睡未醒其驚覺者倉猝聞覺軍械不及我軍馬隊馳至槍
礮之後繼以刀矛斃賊五百餘名訊據擒賊供稱大股賊已於初更向烏帕爾去矣羅
長祜令馬步各隊暫憩谷內飲馬作炊一面派騎四出偵探午間遙見戈壁東面塵土
大起偵者回報賊由烏帕爾折回羅長祜令各隊偃旂臥鼓以待方賊之由博斯塘特

勒克進襲烏帕爾官營也行至烏帕爾西南十里地方天尚未明其地在戈壁內久爲山水衝刷遂成平沙可容多騎賊停隊於此天明賊先率百餘騎徑撲烏帕爾官營劉錦棠聞報即令劉必勝何俊率隊先往擊之自率段伯溪步隊及馬隊繼進爲其策應又令張復良李雲照各率隊伍多張旂幟作爲兩路一由烏帕爾迤左樹林抄出一由烏帕爾迤右山溝抄出均約於大股屯集處會隊劉必勝何俊之隊首與賊遇分左右進擊之賊騎百餘敗走劉必勝何俊方躡蹤追剿忽西南溝內大股騎賊紛紛結團衝出劉必勝何俊勒馬整隊以待騎賊分團更分來撲迄不爲動賊改用圓陣四面環攻洋礮叉槍子如雨注劉必勝何俊督勞山礮擡槍洋槍各隊層疊施放鏖戰正急何俊被子傷腦右適策應各營齊至號鼓齊鳴聲震山谷小馬隊回馬隊先進段伯溪步隊繼之張復良步隊已由右面抄至李雲照步隊亦由左面抄至賊覩官軍馬步相依聲勢聯絡且層見側出不知多少未敢戀戰劉錦棠揮隊壓追三十餘里擒斬悍賊百數十名見賊仍向博斯塘特勒克返竄知其已墮計中從容收隊還至蘇巴什就水草紮營遣騎馳偵前途戰狀敗賊回竄博斯塘特勒克初十日午初即近谷口羅長祜令譚慎典方友升楊金龍等列馬隊於谷外令湯彥和張春發等率步隊仍伏谷中自登左面山坡相機調度賊瞥見官軍阻其前亦整隊拚死繼進每團約四五十騎前後兩股共約四十餘團作連珠勢與官軍接仗槍礮對施半時之久互有傷亡勝負未決羅長祜令各馬隊以長矛衝陣譚慎典率數十騎怒馬挺矛直入賊陣遇賊即刺斬賊首目寶提斯拉木於陣前賊陣大亂楊金龍率隊由右路進方友升率隊由左路進各奮勇

無不以一當十殺賊以三百計賊既不復成陣分爲左右兩支右股多約千騎急圖奔歸巢穴徑向谷右衝入不料谷中又已設伏也湯彥和張春發等步隊見賊至突起槍矛并進斬馘遂多逸賊棄馬翻山羅長祜麾各營馬隊緊追霎時擒斬淨盡斬賊首㕦買提和卓阿希木汗條勒於陣其左一支約五百騎敗後繞由谷外傍嶺脚西竄圖出阿依阿提外卡譚愼典方友升楊金龍等率馬隊躡追賊且戰且走譚愼典以一夜之力馳二百里直追至阿依阿提外卡沿途殺騎賊三百餘并奪其馬羅長祜於是夜四鼓亦拔隊前進十一日午正抵阿依阿提令布魯特騎卒馳探令譚愼典等率馬隊繼之囑以追至俄界即止自駐阿依阿提以待十二日申刻譚愼典等馳抵卡拉阿爾提據布魯特騎卒回報賊首愛克木汗條勒阿布都勒哈瑪共牽百餘騎竄過黑子里達坂已入阿來俄境矣譚愼典始收隊回此外敗賊之竄至畢勒套格依及烏魯阿提者經董福祥張俊張宗本夏辛酉馬步各營分途搜斬淨盡馬步隊伍均於十五十六兩日先後撤回原防綜計是役除陣斬賊首阿希木汗條勒㕦買提買賣提斯拉木三名外并擒斬賊目胖色提十有七曰買木時甘吉曰塔什巴易曰他什伯克曰開里木曰土魯普曰太呢胡呢曰卜根胡里曰塔什買提曰買賣提胡里曰亦司瑪儀曰遙子買賣提曰呼土魯克曰沙底克曰沙悟的曰哈生木曰滿素爾曰其詳比皆阿古柏舊人也玉子巴什六十有奇其名難以盡悉總計是役陣斬安集延賊七百有奇布魯特賊千四百有奇奪獲槍礮軍械馬匹駝隻無數其漏網之愛克木汗條勒阿布都勒哈瑪見竄俄境已飭沿邊各布魯特總管嚴密偵察其竄入俄境後俄官如何接待應俟劉

錦棠偵探確實咨會到臣再行入告竊維南疆邊境與安集延布魯特諸回部壤地毗連犬牙交錯自戡定以來兩部常為邊患亦由形勢迫切窺伺難防也彼中所號為汗為比者君長之稱所號為條勒者教祖之裔皆部衆素所崇奉者也此次入寇由其汗與條勒號召而來故起事未幾糾集已衆幸劉錦棠調度敏速迅赴戎機於地勢賊蹤瞭如指掌指麾布署悉合機宜所部將領士卒踴躍爭先復能整齊行列以靜制動用克乘其初起速就蕩平不致重煩兵力所履各戰地皆從前出塞之師未嘗經歷者自此邊方諸部應亦稍識天威計所殺之賊二千數百名而官軍陣亡者已四十餘員名受傷者九十餘員名蓋亦血戰矣

閏三月布魯特哈薩克人苦俄賦斂請借地游牧允之

喀喇沙爾城西北著勒土斯山形勢奧衍北通精河西接伊犁向本吐爾扈特揷帳之所亂後地無居人遂成廢壤至是布哈兩部驅馬二萬餘匹來牧左宗棠遣人阻之對曰我輩素受天朝厚恩畀封王公臺吉印綬猶在自歸俄

制賦斂橫徵中戶每年納稅銀十數兩上戶數十百兩下戶不下數兩民不聊生望天朝收復伊犁如歲欲暫借游牧以紓喘息宗棠憫其情奏允之

四月以錫綸爲接收伊犁大臣

崇厚與布策議還伊犁俄廷請辦刼俄商人各案赦伊犁叛我從俄者報曰可俄廷亦許還伊犁城總署請派接收分界大臣以錫綸往

八月崇厚自與俄廷訂約遂還國

時俄皇閱兵黑海崇厚與布策開議三十一次訂定條約十八章赴黑海立瓦的亞莊覲俄皇畫押遂自南洋還國

厚爲策弄分界通商諸條利權盡失事聞朝議大沸

詔李鴻章沈葆楨覆議俄約

崇厚電報俄約朝廷以爲失利太巨詔鴻章葆楨覆議之

詔曰總理各國事務衙門奏籌辦交收伊犁事宜請飭疆臣覆議一摺據稱連接崇厚電報內稱約章皆定議畫押並將現議條約十八款摘要知照償費一節尚不過多通商則事多轇轕分界則弊難枚舉亟宜籌畫布置迅圖補救各等語崇厚出使俄國固以索還伊犁爲重而界務商務關係國家大局者自應熟思審處計出萬全且疊經總理衙門電知崇厚若照來函有礙大局節略內並言所損已多斷不可行該大臣尤應遵照辦理設法辯論乃竟任其要求輕率定議殊不可解現在俄約既經議定其第七款中國接收伊犁後陬爾果斯河西及伊犁山南之帖克斯河歸俄屬第八款塔城界址擬稍改是照同治三年議定之界又於西境南境劃去地段不少從此伊犁勢成孤立控守彌難況山南劃去之地內有通南八城要路兩條關係回疆全局至第十款於舊約喀什噶爾庫倫設領事官外增出嘉峪關烏里雅蘇台科布多哈蜜吐魯番烏魯木齊古城七處亦酌設領事第十四款俄商運俄貨走張家口嘉峪關赴天津漢口過通州西安漢中運土貨回國同路不特口岸過多並與華商生計亦有妨礙允行則實

受其害先允後翻則曲仍在我自應設法挽回以維全局著左宗棠金順錫綸將界務
商務各欵悉心酌復李鴻章沈葆楨素顧大局除商務各條詳加籌畫外其界務如何
辦理姑臻周妥分別詳細密陳李鴻章奏云伏查俄人踞守伊犂將近十年每歲收其
商農之利數十萬金其平時注意開疆拓土得尺得寸不稍退讓卽迫於公論礙於成
約不能不返我故地然彼國上下深謀視為奇貨藉肆要挾不饜其慾壑不止俄人陰
鷙狡詐雖英德等國皆視為勁敵而憚與共事微臣誠恐恢復故疆則有名而無實變
通商務或受損於無窮謹將議定約章詳加考核除其中不甚關輕重者無庸置議外
其第四欵俄人在伊犂准照舊管業於第十欵喀庫二城設領事外准添設嘉峪關等
七處領事官第十二欵俄國在蒙古天山南北路貿易均不納稅第十三欵設領事處
及張家口准設棧第十四欵俄商運俄貨走張家口嘉峪關赴天津漢口過通州西安
漢中運土貨回國同路凡此俄商所沾之利不如是不足慊其意而伊犂亦不肯還然
彼此民人雜處則界限仍不分明添設口岸太多則辦理易生枝節其餘奪華商之生
計侵官茶之引地在彼獲益不少在我耗損已多至分界之事第八欵塔城界址稍改
現尚未知其詳第七欵中國接收伊犂後陬爾果斯河西及伊犂山南之帖克斯河歸
俄屬就總理衙門寄到分界圖說核之伊犂西界割去一條長數百里其患猶淺南界
割去一條亦數百里跨踞天山之脊隔我南八城往來要路細揣俄人用意一則哈薩
克布魯特游牧諸部新附俄邦今復遮其四境絕彼向化之塗一則扼我咽喉使新疆
南北聲氣中梗心殊叵測夫中國所以收伊犂者以其居高臨下足以控制南八城談

形勢謂欲守回疆必先守伊犁也今三面臨敵將成孤注自守方不易圖豈足控制南
路想左宗棠等礙難遵辦是界務與商務相較界務尤重矣總理衙門原奏謂收回伊
犁尙不如不收回之爲愈洵爲洞見底蘊查同治八年英國新約以彼國未經批准至
今不行同治時葡萄牙使臣來津訂約以爭論澳門設官一事迄未互換現修俄約既
有批准後通行之語又有西國成例可援原可置之不行且與萬國公法所論亦有相
符之處第此次崇厚出使係奉旨給與全權便宜行事字樣不可謂無立約定議之權
若先允後翻其曲在我該大臣冬月可以回京應由總理衙門王大臣密與詳詢體察
情勢俟換約時能否將界務商務酌議更改如改得一分亦獲一分之利倘實無可改
易無可延宕嗣後界務應如何布置該左宗棠等必就近酌度妥辦至商務補救之方
大要有二一曰立法一曰用人查泰西各國彼此商民皆可隨地貿易居住耦俱無猜
由其用法之善中俄舊約原許俄商順便往蒙古各處貿易今既擴充甚多宜審各處
民情地勢俾當事者督同地方官妥議章程由總理衙門核定畫一暫爲試辦以便籌
商經久之道其張家口嘉峪關爲東西兩路入內地扼要之處尤宜嚴密稽查凡沿途
抽換私賣逃稅等弊分別照約罰辦勿稍含混如果沿途不得銷售包攬則於無限制
之中稍有限制此立法之要也惟是人存政舉徒法不能治民將來陸路通商益廣交
涉益繁更制必益多其安肅道張家口監督兩缺宜與海關道員並重新疆各城於郡
縣暫難改設或擇要添設道員遴選洋務人才設法調劑以期辦理妥洽至各路將軍
大臣持節臨邊責任艱鉅必得熟諳時務威惠交孚乃有裨益似應不拘資格滿漢文

武並用以重邊防而資整理此用人之要也以上兩端或稍可補救於萬一是否應當謹候聖裁詔下左宗棠籌議宗棠奏稱鴻章持論名通意見相合云

陝甘總督左宗棠覆陳邊務

奏云竊臣於六月十七日欽奉諭旨總理各國事務衙門奏接據出使俄國大臣電報並密陳交收伊犁一事各摺片據奏崇厚電報內稱俄國接金順復文俟交收伊犁後方可弛禁俄人所爭俟弛禁後方可交收伊犁見擬辦法請即行文邊界弛禁通商等語俄人久據伊犁此次雖允交還其欲藉此要挾圖佔便宜固在意中然利害所關必當權其輕重未可因急於索還伊犁轉貽後患即如通商一節所該地方甚廣流弊滋多分界一節欲於原佔界址外再圖侵佔即償款一節雖據布策云并無因利多索之心然數目究未明言以上三端均尚未有成議若遽行弛禁彼又得步進步多所要求辦理轉致棘手崇厚務當力持定見總宜將通商分界償款三端議定後與交收伊犁同時并舉方為妥善設或所議各節利害相權得不償失自應另籌辦法著崇厚左宗棠金順錫綸詳細陳奏至崇厚電信所稱喀什噶爾寄居俄國屬民驅逐出境及和闐有亂住俄回民欲入喀什噶爾滋事各節是否確有其事著左宗棠查明具奏欽此跪聆之下敬仰我皇上洞鑒幾先無遠弗照俾使臣得有遵循不致遷延游移致貽後患比即恭錄諭旨密致金順錫綸擬俟商定一切會同陳覆因彼此相距甚遠覆到需時恐塵聖慮謹先就管窺所及敬為我皇上陳之竊維伊犁本我舊土適中原多故遠略未遑猝致淪陷俄人伺釁而動藉詞代為收復入踞要區亦知所為本冒不韙佯言俟官軍克復烏

魯木齊瑪納斯即交還伊犂更無異說迨天戈西指迅克烏魯木齊瑪納斯而俄踞伊
犂自若也官軍踰嶺而南拔吐魯番連下八城安集延逆酋既伏其辜逆豎與陝甘敗
殘逆賊渠目白彥虎等竄入俄境俄官納之屢索不與而踞伊犂自若冬春之交竄俄
諸逆領取俄邊貿易路票三次竊邊爲官軍搜獲俄官諉爲不知而踞伊犂自若朝廷
重念邦交特命崇厚出使以修約而敦睦誼於交還伊犂外幷議及界務與商務夫伊
犂應還不待今日且俄人舊謀也今遲之又久始踐前諾其未足市德於我也明矣以
界務論同治三年明誼與俄官定議準之舊界有縮無贏此次即仿甌脫往事視事爲
隙地彼此共之在我仍有所損在彼亦受其益以商務論除邊界舊約無庸更議外市
策從前在京師雖頗以嘉峪關爲意總理衙門未嘗輕許自不得即據爲定論此次崇
厚議允其設立領事已過所望凡此皆不待煩言決者崇厚以全權出使仰體皇仁商
務界務外更有議及償欵之請彼既利我土地我復許以重酬於義雖似未協然漢文
之待北匈奴大單于也詔書而外優以繒帛詞意斐亹故事可循猶之可也皇仁俯允
所請惟於商務慮其流弊滋多界務慮其再圖侵佔敕崇厚堅持定見崇厚欽遵諭旨
與俄之外部諸臣從長計議理足而將之以誠我睦鄰之誼盡而又盡彼饜足之道加
無可加若界務於同治三年定議外再許侵佔商務於嘉峪關內再允推廣則有關國
家疆圉華民生計者甚大在拮据戎馬機會迫促時猶未可輕議及此矧值天威遠被
遐邇震慴何爲必出此下策以苟且目前竊恐俄人識時務者或疑過情之許爲不誠
其無知者翻疑我情實之兩詘有爲而無爲之論端日出應接不暇固無論舐糠及米

異時防不勝防必將於大局有誤也臣愚竊謂伊犁塔爾巴哈臺一帶舊界已難復按則仍以同治三年所定之界爲準而以舊界作爲甌脫隙地俄人或有在隙地內造屋居住一時難於遷徙者亦姑聽之但定爲阿脫隙地禁其日後修造可也所有哈薩克各部落之舊屬中國新附俄國者一併劃明界址毋俾混雜其喀什噶爾英吉沙爾一帶舊設卡倫爲逆酋阿古柏所毀逆於相距二百里內外改設卡倫查本安集延故地此次用兵追賊所得因移舊卡於此地雖在舊界之外與俄無涉不在議內此界務大略也至商務已允其嘉峪關設領事通商其由俄邊而來入中國境如古城巴里坤哈蜜安西玉門等處地方皆其必出之途由古城經過者有官有驛足資照料惟旁境可通車駝者尚多應分設塘汛容俟察核辦理嘉峪關城地極褊狹俄設領事於此勢多不便或於肅州城內外度地居之地之相距僅六十里亦易照料由官置地建造租賃俄官居住按月簿取佃値幷無不合俄之官商不得私向民間購塞造屋致滋論端此商務大略也至由肅州高臺經甘涼兩郡以達蘭州省會由蘭州南路以達漢中或由東路達陝西省會由西安以達漢中而均指漢口爲銷貨置貨之地由俄邊至漢口水陸萬里而遙歷新疆甘肅陝西河南河北轄境陸程居其大半至龍駒寨荊紫關各處始有小船可雇餘皆車駝屯負以行道途修阻衢徑錯雜俄商零星裝運防護難周時有疏失之虞如其聯幫行走尖站過載主客相參易滋口舌俄商性情高傲計較最工內地無賴之徒從而簸弄事事倚藉外人聲勢搆釁生端官司不能譏禁偶有抵觸輒干吏議各省大吏相距太遠聲息難通事關中外交涉咨行察辦往復需時兩造各執

一詞難於究詰案懸莫結動經數年督責既有時而窮調停復無計可設而疏漏胃混獄市多擾姑不具論此患之中於官者也甘肅地瘠民貧向不知經商服賈之利土物行銷外省者菸葉藥材而外別無大宗民間所用車輛多係無鐵高輪牛馬駕曳負重而不能行遠馱貨用驢於農隙受雇運貨以供餧養而資其餘利陝西駕車多用騾馬惟馱用騾騾產自河南嵩洛間非陝所出陝民以車馱爲業者購騾於豫攬載通行百貨藉以運銷公私均取給於此軍興日久牲畜疲乏倒斃爲數既多加以陝豫洊饑民間因餧養缺乏宰食充腹者不少於是車馱之價頓增百貨轉運因之而滯民間以私蓄車馱牛驢於農隙短運取値以資過度若允俄商入內銷貨置貨則車馱雇價益昂民間短運將廢生機頓蹇殊非所宜此患之中於農者也商貨行銷茶爲大宗茶之所產以楚爲盛甘肅舊有茶商行銷之茶設有官引從前私茶充斥官引不行軍興以來官商死喪流亡茶務倒歇臣不得已奏請改引爲票招販承銷裁革陋規聽民自便於是茶販踵至迨官軍復地漸廣可冀暢銷而私茶又由山西包頭藉行銷蒙古繞道草地侵銷新疆北路間有倒灌南疆者臣飭古城巴里坤印委各員實力查禁而偸越仍難杜絕惟南疆吐魯蕃八城纔回見塼茶則喜謂即承平時湖茶非私販筒子茶可比惟地方新復銷數尚未能暢計官茶屯滯各處者尚百餘萬斤非一兩年不能銷盡而票販成本息耗愈久則虧累愈鉅正思減價出售以清夙累若允俄商入內地置貨勢必侵佔官茶引地票販虧累無從取償此患之中於商者也經商之事必先計成本所謂成本者合貨價運脚盤攪三者佔之攤入貨色爲成本再計市價之高低爲利息之

羸縮大抵皆然泰西各國之通商者均由海道入長江抵漢口雖遠逾數萬里而皆一
水可通貨價雖同而運脚較陸程減少不止十倍洋商初入長江見漢口爲百貨匯萃
埠頭爭於其地購地修造洋行又於漢口下游江西之九江購地如式修造洋行既成
傑構臨江自誇得計乃不數年生計蕭條得不償失幷兩處洋行覓主求售亦不可得
水路經商尙如此之艱也茲俄商不顧崎嶇萬里與海國競此貿易之利前車既覆後
轍方遒加以陸運脚價行棧盤攬合計成本較各國商人奚翅十倍過之縱使善於營
運折閱固在意中雖彼自失算於我無尤然折閱必不甘心又將顧而之他爲求羸之
計於是而電線鐵路諸事議論紛紜殆有應接不暇者斯時偶與通融異日即添無數
煩惱再圖補救悔之已遲此患之中於國計者也臣愚再四籌維俄商若由嘉峪關歷
甘肅陝西河南河北而抵漢口銷貨置貨彼此實無利益徒多擾累非賴使臣欽遵諭
旨堅持定見剴切言之俾決計阻止不可至洋藥流毒日久必思所以禁之論其辦法
次第必自內地禁種罌粟始內地不產菸則其價必昂價昂則吸之者自少然後禁令
可張始有更新之望甘省遵旨禁種罌粟著有成效上年曾經奏明見復據司道詳稱
先後據府廳州縣稟報印委各員躬親巡歷不憚勞苦民間奉令惟謹實已根株淨絕
惟懇出示曉諭禁止外來土菸如有川滇客民販土入境者當衆焚燒薄與責懲令其
改圖貿易奸販亦漸知聳懼臣擬俟覆核確實再行具奏茲閱崇厚商改程章第十五
欵於洋藥定議稍寬其禁准在口銷賣殊與甘肅見行章程不合若照所議不特無以
慰此邦官紳士民望治之心亦無以杜川滇商販之口崇厚未悉見時甘肅辦法故有

此議可否仰懇皇上天恩諭將洋藥一項芟除定議伏候聖裁猶憶光緒元年俄使索
思諾福斯齊等在蘭州與臣談及將來通商事宜即言斷不令俄商販鴉片入中國似
洋藥流毒爲中國所不容亦俄人所共知也諭旨垂詢崇厚電信所稱喀什噶爾寄居
俄國屬民驅逐出境及和闐有亂住俄回民欲入喀什噶爾滋事各節是否確有其事
臣已恭錄移知金順劉錦棠矣惟新疆南路文報絡繹從無隻字道及未知崇厚果何
所聞或俄人意欲釋其前此縱賊犯邊之嫌則未可知近接道員羅長祐函稱英國駐
土耳其領事有來喀什噶爾會晤之意措詞甚恭又稱今正大捷漏逸賊酋愛克木汗
條勒阿布都勒哈瑪因俄人不肯收納寄居烏魯克恰提近甫渡河而南招致回部游
手意在窺邊羅長祐已調馬步兩旂赴烏帕爾築壘以待餘均照常安謐合併附陳仰
祈皇太后皇上聖鑒訓示謹奏軍機大臣字寄光緒五年八月二十四日奉上諭昨因
總理各國事務衙門奏崇厚與俄國商辦交收伊犁事宜輕率定議畫押當經諭令左
宗棠籌畫密奏本日據左宗棠奏覆陳邊務一摺所陳界務商務大略及防民病國各
條慮遠思深洵屬老成之見特崇厚見已定議畫押事機已誤惟有亟籌補救設法挽
回著左宗棠懔遵昨日諭旨將商務界務如何辦理始臻周妥之處或約章必不可允
邊防一節如何布置始無患生肘腋之處詳細籌度妥議具奏前據編修高萬鵬奏秦
隴等處聞有土菸入境嚴拏焚燒之事請暫罷此令以弭釁端曾諭該督酌辦此次左
宗棠摺內所稱甘境禁種罌粟根株淨盡見擬出示禁止外來土菸如有川滇客民販
土入境者當衆焚燒薄與責懲等語是高萬鵬所奏事非無因仍著左宗棠體察情形

妥籌辦理將此由五百里諭令知之欽此

九月逆酋愛克木汗條勒阿布都勒哈瑪窺邊左宗棠遣兵擊敗之

愛克木汗等自喀什噶爾戰敗率殘鹵走俄境俄人不內驅逐之復踞我外卡之外逐竄烏魯克恰提渡河而南宗棠遣兵擊退嚴布防範

俄人謂喀什噶爾驅逐俄民詔左宗棠奏復之宗棠奏云臣欽奉諭旨崇厚電信所稱喀什噶爾寄居俄國屬民驅逐出境及和闐有亂往俄回民欲入喀什噶爾滋事各節是否確有其事著左宗棠金順查明具奏欽此臣比恭錄咨行劉錦棠查明具覆以憑覆奏茲准劉錦棠覆稱查逆酋阿古柏本安集延人所用各頭目皆其種類即未充頭目者亦無不倚勢作威相助爲虐西四城克復時除著名首要各逆已經擒斬外餘隨逆豎伯克胡里竄俄其安集延丁口寄居喀什噶爾者約尚數千劉錦棠仰體皇仁未即驟加誅戮咨商處置之法臣比答以此輩若此纏回押處異時終啟邊釁應詢明願歸安集

延者仍放歸故土餘均擇地安插劉錦棠飭各城善後局傳諭照辦其中有願歸故土而已在各城置產者准其估價出售本地人民爲業不准稍有抑勒自上年春間至本年夏季疊經各局陸續放歸甚多其偶有遷延則皆因產業求售無主者也然而未嘗勒限驅遣稍事迫促竊查安集延本係浩罕四部之一俄國雖併其三部而安集延人隨阿古柏竊踞回疆未爲俄所兼併固天下所共知茲俄人既認寄居喀什噶爾之安集延爲所屬之人則安集延之舉動應由其指使何以安集延隨同阿古柏入寇回疆俄國并不加約束乃謂我之寬宥安集延人放其自歸故土并准其出售產業復聽其自歸不加迫促乃爲驅逐姑弗論竊踞回疆之安集延本非俄屬俄之代抱不平不值一哂我之待安集延人又實法外施仁無可復議也此不可解者也和闐民富而性馴就撫以來地方安堵訟獄亦稀閏三月內有鐵匠吱不拉爲人打造腰刀二十把託商民帶赴退擺特地方發賣居民以形迹可疑告局局員葉自遠以私造軍器事關重大稟知劉錦棠劉錦棠以此案牽引七人慮有寃蔽飭解赴行營訊結尚未據解到縱令私造腰刀實有異志亦焉能爲何煩俄人代爲過慮此不可解者也如謂誤聞浮言即以先告足表其關念之誠則此次窺邊逆酋由俄邊驅逐而來俄官豈得諉爲不知何獨無一言見告乎再四思維或布策輩因崇厚以誠相許易受其欺乘此界務商務議論紛紜有求必應時更加迫促俾墮其計中耳既蒙垂詢及之謹據劉錦棠所陳覆奏

伏祈聖
鑒施行

十月俄人唆回逆寇邊劉錦棠擊敗之

回逆敗匿俄境俄欲唆逆侵我疆土已獲其利逆酋阿布都勒哈瑪愛木汗條勒等在俄境糾黨內犯俄官姜達耶謂曰諸君此行當取喀什噶爾城獻我帝都不然何面目復遁俄境耶逆酋諾而去尋爲劉錦棠破敗復匿俄邊俄人聞之氣沮宗棠奏曰劉錦棠九月初二日來咨稱七月二十五日據色勒庫爾阿奇木伯克阿布都勒哈山等稟報前來探得賊役竄至蘇巴什地方距色勒庫爾祇有一站因飭伯克素唐等在城防守一面帶同伊什罕伯克米爾子哎克木等并居民二百出城扼紮蘇巴什南面該賊探知要隘已扼即繞由間道踰嶺而來十九日大股已抵城下約三千餘人將城圍住祈發大兵援剿劉錦棠以色勒庫爾城小而堅尚易固守伯阿奇木伊什罕等均隔在城外恐城內各回目與居民不無驚惶該處設有疏虞勦辦較爲費手又以師行糧隨路險不能容車且聞沿邊布魯特各族被脅者多其尊崇條勒之教聞風響應者尤復不少自英吉沙爾出卡皆布魯特

支帳之所爲進道所必經難保中途無梗因飭各營裹帶二十日行糧幷飭喀什噶爾
英吉沙爾各局星夜雇驢裝運糧料一幷隨行劉錦棠二十六日督隊由喀城啓行二
十七日抵英吉沙爾適前調之管帶壽字馬隊提督陳建厚率隊前來即飭暫駐英城
次日復飭提督張俊提督石蘊玉率定遠中右步隊兩營幷提督胡登花率定遠左營
五成隊伍帶同進剿仍留該營五成隊伍會同壽字一旂馬隊駐守英吉沙爾城垣八
月初一日過哎齊牙克達坂抵哈引恰提地方接據色勒庫爾守城伯克素唐夏等稟
報連日賊衆環攻率居民同心堅守二十六日早賊酋派人到城下誘降伯克等以阿
布都勒哈瑪在賊酋中素稱兇狡非設計擒斬不可乃僞許其降曰阿布都勒哈瑪前
來定議阿布都勒哈瑪信之旋即親詣城下該伯克等豫選二十餘人各帶軍器出城
與阿布都勒哈瑪相見數語後玉子巴什蘇乃滿等即將該酋馬韁扭住阿布都勒哈
瑪知己中計拔刀坎落蘇乃滿數指撥馬狂奔幸二十餘人中有名豁罕者開槍擊洞
該酋背心即時落馬而同去各人同時開槍排擊斃賊七名餘賊飛奔伯克等割取阿
布都勒哈瑪及七賊首級入城賊黨忿甚攻城愈急盼官軍往救等情劉錦棠得報即
改道由山路急進因巖壑崎嶇勢難迅速初三日鑽行百餘里至勒克地方探報色勒
庫爾之賊聞官軍將至已於二十九日向北竄去初四日又改道北趨踰拉塔什達坂
至秦爾里安詗賊於初二日已竄至布倫可地方倫可者西南距色勒庫爾約四站距
秦爾里安約兩日程劉錦棠以賊既相距四站若不覓路繞追必難及賊比令董字中
右兩營定遠中左右三營各步隊及靖營馬隊西征馬隊一旂暫歸提督董福祥節制

於初五日四鼓兼程先進自率總理營務處知府袁垚齡督飭親兵各哨并總兵侯名貴砲隊一旂提督許慎典白旂馬隊一營提督楊金龍之恪中馬隊一旂軍功何振元之防勇步隊一旂及纏回各馬隊護衛輜重亦於是日辰刻繼進初十日行抵察哈爾艮疊接董福祥稟報初五日抵紮克牙哈奇初六日午刻至察哈爾艮獲賊探一名訊據供稱賊蹤相距六七十里董福祥擬乘夜襲之飭各營小憩申刻銜枚疾馳夜分至彼賊已聞信竄去初七日早追至空台根滿斯忽見前面有賊三十餘騎向木吉一路狂奔并見所宰牛馬鮮血滿地知賊去不遠念官軍兩日一夜馳三百數十里人馬勞乏已甚然不猛進賊更遠颺遂挑步隊之健者乘騾隊隨同馬隊追逐派提督張俊率之先進董福祥率疲乏步隊護輜重繼進酉刻據張俊馳報是日午後追至木吉探賊大股麕聚距木吉六七十里地方解鞍秣馬張俊整隊徐進自率數十騎登高瞭望忽見前面峻嶺夾峙大河貫入谷口賊見東南塵起知我軍追至遂列隊河南分數十團每團數十百騎依山對河按次排列張俊令總兵夏辛酉提督張宗本率西征一營一旂馬隊擊其左總兵田九福之董左營爲接應提督方友升率靖營馬隊擊其右提督胡登花石藴玉之定遠左右兩營爲接應自率董字中營定遠中營隊伍由中路擊之鏖戰半時勝負未分忽有一綠衣賊酋手執紅旂在前指揮掠陣勢甚兇悍被我馬軍槍轟落馬賊隊大敗官軍掩殺約二里許賊復回拒張俊嚴飭各營整隊奮擊斃賊多名該逆仍死拒不退夏辛酉張宗本方友升等各分哨由左右兩路繞出其前自率馬隊直貫賊陣張俊又率所部由中路奮威衝殺人自爲戰無不以一當十賊力窘蹙至

極時忽見官軍左右抄截去路將斷遂大潰狂奔官軍乘勝追至卡拉阿提地方時已天晚遂收隊就地爲營是夜四鼓張俊仍率隊猛追初八日午刻又復及賊沿途賊尸枕藉初九日直追至黑子拉提達坂下該逆僅賸百餘騎翻山亂竄張俊等以過山即係俄屬阿來地界乃止不追方賊在木吉西面爲官軍擊敗時張俊等正追賊向前董福祥率隊進至該處遙望谷口有馬馳出瞥見平川內有賊約二三百名牛羊二三千頭知爲賊衆所擄在後留牧者董福祥麾隊猛擊賊衆翻山紛竄官軍急追悉數斬之計是役共殺賊二千數百名奪獲軍械旂幟千數百件馬匹牛羊數千頭生擒悍賊六十三名內有胖色提買賣提巴巴一名玉子巴什十五名陣斬著名胖色提曰買賣賽亦提曰阿子曰亦薩克曰白奇巴圖魯曰阿里必曰開拜克拉八和洛曰毛拉和買提曰邁提哈力克曰可坎乎完提曰托乎大曰克力恰克等十一名其賣買賽亦提即前安夷帕夏阿古柏派充喀喇沙爾大通哈者也其生擒之買賣提巴巴者即阿古柏派充烏什大通哈者也至陣斬玉子巴什據稱有六十餘名難以悉數此八月初五至初九等日馬步各營追剿疊獲大勝之實在情形也劉錦棠以餘賊業經過山追亦無及遂飭各馬隊由阿依阿提達坂回防自率各步隊由碧勒可斯達坂回防以色勒庫爾伯克等固守城池幷能誘殺巨酋厥功甚偉而城外莊稼牲畜被賊刼掠殊可矜憫因飭提督楊金龍攜帶銀兩緞匹率恪中營馬隊馳赴該處酌給犒賞以示激勸安撫事竣即由田角塔回防緣山內道路紛歧即各城纏回亦未嘗經歷故飭馬步各隊分路行走兼察地勢其逆酋阿布都勒哈瑪首級經楊金龍解至喀城當傳飭本地纏回與

該逆素識者驗明傳首示衆除將生擒之買賣提巴巴胖色提等六十三名訊明斬梟
外其從逆之布魯特頭目庫瀰什豁坎等二名已經按名拏獲解營候訊明分別辦理
查阿布都勒哈瑪與愛克木汗條勒兩次糾衆犯邊狡猾兇頑愍不畏死此次率黨竄
至烏魯克恰提卡外聲言奉俄國號令攻取喀英各城煽惑部衆及聞官軍布置嚴密
無隙可乘遂變計往攻色勒庫爾冀取該處爲老巢爲復擾回疆張本劉錦棠聞報督
隊疾馳踰越重疊達坂鑿冰開道冒險以行方擬進至伊犂克雅克地方截其歸路便
可聚殲詎該逆偵知官軍進勦先已北趨當官軍行抵秦爾里安之日賊於前兩日已
過布倫可地方按程計日相距數站雖派隊急追竊恐未能及賊幸董福祥張俊等迅
厲無前士氣競奮四晝夜馳八百餘里人未交睫馬未卸鞍接仗時猶復倍加抖擻愈
接愈厲卒能殄此狂寇大振軍威惟此次師行所至率皆荒夐阻絕自來人迹罕到之
區石壁冰梯直插霄漢鳥道陡絕士馬均須猱附而升俯視幽壑冥冥渺不見底加之
煙霧嵐瘴濃濁殊常中者不省人事致弁丁之染患急症者多而戰馬糧馱之墜崖而
斃及勞傷以死者更難數計蓋自出關以來行軍之艱阻勞瘁未有若斯之甚疊據各
擒賊供稱阿布都勒哈瑪與愛克木汗條勒由俄境糾衆內犯時俄官姜達邸屬以此
行務取喀什城池否則不准再入俄境賊供如一諒非無因然縱賊內犯實遺之擒於
我無損則亦置之勿論可耳嗣接探報愛克木汗條勒竄至俄境阿來所屬可苦蘇地
方隨行僅三十餘人內有受重傷者五人可苦蘇北通安集延西通哈拉替根俄人將
愛克木汗條勒如何安置之處應俟探明續報

左宗棠覆陳伊犂方略

宗棠奏曰竊臣於九月初九日欽奉八月二十三日上諭總理各國事務衙門奏籌辦交收伊犂事宜請敕疆臣覈議一摺據稱連接崇厚電報內稱約章見皆定議崇厚定於八月初八日起身赴黑海畫押後即由南洋回京覆命并將見議條約十八欵摘要知照詳加覆核償費一節尚不過多通商則事多轇轕分界則弊難枚舉亟宜籌畫布置迅圖補救各等語崇厚出使俄國固以索還伊犂為重而界務商務凡關繫國家大局者自應熟思審處計出萬全且疊經總理各國事務衙門電致崇厚若照來函有礙大局節畧內并言所損已多斷不可行該大臣尤應遵照辦理設法與之辯論乃竟任其要求輕率定議殊不可解見在俄約既經議定其第七欵所稱中國接收伊犂後陬爾果斯河西及伊犂山南之帖克斯河歸俄屬第八欵所稱塔城界址擬稍改是照同治三年議定之界又於西境南境劃去地段不少從此伊犂勢成孤立控守彌難況山南劃去之地內有通南八城要路兩條關繫回疆全局尤非淺鮮至第十欵於舊約喀什噶爾庫倫設領事官外增出嘉峪關烏里雅蘇台科布多哈蜜吐魯番烏魯木齊古城七處亦欲酌設領事第十四欵幷有俄商運俄貨走張家口嘉峪關赴天津漢口過通州西安漢中運土貨回國同路之語不特口岸過多幷與華商生計亦有妨礙自應設法挽回以維全局左宗棠於新疆情形瞭如指掌金順錫綸久在西北各路諳習邊情且西路通商應如何布置始能害少利多左宗棠必有權衡至張家口漢口係南北洋分轄地方所有通商諸務亦應彼此通籌著左宗棠金順錫綸將界務商務各條欵悉心酌覈李鴻章沈葆楨素

顧大局除商務各條詳加籌畫外其界務如何辦理始臻周妥之處分別詳細密陳該衙門另片所陳界務尤關緊要就崇厚寄來分界圖說中國如尙可設法布置即當妥爲辦理若必不可允則邊防尤宜及時籌辦各等語此事一出一入關繫綦重左宗棠督辦軍務事權歸一尤當通籌全局權其利害輕重一倂核議密速具奏原摺片均著抄給閱看將此由六百里各密諭知之欽此同日欽奉八月二十四日上諭昨因總理各國事務衙門奏崇厚與俄國商辦交收伊犁事宜輕率定議畫押當經諭令左宗棠籌畫密奏本日據左宗棠奏覆陳邊務一摺所陳界務商務大畧及妨民病國各條慮遠思深洵屬老成之見特崇厚見已定議畫押事機已誤惟有亟籌補救設法挽回著左宗棠懍遵昨日諭旨將商務界務如何辦理始臻周妥之處或約章必不可允邊防一切如何布置始無患生肘腋之處詳細籌度妥議具奏等因欽此跪誦之餘敬悉我
皇上軫念邊陲勤求馭遠方畧聖謨廣運明照無遺曷勝欽服竊維國家建中立極東南濱海西北以崑崙枝幹爲界畫向與俄羅斯不相聯接以蒙部哈薩克布魯特浩罕爲之遮蔽間隔也近自俄人日迫誘脅日衆哈薩克布魯特各部落多附俄人俄又取浩罕三部落拓其邊圉於是俄與中國邊境毗連無復隔閡矣適中原兵事方殷未遑遠畧俄人乘間佔據伊犁藉稱代我收復爲要索計并照其國法按竈科賦以充兵費亦稱饜足矣朝廷重念邦交既予以代我收復之名并允給償欵盧布五百萬圓盧布亦呼嚕布即所稱俄元者也光緒三年西洋新聞紙在俄國議願得俄元二百五十萬交還伊犁海上傳播未必無因此次償欵忽議增五百萬元其狡詐相嘗已可槩見至

界務與商務兩者相因西北與東南事體各別道光中葉以後泰西各國船礮橫行海上闖入長江所爭者通商口岸非利吾土地也亦謂重洋迢遞彼以客軍深入雖得其地終無全理戰則勢孤守則費鉅合從之勢既成獨據則誨爭分地則利薄也中國創平髮捻兵力漸强製礮造船已覩成效彼如思逞亦有戒心而渝約稱兵各國商賈先失貿易之利苟且相安無事其亦知難而息焉若夫俄與中國則陸地相接僅天山北幹爲之間隔哈薩克安集延布魯特大小部落從前與準回雜處者自俄踞伊犁漸趨而附之俄已視爲已有若此後蠶食不已新疆全境將有日蹙百里之勢而秦隴燕晉邊防且將因之益急彼時徐議籌邊正恐勞費不可殫言大局已難覆按也夫陸路相接無界限可分不特異日無以制憑陵即目前亦苦無結束不及時整理坐視邊患日深殊爲非計俄人佔踞伊犁之始謂俟我克復烏魯木齊瑪納斯即當交還比官軍連下各城并克復南疆而俄不踐前言穩踞如故方且庇匿叛逆縱其黨類肆出窺邊上冬今春陝回及布魯特汗安集延條勒入犯時官軍獲生賊訊供搜有俄官路票昨次布魯特安集延諸賊由俄境阿來地方出竄經官軍剿洗殆盡漏網數十人仍遁匿俄境據活賊口供亦由俄官驅遣所致四次縱賊犯邊官軍追賊均未越俄界一步我之守約如此彼之違約如此尙何信義可言當崇厚與俄官議交伊犁時俄人首以恩赦爲請并以曉示難於徧及爲慮崇厚奏聞諭旨敕臣照辦臣謹遵旨并會同金順出赴曉諭伊犁漢陝纏土各回民等宣布皇恩以安反側金順即派提督殷華廷齎示前赴伊犁張貼俄官七河巡撫忽變前議將殷華廷擋回不令貼示藉稱應候圖爾齊斯坦

總督回信比金順二次遣殷華廷復往探詢七河巡撫竟派人阻之伊犁境外不准復入俄此任意把持不獨違慢朝旨并置其君與外部諸臣成議於不顧其悖謬又如此俄之佔踞伊犁也將大城西北三城廬舍墮爲平地迤東清水河塔爾奇綏定三城均毀棄以居漢回蘆草溝城盤子等處均棄而不守而取各城堡木料於大城東南九十里金頂寺營造市廛縱二十里臣上年十月二十二日覆陳摺內已畧言之茲據金順錫綸所言伊犁情形亦同察俄人用心殆欲踞伊犁爲外府爲佔地自廣藉以養兵之計久假不歸布置已有成局我索舊土俄取兵費鉅資於俄無損而有益我得伊犁只賸一片荒郊北境一二百里間皆俄屬部孤注萬里何以圖存況此次崇厚所議第七欵接收伊犁後陬爾果斯河及伊犁山南之帖克斯河歸俄屬無論兩處地中國圖說所無尙待詳考但就方向而言是劃伊犁西南之地歸俄也自此伊犁四面俄部環居官軍接收墮其度內固不能一朝居耳雖得必失庸有倖乎武事不競之秋有割地求和者矣茲一矢未聞加遺乃遽議損棄要地饜其所欲譬猶投犬以骨骨盡而噬仍不止目前之患既然異日之憂何極此可爲嘆息痛恨者矣金順錫綸之擬緩收伊犁而以沿邊喀什噶爾烏什精河塔爾巴哈臺四城宜足兵力濬餉源廣屯田堅城堡先實邊備自非無見惟伊犁見無定議謀新疆者非合南北兩路通籌不可見在伊犁界務未定則收還一節自可從緩計議喀什噶爾烏什規畫已周毋庸再議其塔爾巴哈臺精河急需加意綢繆應由金順錫綸自行陳奏請旨外所有崇厚定議畫押十八欵內償費一節業經奉有諭旨第八欵所稱塔城界址擬稍改照同治三年議定界址尙無

電報應俟崇厚奏到再議第十欵於舊約喀什噶爾庫倫設領事官外復增設嘉峪關烏里雅蘇臺科布多哈蜜吐魯蕃烏魯木齊古城七處第十四欵并有俄商俄運貨走張家口嘉峪關赴天津漢口過通州西安漢中運土貨回國均經總理衙門奏奉諭旨指駁外第二欵中國允即恩赦伊犂居民業經遵旨照辦被俄官截阻賫示委員不准張貼第三欵伊犂民人遷居俄國入籍者准照俄人看待意在脅誘伊犂民人歸俄而以空城貽我與截阻賫示委員同一用心第四欵俄人在伊犂准照舊管業伊犂雖還中外商民雜處無界限可分何以自守至商務允其多設口岸不獨奪華商生計且恐蔓延日廣枝節橫生總理衙門原奏慮深思遠已纖細畢周諭旨允行則實受其害應設法挽回以維全局竊維邦交之道論理而亦論勢本山川爲疆索界畫一定截然而不可踰彼此信義相持垂諸久遠者理也爭城爭地不以玉帛而以興戎彼此强弱之分則在勢而不在理所謂勢者合天時人事言之非僅直爲壯而曲爲老也俄踞伊犂在咸豐十年同治三年定界之後舊附中國與中國民人雜處各部落被其脅誘俄官即視爲所屬藉以肆其憑陵俄之取浩罕三部也安集延未爲所併其酋阿古柏畏俄之偪裹其部衆陷我南疆我復南疆阿古柏死逆子竄入俄境俄乃認安集延爲其所屬欲藉爲侵佔回疆腹地之根見冐稱喀什噶爾住居之俄屬本隨帕夏而來安集延餘衆俄之無端冐爲已屬實與交還伊犂仍留復踞地步同一居心觀其交還伊犂而仍索南境西境屬俄其詭謀豈僅在此數百里土地哉界務之必不可許者此也俄商志在貿易本無異圖俄官則欲藉此爲通西於中之計其蓄謀甚深就商務言之俄之

初意只在嘉峪關一處此次乃議及關內并議及秦蜀楚各處非不知運脚繁重無利可圖蓋欲藉通商便其深入腹地縱横自恣我無從禁制耳嘉峪關設領事容尙可行至喀什噶爾通商一節同治三年雖定約實辦迄未舉行此次界務未定姑從緩議而烏里雅蘇臺科布多哈蜜吐魯番烏魯木齊古城等處廣設領事欲因商務蔓及地方斷不可許此商務之宜設法挽回者也此外俄人容納叛逆白彥虎一節崇厚曾否與之理論無從懸揣應俟其復命時請旨確詢以憑核議臣維俄人自佔據伊犂以來始以官軍勢弱欲踞榮全入伊犂陷之以爲質旣見官軍勢强難容久踞乃藉詞各案未結以緩之此次崇厚全權出使嗾布策先以巽詞餂之枝詞惑之復多方迫促以要之其意蓋以俄於中國未嘗肇起衅端可間執中國主戰者之口妄忖中國近或厭兵未便即與決裂以開邊釁而崇厚全權出使便宜行事又可牽制疆臣免生異議是臣今日所披瀝上陳者或尙不在俄人意料之中當此時事紛紜主憂臣辱之時茍心知其危而復依違其間欺幽獨以負朝廷耽便安而誤大局臣具有天良豈宜出此就事勢次第而言先之以議論委婉而用機次決之以戰陣堅忍而求勝臣雖衰庸無似敢不勉旃除烏里雅蘇臺科布多邊務應請旨敕該將軍大臣預籌布置以臻妥愼外所有新疆南北兩路軍務臣旣身在事中自當與各將領敬愼圖維以期有濟見調南疆立功後告假回籍飭赴喀什噶爾軍營換防之頭品頂戴題奏提督陝西漢中鎭總兵騎都尉世職伯奇巴圖魯譚上連挑帶舊部一營并統楊昌濬所練關內三營赴肅俟明春凍解先赴喀什噶爾仍歸劉錦棠總統外并催頭品頂帶記名提督甘肅寗夏鎭總

兵一等輕車都尉世職嘎什曾祥巴圖魯譚拔萃頭品頂帶記名提督甘肅巴里坤鎮總兵騎都尉世職加一雲騎尉翟隆武巴圖魯席大城頭品頂帶記名提督騎都尉世職額爾克巴圖魯戴宏勝由籍挑選舊部到甘分統楊昌濬所練之關內各營馳赴喀什噶爾均歸劉錦棠總統以厚兵力而資分布臣率駐肅親軍增調馬步各隊俟明春凍解出屯哈密就南北兩路適中之地駐紮督飭諸軍妥慎辦理所有進止遲速機要應秘密者即據所見函商總理衙門核酌務期內外一心堅不可撼維持大局仰副宸謨見將軍械先運哈密諸凡布置已有端緒其軍餉一切最關緊要臣與楊昌濬往復籌商如果各省關三年以內能符原議每年解足五百萬兩而各省應解金順錫綸金運昌張曜各專餉又歸有著不致分臣餉力則此次應用應增之費尚可於臣軍餉內騰挪挹注毋庸另請增撥合無仰懇天恩敕軍機處戶部嚴催各省應協各欵迅即大批起解以速補遲庶甘肅新疆大局可期無誤時事之幸亦微臣之幸也謹一併據實覆陳伏乞皇太后皇上聖鑒訓示施行謹奏軍機大臣字寄光緒五年十一月初五日奉上諭左宗棠覆陳交收伊犁事宜一摺俄人此次與崇厚所議約章流弊甚大覽左宗棠所奏洞澈利害深中竅要刻下崇厚計將回京俟其覆命後所有原議各條應准應駁朝廷自當權衡辦理該督所稱先之以議論決之以戰陣自是剛柔互用之意所有新疆南北兩路邊防事宜即著該督豫籌布置以備緩急之用所慮者吉林黑龍江一帶均與俄疆毗連不無防範難周之處將來操縱機宜該督必能通籌全局謀定後動也見在伊犁界務未定所有塔爾巴哈臺精河等處應如何加意綢繆之處并著與

金順錫綸妥商籌辦至烏里雅蘇臺科布多兩城餉絀兵單難於自固該督亦當統籌兼顧以維全局所請敕催協餉一節刻下籌辦邊務關繫緊要必須餉需充足方可措手著戶部查明各省應協左宗棠及金順錫綸張曜金運昌各軍餉嚴催大批速解毋稍遲誤原摺留中將此由六百里密諭知之欽此

六年庚辰正月詔羣臣會議俄約崇厚以越權問罪論斬

崇厚不候諭旨擅畫約還國條章失利過巨總署大臣及陝甘總督左宗棠力言其謬醇親王隆勤尚書萬青藜侍郎錢寶廉少詹事寶廷中允張楷翰林院侍讀烏拉布王先謙司業周德潤給事中郭從矩余上華吳鎮胡聘之御史孔憲穀黃元善田塀鄧承修葉蔭昉修撰王仁堪編修于蔭霖檢討周冠庶吉士盛昱員外郎張華奎陳福綏等先後上疏爭之洗馬張之洞諍尤力廷臣言者逾百詔親

郡王軍機大臣總署大臣御前大臣大學士六部九卿翰
詹科道詳細會議前兵部侍郎出使大臣郭嵩燾方家居
亦上書言俄事朝廷謂崇厚雖爲全權而商務界務關係
重大應請旨辦理今擅約還京是越權也下部問罪張之洞奏云新
約十八條他姑勿論其最謬妄者如陸路通商由嘉峪關西安漢中直達漢口秦隴要
害荊楚上游盡爲所據馬頭所在支蔓日盛消息皆通邊圉難防堂奧已失不可許者
一東三省國家根本伯都納吉林精華若許其乘船至此即與東三省全省任其游行
無異陪京密邇肩背單寒是於綏芬河之西無故自蹙地二千里且內河行舟乃各國
歷年所求而不得者一許俄人效尤踵至不可許者二朝廷不爭稅課當恤商民若準
回兩部蒙古各盟一任俄人貿易概免納稅華商日困猶未也以積弱苦貧之蒙古徒
供俄人盤剝以新疆鉅萬之軍餉徒爲俄人委輸且張家口等處內地開設行棧以後
逐漸推廣設啟戎心萬里之內首尾銜接不可許者三中國藩屏全在內外蒙古沙漠
萬里天所以限夷狄俄人即欲犯邊迤北一面總昔周折如蒙古合站供其役使彼更
將重利以啗蒙古一旦有事音信易通必撤藩屏爲彼先導不可許者四條約所載俄

人准建卡三十六延袤廣大無事而商往則譏不勝譏有事而兵來則禦不勝禦不可許者五各國商賈從無許帶軍器之例今無故聲明人帶一槍其意何居若有千百為羣鬭然徑入是兵是商誰能辨之不可許者六俄人商稅種種取巧如各國希冀均霑洋關稅課必然歲絀數百萬不可許者七同治三年新疆已經議定之界又欲內侵斷我入城之路新疆形勢北路荒涼南城富庶爭磽瘠棄膏腴務虛名受實禍不可許者八伊犂達爾布巴哈臺科布多烏里雅蘇臺喀什噶爾烏魯木齊古城哈蜜嘉峪關等處准設領事官是西域全疆盡歸控制有洋官斯有洋商有洋商斯有洋兵初則奪我權勢繼則反客為主馴至彼有官而我無官彼有兵而我無兵且各國通例唯沿邊海准設外邦領事若烏里雅蘇臺科布多烏魯木齊古城哈蜜嘉峪關乃我境內今日俄人作俑設各國援例將十八省腹地均布洋官不可許者九名還伊犂而三省山嶺內卡倫以外盤略如故據高臨下險要失矣割霍爾果斯河以西格爾海島以北屯墾無區游牧無所地利盡矣金頂寺又為俄人市廛現與約定俄人產業不更交還是伊犂一線東來之道必穿俄巢出路絕矣寥寥遺黎彼必盡遷以往人民空矣擲二百八十萬有用之財索一無險阻無地利無出路無人民之伊犂將焉用之不可許者十俄人索之可謂至貪至橫崇厚許之可謂至謬至愚皇太后皇上赫然震怒遣使臣下廷議可謂至明至斷上有樞臣總署王大臣以至百司庶官人人皆知其不可所以不敢公言改議者誠懼一經變約或召釁端然臣以為不足懼也必改此議不能無事不改此議不可為國請言改議之道其要有四一曰計決二曰氣盛三曰理長四曰謀定何謂

計決無理之約使臣許之朝廷未嘗許之崇厚誤國媚敵擅許擅歸國人皆曰可殺者也伏望拏交刑部明正典刑治使臣之罪則可杜俄人之口按之萬國公法既有不准違訓越權之例復有臣執全權可否仍在朝廷之條正與崇厚不遵密函不請諭旨之罪相合者英之案成憲昭然故立誅崇厚則計決何謂氣盛俄人欺我使臣軟懦逼脅畫押施一償百意猶未饜不料俄羅斯覥然大國乃至出此不特中國憤怒即環海萬國亦必不直其所爲至俄使不待定約聲明歸國外洋亦無此例況凱湯德係署理公使豈能徑歸其爲恫喝無疑而情形顯然儘可聽其去留不必過問莫如明降諭旨將俄人不公平臣民公議不願之故布告中外行文各國平其曲直兼屬各國將我國家情理兼盡之處刊新聞紙明諭邊臣整備以待據衆怒難犯之情執萬不可從之志俄國雖大自與土耳其苦戰以來師老財竭臣離民怨近聞其國君有防人行刺之舉若更踰盟犯順國遠勞民必且有蕭牆之禍行將自斃焉能及人故明告示中外則氣盛何謂理長種種要挾皆由伊犁而起若盡如新約所得者伊犁二字之虛名所失者新疆二萬里之實際而每年尙須耗五百萬餉需以供邊師防軍建城開屯之用是有新疆當不如無新疆也索伊犁而盡拂其請則曲在我寘伊犁而仍肆責言則曲在彼況使臣畫押未奉御批示覆一如載書未歃豈足爲憑俄人理屈詞窮焉能生釁故緩伊犁則理長何謂謀定俄人而講信義兵端可以不開若俄人必欲背公法棄和好設防之處大約三路一新疆一吉林一天津左宗棠席屢勝之威兵力素强金順劉錦棠錫綸張曜亦皆戰將以靜待動俄人必敗過其歸路則彼將隻輪不返若出吉林邊地遼

東山谷叢集其地去俄二萬餘里懸軍深入饋餉維艱不能用衆特簡兼資文武之將帥畀以重權資以鉅餉分南北洋海防之處爲經略東三省之資命左宗棠金順選籍隸東三省知兵之將官數人速來聽用招集索綸嚇津打津之衆教練成軍其人素性雄勇習與俄鬭定能制勝即小有挫衄堅守數月必委而去天津一路迫近神京然俄國兵船扼於英法公例尚不能出地中海即强以商船載兵而來亦非若西洋有鐵甲等船者比李鴻章高勳重寄歲糜數百萬金錢以製機器而養淮軍正爲今日若并不能一戰安用重臣伏請嚴飭李鴻章諭以計無中變責無旁貸及早選將練兵仿照法國新式增建炮台戰而勝酬以公侯之賞不勝則加以不測之罪設使以贖伊犁之二百八十萬金雇募西洋勁卒亦必能爲我用俄人蠶食回疆吞併浩罕意在拊印度之背不特我之患亦英之憂也李鴻章若以開悟英使輔車唇齒當與同仇近來之立功宿將如彭玉麟楊岳斌鮑超劉銘傳善慶岑毓英郭松林喜昌彭楚漢郭寶昌曹克忠李雲麟陳國瑞等或回籍或在任酌量宣召來京悉令其詳議籌策分駐京通津站及東三省以備不虞山有猛虎建威銷萌故修武備則謀定臣非敢迂論高談以大局爲孤注惟深觀事變日益艱難西洋撓我政權東洋思啟封疆今俄人又故挑釁端若更忍之讓之從此各國相逼而來至於忍無可忍讓無可讓又將奈何無論我之禦俄本有勝理即或疆埸之利鈍無常臣料俄人雖戰不能越嘉峪關雖有勝不能薄寧古塔終不至掣動全局曠日持久頓兵乏食其勢自窮何畏之有然則及今一決乃中國弱强之機尤人才消長之會此時猛將謀臣足可一戰若再閱數年左宗棠雖在而衰李

鴻章未老而將老精銳盡澌欲戰不能而俄人行將城於東屯於西行棧於北縱橫窟穴於口內外通衢逼脅朝鮮不以今日捍之於藩籬而他日鬪之於庭戶悔何及乎要之武備者改議宜備不改議亦宜備伊犁者改議宜緩不改議亦宜緩崇厚者改議宜誅不改議亦宜誅此中外羣臣之公議非臣一人私見獨謀在疆臣作氣在百僚據理立辦在總理衙門而決計獨斷始終堅持則在我皇太后皇上郭嵩燾奏云臣恭讀光緒五年十二月初四日上諭此次會議事件中外臣工及在籍大臣如有所見均可據實直陳等因欽此仰見皇上慎重邊防周諮博訪之至意因查前左都御史臣崇厚在俄國立定條約十八欵不察山川阨要之形勝不明中外交接之事宜種種貽誤無可追悔然西洋各國遣派使臣相與議定條約原應由中國覈准施行是此案准駮之權仍制自朝廷所有派遣駐紮各國使臣但係兩國交涉事件應責成料理總理衙門但一諭飭駐俄公使轉達俄國外部伊犁條約暫緩覈准權聽俄兵駐紮伊犁以俟續議俄人雖甚猖獗亦不能違越萬國公法以求狂逞祇權應之一法可以稍戢俄人之志即在我亦稍有以自處臣請統前後事情爲我皇上分別陳之一曰收還伊犁應由甘督核議乾隆年間戡定準回各部設立各城駐紮兵弁外設屯卡與各屬部畫分疆界百餘年來哈薩克布魯特諸部日見衰微其地多爲俄人侵占又西域罕浩諸部與西城壤地緊相毗連而自回疆叛亂二十餘年屯卡毀棄殆盡即今俄人繳還伊犁一城清理疆界極費推求陝甘督臣左宗棠平日講求地理之學經營西域已逾十年形勢險要爲能詳知幷非數萬里外遣一使臣憑空定議之事臣所謂收還伊犁應由甘督

核議者也二曰遣使議還伊犂當徑赴伊犂會辦俄人占踞伊犂時但以保護疆界民商爲言原約中國平定西域仍行退還是收還俄犂并無他慮俄人索取兵費太多此須至伊犂相度情形乃可置議左宗棠以戰功平定西域不肯居贖回伊犂之名揀派大員會議著緊亦專在此無舍伊犂而徑赴俄會議之理即令議辦已有端緒應遣使赴俄定亦必須由肅州取道伊犂兼與左宗棠商定一切臣在敎倫日本遣使恩倭摩的赴俄議換庫頁一島即所謂蝦夷島也在該島爭持多年乃遣使赴俄計議其使臣即由庫頁島徑達黑龍江取道伊犂繞烏拉嶺赴俄爲其水陸交通險隘形勝及其兵力所注非身親考覽無由知也俄酋高福滿駐紮伊犂兼統浩罕諸部其與崇厚議還伊犂二萬里調高福滿回國會辦此在中國關係絕大而在俄人則進退皆利無關得失之數而其任勞竅實如此臣所謂遣使議還伊犂當徑赴伊犂會辦者此也三曰直截議駁伊犂條約當暫聽從駐紮其勢萬不能急速收還臣查天山南北兩路所以號稱肥饒者正以河道縱橫灌輸之故俄人所踞西伯利部一萬餘里并屬荒寒之地近來侵奪塔什浩罕諸部蓄意經營前歲見俄國新報言其提督斯哲威爾探尋巴米爾耶格拉湖一帶報稱喀拉庫拉湖至阿克蘇有通長不絕河源深入俄國荒漠之地爲歷來人蹟所未到舉國相爲慶幸其睨視西域蓄謀已深伊犂一城尤爲饒沃自伊犂河以南曰哈爾海圖產銅曰沙拉搏和齊產鉛其北山曰空鄂爾峨博產煤曰闢里箐產金曰索果產鐵往時河南設有銅廠鉛廠并近距特克斯河而辦理不甚如法山北煤鐵各廠則尙未開採西洋人羣視爲上腴之地伊犂所設九城專駐兵弁其膏腴并

在河南山北西至霍果斯亦設有一城距伊犁不逾百里所設額爾齊齊罕諸卡皆在五百里以外今畫分霍爾果斯河屬之俄人則伊犁一河亦截去四之三而五百餘里之屯卡皆棄置之矣畫分特克斯河屬之俄人則舊設銅鉛各廠亦與俄人共之而特克斯河橫亘天山以北其南直接庫車拜城聲氣皆至阻隔所設屯卡直達特斯克河源皆棄置之矣塔爾巴哈台距伊犁東北尚在千里以外聞亦有畫歸俄人之地以一城孤懸浮寄盡割置其膏腴之地名爲收還伊犁而實棄之此時置議較之從前其難數倍當據萬國公法由國家徑行議駁無可再行商辦之理以此時蠲棄伊犁與收還伊犁其勢并處於兩窮惟有申明權聽駐紮以杜其狡逞之心而仍以從緩計議稍留爲後圖庶自處於有餘之地而亦有餘地以處俄人臣所謂直截議駁伊犁條約暫聽俄人駐紮者此也四曰駐紮英法兩國公使不宜遣使俄國西洋各國互相聯絡各視其國勢緩急輕重與其恩怨以爲之程數百年來攻伐兼并事變百出而目前大勢則英法兩國爲私交俄德兩國爲私交德與法仇恨方深法與俄尤爲累世積怨其心意所向背即其喜怒好惡亦皆爲之轉移臣嘗謂英法共一公使俄德亦當共一公使况爲公使駐紮非但以虛名通兩國之好而已實有維持國體之責與商辦事件之權遣使會議當在伊犁而其難通之情與其兩不相下之勢由駐俄公使達之俄國朝廷以持其平而分其責此亦萬國公法所當準情據理通論其節要者似此加派使臣改議已定條約恐徒資俄人口實以肆行其挾制之術俄國新報已言伊犁條約由英人播弄翻悔亦可窺見其用心矣臣所謂駐紮英法兩國公使不宜遣使俄國此也五曰定

議崇厚罪名於例本無專條亦當稍準萬國公法行之臣查崇厚貽誤國家原情定罪
無可寬假然推其致誤之由一在不明地勢之險要如霍爾果斯河近距伊犁特克斯
河截分南北兩路均詳在圖志平時略無考覽俄人口講指畫乃眞貿其玩弄一在不
辨事理之輕重其心意所注專在伊犁一城則視其種種要求皆若無甚關係而惟懼
繳還伊犁之稍有變更一在心慴俄人之强而喪其所守臣奉使出洋以崇厚曾使巴
黎就詢西洋各國情形但言船礮之精兵力之厚以爲可畏崇厚名知洋務徒知可畏
而已是知其勢而不知其理於處辦洋務終無所得於其心也一在力持敷衍之計而
忘其貽害臣在巴黎與崇厚相見詢以使俄機宜僅言伊犁重地豈能不收回頗心怪
其視事之易而亦見其但以收回伊犁爲名於國事之利病洋情之變易皆在所不計
故常以謂與西洋交接亦當稍求通悉古今事宜中外情勢而後可以應變是以崇厚
之罪人能知而能言之而當定議條約之時崇厚不能知也攜帶參贊隨員亦皆不能
知也置身數萬里之遙一切情勢略無知曉有聽俄人之恫喝欺誣拱手承諾而已朝
廷以議駁條約加罪使臣是於定約之國示明決絕而益資俄人口實使之反有辭以
行其要挾崇厚殷實有餘宜責令報捐充餉贖罪而無急加刑以激俄人之怒即各國
公論亦且援之以助成俄人之勢臣所謂定議崇厚罪名當稍準萬國公法行之者此
也六曰廷臣主戰祇是一隅之見萬宜斟酌理勢之平求所以自處而無急言用兵臣
查西洋構患以來凡三次用兵廣東因禁煙寗波天津因換約皆由疆臣措置失宜以
致貽患日深積久而益窮於爲計然其時中外之勢本甚懸絕一切底蘊兩不相知徒

激於廷臣之議論憤然求一戰之效至今日而信使交通準情理處自有餘裕俄人之狡焉思逞又萬非比英法各國事以通商爲事釁端一開搆患將至無窮國家用兵三十年財殫民窮情見勢絀較道光咸豐時氣象又當遠遜俄人蠶食諸回部拓土開疆環中國萬餘里水陸均須設防力實有所不及即使俄人侵擾邊界猶當據理折之不足與交兵角勝何況以伊犁一城遣使與之定議準駁應由朝廷縱彼以兵力要挾亦可準度事勢之宜從容辨證何爲貿然耀兵力以啟釁端取決廷臣之議論臣所謂廷臣主見祇是一隅之見者此也竊以爲國家辦洋務以了事爲義不當以生釁搆兵爲名名之所趨積重難返雖稍知其情狀亦爲一時氣燄所懾而不敢有異同臣之愚昧直知爲今日之急務固不在此應懇天恩飭令駐俄使臣轉達俄國外部以伊犁一城爲天山南北兩路關鍵中國必待收回而此次崇厚所定條約萬難駁準所有俄兵駐紮伊犁應暫無庸撤退從前喀什噶爾曾經與俄通商應否照舊舉行之處由陝甘督臣左宗棠與俄國督兵大臣會商覈辦以期妥善毋得輕易率請用兵致失兩國交誼開誠布公正辭明辨責成督臣妥爲經理或冀挽回萬一以後與俄人交涉亦可於此稍得其端倪關係大局實非淺鮮臣以庸愚奉使無狀萬口交譏無地自容積年以來心氣消耗疾病日增里居踰歲足迹未嘗一出門戶自分衰病餘生無復犬馬圖效之望而軫念時艱重以崇厚之昏庸貽誤之端幾至無可補救臣於洋務粗有所見誠知一時公論於此必多觸牾然求之事理徵之史策準之國家之利病驗之各國之從違允宜及早斷行以免多生枝節爲時愈久議論愈繁則益難於處理是以不敢避詬議

而終甘緘默謹略獻其
愚忱上備聖明採擇

二月以世襲一等毅勇侯大理寺少卿曾紀澤出使俄國改議俄約時紀澤爲駐英法公使頗諳國際學廷臣薦之令使俄改約紀澤聞命奏云竊臣於光緒六年三月二十六日承准軍機大臣字寄光緒六年二月初一日奉上諭前因崇厚與俄國所議交收伊犁條約章程等件經王大臣等會議諸多窒礙難行業經降旨將該革員治罪并派曾紀澤爲出使俄國欽差大臣矣俄人佔我伊犁其理甚曲崇厚奉命出使議收伊犁竟不熟權利害任其要求遽與定約殊出意料之外曾紀澤到俄國後察看如何情形先行具奏此次前往另議必須力持定見愼重辦理現已頒發國書由總理各國事務衙門遞寄并令該衙門將條約章程等件詳細酌覈分別可行及必不可行之欵奏准後知照該少卿以便與俄人另行商辦縱或一時未能就緒不妨從容時日妥愼籌商總期不激不隨以全大局將此諭令知之欽此仰見我皇太后皇上愼重邊防曲全鄰好旣寬假以時日復指授以機宜跪讀之餘莫名欽感旋承准總理各國事務衙門將國書封寄前來臣現在敦倫祇候該衙門遵旨將條約章程等件詳細酌覈分別可行及必不可行之欵奏准後知照到臣即當趕緊啓程恭賫國書取道巴黎前赴俄國除屆時另摺恭報起程

日期及抵俄以後情形容臣隨時陳奏并恪遵奏准之條妥愼辦理外所有收回伊犁一切事宜謹先就微臣管見所及敬爲我皇太后皇上一詳陳之竊惟伊犁一案大端有三曰分界曰通商曰償欵籌辦之法亦有三曰戰曰守曰和言戰者謂左宗棠金順劉錦棠諸臣擁重兵於邊境席全勝之勢不難一鼓而取伊犁似也臣竊以爲伊犁地形巖險攻難而守易主逸而客勞俄人之堅甲利兵非西陲之回部亂民所可同日而語大兵履險地以犯强鄰直可謂之孤注一擲不敢謂爲能操必勝之權也不特此也伊犁本中國之地中國以兵力收回舊疆於俄未有所損而兵戎一啟後患方長是伊犁雖倖而克復祇可爲戰事之權輿而不得謂大功之已蕆也俄人恃其詐力與泰西各國爭爲雄長水師之利推[illegible]至於東方是其意不過欲藉伊犁以啟釁端而所以擾我者固在東而不在西在海而不在陸我中原大難初平瘡痍未復海防甫經創設布置尚未悉周將來之成效或有可觀第就目下言之以臣爲折衝禦侮之方實未能遽有把握又況東三省爲我根本重地迤北一帶處處與俄毗連似有鞭長莫及之勢一旦有急尤屬防不勝防或者謂俄多內亂其君臣不暇與我爲難臣則以爲俄之內亂實緣地瘠民貧無業亡命者衆也俄之君臣常喜邊陲有事藉侵我之役以消納思亂之民此該國以亂靖亂之術爲西洋各國之所稔知凡與之接壤者因是而防之益嚴疑之益深顧未聞有幸其災而樂其禍者職是故耳又或者謂連結歐洲各邦足以怵俄人而奪其氣是故欲以戰國之陳言復見諸今日之行事不知今日泰西各國之君非猶是戰國時之君各國之政非猶是戰國時之政也各邦雖不盡民主而政則皆

由議院主持軍旅大事尤必衆心齊一始克有成今日之使臣雖得辯如蘇張智如隨陸亦不能偏詣各國議院之人而說之即令激之以可怒動之以可欲一旦奮興慨然相助試思事定之後又將何以厭其求嚮者俄土之役英人助土以拒俄大會柏靈義聲昭著卒之以義始者實以利終俄兵未出境而賽卜勒士一島已入英人圖籍矣況各邦雖外和內忌各不相能而於中華則獨有協以謀我之勢何也一邦獲利各國均沾彼方逐逐耽耽環而伺之不暇豈肯顯違公法出一旅以相助是戰之一說刻下固未易言也言守者則謂伊犂邊境一隅之地耳多予金錢多予商利以償之是得邊地而潰腹心不如棄之亦足守吾所固有伏維我朝自開國以來所以經營西域者至矣康熙雍正之間運餉屯兵且戰且守邊民不得安處中原不勝勞敝而我聖祖世宗不憚勤天下之力以征討之良以西域未平百姓終不得休息耳迨至乾隆二十二年伊犂底定西陲從此安枕腹地亦得以息肩是伊犂一隅夫固中國之奧區非僅西域之門戶也第就西域而論英法人謂伊犂全境爲中國鎮守新疆一大礮臺細察形勢良非虛語今欲舉伊犂而棄之如新疆何更如大局何而說者又謂姑紓吾力以俟後圖然則左宗棠等軍將召之使還乎抑任其逍遙境上乎召之使還而經界未明邊疆難保無事設有緩急不惟倉卒無以應變即招集亦且維艱任其久留無論轉向浩繁不可以持久也夫使歲費不貲而終歸有用猶之可也若竭天下之力以注重西陲歷時既久相持之勢漸有變遷典兵者非復舊人將帥之籌畫不同兵卒之勤懈不一誠恐虛糜餉糈仍歸無用而海防之規模亦因不能逐漸開展則貽誤實大此固廷臣疆臣

所宜及今統籌全局不可視爲日後之事而忽之者也我皇太后皇上憫念遺黎不忍令其復遭荼毒遣派微臣思有以保全二百年以來之和局則微臣今日之辯論仍不外分界通商償欵三大端三端之中償欵固其小焉者也即就分界通商言之則通商一端亦似較分界爲稍輕查西洋定約之例有二一則常守不渝一可隨時修改常守不渝者分界是也界不能兩全此有所益則彼有所損是以定約之際其愼其難隨時修改者通商是也通商之益損不可逆睹或開辦乃見端倪或久辦乃分利弊或兩有損益或互有損益或偏有所損或兩有所損是以定約之時必商定若干年修改一次所以保其利而去其弊也中國自與西洋立約以來每値修約之年該公使等必多方要挾一似數年修改之說專爲彼族留不盡之途而於中華毫無利益者其實彼所施於我者我固可還而施之於彼誠能深通商務之利弊酌量公法之平頗則條約之不善正賴此修改之文得以挽回於異日夫固非彼族所得專其利也俄約經崇厚議定中國誠爲顯受虧損然必欲一時全數更張則雖施之西洋至小極弱之國猶恐難於就我範圍俄人桀驁狙詐無端尚且生風今於已定之約忽云翻異而不別予一途以爲轉圜之路中國人設身處地似亦難降心以相從也臣之愚以爲分界旣屬永定之局自宜持以定力百折不回至於通商各條爲當即其太甚者酌加更易餘者似宜從權應允而採用李鴻章立法用人之說以補救之如更有不善則俟諸異日之修改得失雖暫未公平彼此宜互相遷就庶和局均可保全不遽決裂然猶須從容辯論與紓委蛇非一朝一夕所能定議也俄約之准駁應經廷臣分別奏明而臣未至彼都已先

進通融之說未免跡涉畏葸以致物議沸騰顧竊臣愚之秉一定之規模但責臣以傳
達兩國之語言臚列應駁之條屢辯而力爭之事之成敗非所敢知是臣之責任較輕
於臣之私計實爲甚便伏念微臣世受國恩濫躋卿貳即使身在事外苟有一知半解
猶宜盡獻芻蕘以備聖明採擇況既膺使職責任攸歸豈敢緘默唯阿鹵莽從事自避
嫌疑之謗上貽宵旰之憂臣所鰓鰓過慮者竊恐廷臣所議除償欵以外所有通商分
界各條逐條均須駁改在議者所持固屬蕩蕩平平之道堂堂正正之辭也然言經而
不言權論理而不論勢俄人之必不見允則不待智者而後知之如此則日後之事不
外三途一曰俄人不允則稱干比戈聲罪致討此戰之說也廟堂自有勝算非使臣之
所敢議也一曰俄人不允則暫棄伊犁存而不論此守之說也是邊界不可稍讓而全
境轉可盡讓也臣亦未敢以爲是也一曰俄人不允然後取現今之所駁者陸續酌允
委曲求全此和之說也然則目前之所駁是姑就吾華之公論聊以嘗試之耳嘗試不
效乃復許之此市井售物擡價之術非聖朝所以敦信義懷遠人之道也俄人本以夸
詐爲能事若此時逐條駁改日後又不得已而允之則將益啟其狡譎之謀且使西洋
各國從而生心誠恐伊犁此次約章所挽回者無幾而從此中外交涉之務議論日以
滋多臣所以言分界之局宜以百折不回之力爭之通商各條則宜從權應允者蓋以
准駁兩端均貴有一定不移之計勿致日後爲事勢所迫復有先駁後准之條此臣愚
昧之見也事體如此重大本非一人之見所能周知請飭下總理衙門王大臣及大學
士六部九卿原議諸臣詳細酌覆臣行抵俄都但言中俄兩國和好多年無論有無伊

犁之案均應遣使通誠此次奉旨前來以爲眞心和好之據至辯論公事傳達語言本係公使職分容俟臨接奉本國文牘再行秉公商議云云如此立言則入境或不至遂見拒絕至於約章如何辯論計原議諸臣此時必業經奏明准駁知照前來惟軍國大政所關實非淺鮮似不厭再三詳審精益求精當俟廷臣細行商定之後由總理衙門咨行到臣始敢與該國平情爭論若臣言力爭分界酌允通商之說稍有可採則在廷諸臣自必考究精詳斟酌盡善乃定准駁之條即臣說全無事處通商各條必須全駁臣俟接准總理衙門文牘自當恪照指駁之條逐一爭辯臣自惟駑下勉效馳驅際此艱難益形竭蹶惟有懍遵不激不隨之聖訓殫竭愚忱冀收得尺得寸之微功稍維大局又片云再臣於光緒六年四月十七日接准總理各國事務衙門密致電報云到俄先告以難准之故如因條約不准不還伊犁大可允緩能將崇議兩作罷論便可暫作了局意在歸宿到此惟勿先露舊約通商分界俟後商辦亦可告知初五日有寄諭先電聞等因臣答電謂緩索伊犁是最後一著須說明是暫緩非徑讓此亦西例也等因去訖竊思俄人趁我之索還伊犁恣意要挾索之愈急則挾之愈多暫置不論自係權衡利害之輕重而明絕其覬覦之心查西洋各國每有因辯論之事兩國爭持未能平允而又不欲輕於用兵於是知照該國且布告各與國謂某事本國未經應允特以不欲用兵姑從緩議英人名此法曰嗜嚕太司特無論强横無禮之國見有嗜嚕太司特文牘即應將所議之事作爲暫緩之局暫緩者少則數月多則數年數十年並無期限遇有機會仍可將前事提出商論此固西洋辦理交涉事件之通例而中國於伊犁琉

球等案皆可仿而行之者也臣摺中以伊犁邊界不可稍讓全境轉可盡讓爲疑如用
嗜嚕太司特辦法自可免棄地之嫌惟是伊犁一域實我要區暫置不論終係未了之
案況舊約亦有通商分界諸事處懸未定是暫置伊犁而爭論仍不能遽息者在我本
有萬難遽息之勢也臣愚以爲緩索伊犁姑廢崇厚所訂之約總理衙門所謂意在歸
宿到此者自係專指目前局勢而言至於將來之歸宿似仍宜辦到通商稍予推廣伊
犁全境歸還乃可眞爲了結臣未赴俄都並非受俄人之挾制而妄進通融之說徒以
揆度敵情熟權事勢稍有所見不敢不言請旨飭下原議諸臣妥議具奏臣到俄之後
即當恪遵奏定准駁之條硜硜固執不敢輕有所陳不敢擅有所許齧雪咽旃期於不
屈而已所有微臣與總理各國事務衙門由電報密商情形謹附片密陳是否有當伏
乞皇太后皇上聖鑒訓示施行謹奏軍機大臣奉上諭曾紀澤奏籌辦伊犁事宜各摺
片前論該少卿以伊犁一事如無成議祇可兩作罷論原是暨時歸宿茲據奏稱分界
宜以力爭通商似可酌允等語伊犁係中國土地從前俄人祇稱代收代守是尚不敢
公然居侵佔之名中國向其索還舊疆本是名正言順至通商一事自當權其利害輕
重予以限制其必不可行者亦未可遷就從事致貽後患前經王大臣等將約章等件
酌覈可行不可行奏准咨行照辦此時計已接到該少卿當就原議各節妥愼辦理如
有應行量爲變通之處仍當隨時體察情形奏明請旨該少卿請將所陳管見飭廷臣
議奏之處著毋庸議
將此密諭知之欽此

敕崇厚

廷議處崇厚斬罪俄人以辱國失好爲言曾紀澤郭嵩燾亦謂不合公法上疏諫赦之

左宗棠上書言戒備宗棠奏曰竊臣於二月初四日承准軍機大臣密寄正月二十一日奉上諭本日據王大臣等會議籌備邊防事宜一摺此次俄國與崇厚所議條約章程多所要求斷難允准已改派曾紀澤前往再議惟該國不遂所欲恐其伺隙啟衅必須有備無患新疆防務緊要左宗棠熟悉邊情老於軍事即著將南北兩路邊防通盤籌畫務臻周密本日有旨令劉錦棠幫辦新疆軍務劉錦棠金順兩軍均在前敵尤爲喫重并著隨時偵探防範會商左宗棠妥爲布置錫綸見駐哈城兵力太單且與俄人偪處宜策萬全如能就地選募邊人招徠蕃屬亦可壯我聲威著與左宗棠商酌辦理棍噶扎拉參久在邊疆聞爲俄人所憚該呼圖克圖前經給假三年見當用人之際著錫綸傳旨令其銷假赴營統帶所部以爲掎角左宗棠前有移營哈密之奏究竟移紮該處能否聯絡聲勢有裨前敵是否於後路不致懸隔可以兼顧該督當斟酌情形妥籌進止至練新軍以防師老足糧食以計久長聯兵勢以完後路均係目前要著并著悉心經畫以固疆圉見在時勢艱難全賴該督臣等爲國宣

勤同仇敵愾所有一切機宜於奉旨一月內迅速具奏以慰廑系將此由五百里各密諭知之欽此竊維俄國與崇厚所議恣其要求崇厚擅行應允誠非意料所及朝廷改命使臣前往再議詞嚴義正自可折其奸謀曾紀澤上稟宸謨成議而返庶幾息事安邊事有結束彼此畫疆而守善後諸策也以固圉爲先儻其始終狡執論辯竭而衅端開非合南北兩路全力愼以圖之不可按伊犁轄境千數百里北倚大山本葱嶺北出之幹首起西荒尾掃東海山陽水入中國山陰水入俄部歸西海乃中俄天然界畫也其由葱嶺中出者爲天山山北諸流東行迤北爲伊犁河天山北路至此而止與葱嶺北出大榦不相聯附故伊犁榦山爲北邊盡處究不得指爲天山北路也至喀什噶爾北境舊與浩罕所部安集延南境相接自俄羅斯佔據浩罕舊部搭什干城併其三部浩罕遂亡安集延北境亦爲俄有逆酋阿古柏由南境糾其餘衆竄踞回疆八城及吐嚕番乃與俄約將南境之地併入回疆自爲一部此次大兵既定天山北路引兵而南連克吐魯番及南八城阿古柏種滅安集延亡其南境又歸於我即喀什噶爾西北卡外之地也雖闢地無多而以山川條列言之葱嶺北出大榦水北流者爲俄屬南流者爲新疆天山介居其間南北兩路諸城錯落布置皆吾舊土也至喀什噶爾卡外安集延所遺南境之地本非俄境乂在伊犁界外官軍乘勝窮追得之叛豎之手與俄無涉俄自無所藉口以與我爭夫中國與俄近雖壤地相接然此疆爾界本有天然形勢可憑但使堅持定議於伊犁界務緊以同治三年所定爲斷其未定之喀什噶爾卡外即照阿逆與俄所擬前約定局如此山川條列朗若列眉以守則固安集延布魯特餘衆

亦可斷其句結相庇以安誠數世之利也㞐不得已而用兵自應熟察彼已情形與前
敵諸軍詳爲商搉竊維俄踞伊犁毀大城不居以大城迤東淸水河塔爾奇綏定三城
故墟居漢回而於大城東九十里金頂寺營造街市幾十里俄官俄兵及各處商賈客
土各回錯處其中煙戶萃聚上年雖議交還而催收銀糧如故種人怨忿莫敢誰何見
擬規復伊犁東路宜嚴兵精河一帶扼其紛竄伊犁將軍金順㞐之中路由阿克蘇冰
嶺之東沿特克斯河徑趨伊犁計程一千二百五十里本商貨往來之道廣東陸路提
督張曜㞐之西路取道烏什由冰嶺之西經布魯特游牧地約七站抵伊犁計程一千
二百五十里此路久經封禁道光初那彥成德英阿奉敕覆陳指爲換防官兵往來捷
徑者也通政使司通政使劉錦棠㞐之三路兵力本不爲單然踞伊犁之俄兵來去靡
常未知確數而俄官安置淸水河塔爾奇綏定三處漢回詷知約尙三四千之多俄人
已將其眷屬送歸俄境脅爲其用土回聞伊犁有交還之說兇惡者懼爲官軍所不容
攜帶逆眷投入俄境其留伊犁人數無從稽考此外旗營除傷亡外存者寥寥而錫伯
一旗雖尙有八九千之多然心懷兩端非但難期得力幷須防其內訌是三路之軍戰
守相資非厚集其勢不可也按劉錦棠駐西四城總統馬步二十五營旗計弁丁八千
五百七十名馬隊一千五名騎內步營應防換者頗多臣前飭題奏提督陝西漢中鎭
總兵譚上達選募舊部將弁勇丁七百餘名並統楊昌濬挑練三營餘丁百數十名赴
劉錦棠營補換防缺額已於二月初三日出關約五月初旬可到喀什噶爾至檄調之
記名提督寗夏鎭總兵譚拔萃等五營尙無到蘭確信已催其迅速成行俟到齊後劉

錦棠始可分軍出烏什以圖進取也張曜駐阿克蘇之軍步隊四千五百有奇馬隊五百餘騎以之徑取伊犁兵力未免單薄張曜擬增募皖北步隊千名挑選舊土爾扈特馬隊數百騎同進臣飭撥步隊四營馬隊一營歸其節制調遣幷擬令提督易開俊率所部步隊塡防後路金順函商增募湖北四川步隊河南馬勇臣以新軍旣需整飭又路遠未能剋期必到不若先就近分撥皖軍卓勝營馬步可期得力擬飭提督金運昌分所部馬隊五百步隊一千五百助之其如何布置仍聽金順調度塔爾巴哈臺地介窮邊與俄偪處錫綸兵力旣單誠如諭旨非選募邊人招徠舊屬不可頃接其正月十二日來函商調烏魯木齊等處土勇按烏魯木齊土勇卽徐學功孔才舊有振武定西營勇丁內出挑二千零六十名原備復立制兵者嗣陸續汰革歸倂共只存一千一百餘名已撥歸都統恭鏜提督博昌分統玆旣咨商赴調則綏來昌吉一帶應飭金運昌派隊塡防金運昌所部旣飭分馬步二千赴前敵歸金順調遣應調還派駐古城奇臺阜康各處步隊備塡紮原防其古城奇臺阜康應俟臣到哈密後分營塡紮始臻周密此規復伊犁三路布置大畧情形也就見在局勢言之俄之官商俄之兵力旣歸重金頂寺各處距精河一帶較近金順只宜堅扼要隘遏其紛竄不必以深入爲功中路阿克蘇之軍徑指伊犁大城斷金頂寺歸路俄之官商與俄之兵力及陝漢土各回之思投俄境者不肯棄其貨財輜重一意東趨卽分起侵軼人數無多金順一軍加撥皖軍尙可協力禦之再能分堵精河西北內竄狹徑則屛蔽更寬塔爾巴哈臺且無西顧之憂所應防者齋桑斜米竄犯布倫托海之路耳劉錦棠如由烏什冰嶺西路徑指伊犁

大城則俄圖援伊犁來路可斷如此路亦難進兵則屯兵喀什噶爾外卡遙張突入俄境之勢亦使知內患堪虞時勤狠顧不敢復爲豨突矣雖兵事利鈍非所逆料然愼以終始其要無咎合理與勢觀之固有不待再計決者此籌擬戰守之大畧情形也出塞之軍向以轉饋爲難茲則天山南北連歲有秋關內外糧料柴草均設局購備支應師行袵席之上將弁踴躍爭先如前出塞時天時和煦漸與內地相近非若從前凜冽景況尤堪仰慰宸懷臣俟布置周妥暮春之吉當率馬步各營出屯哈密與南北兩路諸統領籌議再上方略奉諭於一月內迅速具奏謹先撮舉大概爲我皇上陳之至關內善後事宜經楊昌濬隨時商搉辦理諸臻妥協階文賑務照常料理未敢稍形玩愒巴燕戎格及西路河湟番回均安帖如故前此伺路搶奪匪徒均次第捕治計匪惡在逃未獲者不過十數仍按名緝捕四民各安其業較從前氣象更覺蒸蒸日上矣臣移軍哈密可聯絡諸軍於關內吏事防務亦可隨時與楊昌濬商辦不虞疏失近飭肅州加募新兵三百名加意訓練復增調防軍塡紮舊壘以資鎭撫而利關鍵兼司解運餉需合併陳明伏祈皇太后皇上聖鑒訓示施行謹奏軍機大臣密寄光緒六年三月初八日奉上諭左宗棠奏遵籌布置情形一摺俄約見須另議將來如何歸宿尙難逆料目前事機未定兵端固不可自我而開然一切布置自宜先事圖維以期有備無患左宗棠擬以金順所部扼紮精河一帶張曜一軍由阿克蘇前進劉錦棠一軍由烏什前進規復伊犁大城此三路官軍即著金順劉錦棠張曜不動聲色預爲整備如果事得轉圜固可不傾兵力設竟衅自彼開即可迅赴戎機不致墮其詭計塔城兵力較單錫綸

擬調烏魯木齊等處土勇前往協助即著該參贊大臣妥爲布置以資防守左宗棠定於三月內出紮哈密著於到防後將三路官軍及後路塡紮各營相度機宜與金順等妥商調度并隨時偵探伊犁情形愼密籌辦以免疏虞

四月左宗棠奏新疆開設行省宜先簡督撫以專責成不報

詔謂伊犁未還布置多礙緩之

左宗棠督師出屯哈密

詔促宗棠出師哈密與金順商度三路軍情宗棠令總兵譚上連率步隊四營出喀什噶爾提督陶鼎金王福田率馬隊一營並總兵崔偉旌善回勇五百騎駐哈密提督王聲揚總兵柳泰和步隊兩營繼之宗棠已率親兵十一哨續進宗棠到哈密奏云臣飭調金運昌所部提督王鳳鳴張懷玉等馬步二千歸金順調遣先後到精河助防劉錦棠所部提督譚上連帶換防步軍二千餘於五

月初八日齊抵喀什噶爾劉錦棠點驗將弁勇丁一律精壯拆補入伍改旗爲營其調
湖南選輯成軍之提督譚拔萃譚和義等二千餘名已抵哈密點驗均極精實士氣奮
興候後路行餉截清軍裝寒衣取齊即令拔營西上其中路張曜嵩武一軍增調步隊
五營馬隊兩營均飭換補整齊購辦駄騾駱駝以備裝運張曜增募之淮北步隊一千
名已報行過蘭州矣俄人增添俄兵分踞伊犁阿來者合計不過數千安設開花後膛
礮位大小不過十尊志在固守伊犁與納林河門戶未出意料之外近頗有越界放哨
及越界築壘之事似意在挑釁劉錦棠金順但遣人詰問未遽加以聲色蓋仍先以議
論之意俾免藉口也所宜預爲籌策者自俄踞伊犁以來土回及附近游牧各部族首
先迎附大軍進剿先克烏魯木齊連下各城引兵南下掃盪窮追而新入之陝回及北
路舊有之漢回均以伊犁爲逋逃淵藪崇厚出使之先俄人本擬將此兩種逆回送還
中國崇厚請旨令臣等出示比臣與金順遣人兩次齎示赴伊犁又變計不許張貼且
令陝漢各回徙眷入俄境爲質留其精壯守伊犁見在伊犁充當俄兵者數近三千此
輩嗜亂性成承平時以商販爲業漢蒙邊境皆其舊游無論伊犁收還與否皆宜預爲
防範臣之出屯哈密固以調度前敵諸軍司其進止亦因防賊紛竄遏其奔衝竊有取
於多算勝少算之說也按伊犁東北切近俄境塔爾巴哈臺外惟科布多斗揷朔方形
勢頗形孤露陝漢逆回之在伊犁者頗思從此以覓生路若越科布多而南轉而西趨
則古城東路巴里坤之奎素均當其衝逾天山即哈密地境山谷綠互介南北兩路之
中爲程二千餘里防不勝防見雖均有布置然以言緜密無間固未能也惟兵機因賊

勢而變如果指揮若定則隊合隊分隨機立應猶之可也若賊由科布多而南不犯古城巴里坤哈密附近邊界專由草地由水泉處狂奔而來偷越安西州邊可徑抵玉門及布隆吉橋灣三道溝並可由花海子以達金塔毛目諸處彼時甘涼內地均不免風鶴之驚甫經奠定之區何堪再遭其擾臣於抵哈密後熟察形勢詳訪漢蒙路徑不免鰓鰓過慮見於科布多安設坐探於科布多通古城之八臺外復漢三臺以速郵傳遇有寇警立即馳報古城飭古巴里坤哈密各防營皆戒備以待增古城西路馬隊一營一旗填紮皖軍防營遺壘調總兵王聲揚步隊一營赴古城歸總兵徐萬福節制擬再調步隊一營助巴里坤之防古城巴里坤中間木壘河地方原有記名提督徐占彪馬步三營駐紮令其續挑舊部足額以資得力記名提督蕭章開補用提督吳禧德兩營扼紮安西州附近地方築壘駐紮勤發確探於科布多烏里雅蘇臺商販往來安西玉門總要路口梭巡瞭望遇有賊蹤竄近即行飛報防營傾巢而出痛予剿辦方可確操勝算臣駐哈密原有親兵十一哨復商之楊昌濬由關內調馬步數營勤加訓練遇有警報即可分途策應迅赴戎機必伊犁事定陝漢各回安插妥帖軍務解嚴此路兵力始酌量減撤蓋欲於收復伊犁之外別籌閒著以備緩急冀士氣常新兵機甚活關內外全局敉平可無遺策也

六月我出使俄國大臣曾紀澤至俄

紀澤至彼得堡偕參贊劉麒祥繙譯慶常桂榮塔克什訥詣其外部晤尙書格爾斯駐華公使布策總辦梅尼閣甫繙譯孟第其外部以崇厚定約不蒙批准反獲重譴邊境增械衞人心動搖詰之欲不與開議紀澤婉辨之曰崇公使已經　大皇帝開釋前之所以譴責者以其越全權職分　大皇帝未吩咐之事亦不請命而行故責之於貴國無涉也至邊土增守則防備回亂大將軍應盡之義務豈開邊釁哉其條約未經批准者以於中國有礙窒難行之處命紀澤與貴國妥議議定之後自可批准施行

七月詔左宗棠入朝備顧問以劉錦棠督辦新疆軍務張曜楊

昌濬幫辦之
俄人聲言令海部尚書師開兵船來華朝臣以宗棠諳練
軍略詔入朝備顧問新疆戎事交錦棠督辦
俄皇允曾紀澤呈遞國書
紀澤與俄外部往返辨論數千言終不得其端緒紀澤曰
我爲駐貴國公使呈遞國書代達朝廷和好之意其要務
也煩諸君代奏之駐英俄公使勒班諾甫者與紀澤訂交
倫敦有書致其外部贊紀澤熟悉外交格爾斯始允代奏
國皇言呈遞國書事
八月俄遣使布策來我京師開議至瑞士而還

俄人以紀澤無全權又藉詞邊境各案未能淸結尤恶中國羣臣奏疏及上海報紙詆伊犂事曾紀澤將開議簡明節略六條致其外部俄人以欲更前約大譁遂令布策來北京開議紀澤婉商於俄外部力言有可讓之處我在貴國亦能作主無可讓之處至北京亦無益俄外部亦接其署駐華京使者凱湯德電言崇厚赦釋各案淸結俄人始悅格爾斯爲請於俄皇始諭布策折回在俄京開議紀澤簡明節畧云中國之意有三所有前定約內有於中國不甚相宜礙難應允者一也約內有聲敘不詳之處恐日後不易照辦故有須加詳者二也舊約所准之利益不必復敘於新約之內三也中國有此三意本大臣分爲六條第一條中國不願將自己疆土讓與別人貴國現有交還伊犂之美意請將伊犂全境交還第二條塔爾巴哈臺喀什噶爾交界只能仍照舊址如實有小處必須酌改應由兩國特派大員前往查勘面訂我等作欽差者未履其地不得其詳不敢妄指地方第三條俄國所要好處如嘉峪關通商尼布

楚科布多開兩條道路行走等事如果第一條議定之後中國亦願應許第四條俄國議設領事之處太多夫領事之設原於中國無損而不曉事者以爲欽差所允太多且議定許多地方將來俄國亦未必逐處全設除嘉峪關可設一員外其餘應俟通商開辦之後再行酌議第五條設領事之處既未訂定西疆哈密古城巴里坤等城俄國可以擇一處留貨照張家口情形辦理比方嘉峪關爲天津一般第六條新疆貿易不比沿邊地境若處處免稅中國甚是喫虧尙須與貴國商量辦理

九月俄人索塔爾巴哈臺喀什噶爾界地及松花江行船曾紀澤辨駁之布策來我使館議曰貴爵節署內稱塔爾巴哈臺與喀什噶爾兩處界址欲請兩國派員勘定若如所云是將約內分界之條一概删去本國勢難允許大凡兩國定界必在約內指明大致然後派員設立界牌如若派員勘定永無了期曾曰我未到過塔喀等處於該處界務不甚熟習如僅據圖遙定界址恐有舛錯不如派員勘定兩國方不喫虧布云向來定界未有不據圖說而定者今貴爵必要派員勘定不知何意曾曰塔爾巴哈臺舊界據我看來甚是妥當喀什噶爾邊界尙有阿古柏原界可據今要我據圖定界又要我國割讓許多地方二三年後又說新界有幾處不妥須要另行定界更要中國退讓我怕中國喫虧所以不肯擔此責成布云齋桑地界就不妥當所以本國欲請改定至於喀什噶爾地方貴爵稱欲照阿古柏原界查本國並未與阿古柏定界惟本國有一提督所作之書我曾看過按書內所指阿古

柏原界較去年所定界址有增無減俄國更佔便益矣貴爵不欲在此定界是怕擔責
成否曾曰定界之事兩國不必貪圖些須地方然總須有險要可守或憑山脊或憑河
水鑿如兩家居住總須有門戶隔別我未曾到過之地恐怕有好好門戶倒反拆卸了
我怕將原已定妥之界倒改壞了所以不敢在此寫定地名布云貴爵不能任此事惟
有到北京商辦曾曰我實告訴布大人得知中國看界務最重商務於兩國有益可以
相讓至於界務我在俄國不能答應的布大人到北京中國國家亦不能答應總要邊
界大員查明後方可商定布云如到北京亦不能辦俄國必須另想辦法現要問明貴
爵究竟有定界之權否曾曰我原有定界之權但是不肯自用此權因爲怕中國喫虧
凡言界務不妥必係無山無河難於保守之故如俄國肯退在俄國之地尋一好山好
河專爲界務起見我可以立時答應如要中國讓地於俄我不能答應也布笑曰曾侯
祇是能取而不能與如何好辦曾曰塔爾巴哈臺邊界貴國說哈薩克人時常過界恐
滋事端格大人向崇大人說過如中國肯收留哈薩克人俄國情願將其地讓與中國
是讓地之說俄國也曾說過總之若塔爾巴哈臺能照舊界或小有出入中國可以自
守喀什噶爾地界照阿古柏原界或小有出入亦使中國可以自守我就能答應但不
可將原定山河之界改移平陸有門之處改爲無門以致數年以後又要修改布云另
派大臣商定界址中國聽信邊界官之言分付定界官絲毫不肯放讓俄國亦分付定
界大臣不肯放讓此事何時可了曾曰中國既允派員勘定即是相讓之意但不能格
外喫虧布云若如所言則約內就不提出定界了本國勢難答應曾曰如布大人答應

中國不照去年所定的界少喫些虧我可以商量布云貴爵節畧內所說嘉峪關照天津辦理是准俄商交稅後可到內地否曾曰原議嘉峪關照張家口西安漢中照通州不過爲俄商得三分減一之利現議將嘉峪關改照天津納稅後可以運貨到內地照各國總例一律辦理不必提出西安漢中致使中國派官員諸多費事且恐有礙於各國通例布云貴爵節畧內說松花江行船中國臣民不願允許我不明白請問牛莊地方亦有通商輪船經過是其常事然則牛莊非東三省地方乎曾曰牛莊係海口現歸北洋大臣所管松花江係東三省地方松花江上游是中國皇家發祥之地較他處內地更爲緊要布云此層並非我要細問係有俄國人問我我自不能答覆請問貴爵何以說出皇家發祥之地一層皇家發祥之地何以不願通商曾曰中國十八省內地定有內江內河不許輪船前往章程我恐俄國言及東三省不在十八省之內我所以說明皇家發祥一層使俄人知該處較十八省更爲緊要布云貴爵說可以不立專條我不以爲然因爲松花江行船時有阻難所以立此專條以杜爭端貴爵又說伯都訥不准輪船前往請問揚子江既准輪船往來然則揚子江非內地乎如松花江不准輪船前往僅用蓬船不能行駛實不方便而且中國百姓在揚子江往來均用輪船無不稱便曾曰松花江上游是中國專管內地恐百姓不欲輪船前往致滋事端布云凡事初起署難久後便見慣了曾曰見慣亦須由漸而入據布大人如此說則係我所議之第三樣辦法可用了布笑云我說一句實在話三樣辦法都不可用且本國專管之黑龍江及石爾嘎內河現有中國商人輪船一隻本國並不阻其往來因爲兩國鄰邦和好

比他國更當親近本國既准中國輪船到本國專管內江內河貿易中國亦當准俄國輪船入中國松花江方是禮尚往來敦重睦誼之道曾曰混同江海口雖係俄國獨管之地然中國船不經行該處何以能到上游該處若有中國輪船來往俄國不應禁止至於黑龍江上游我想必無中國輪船來往布云的確有之我豈肯謊言曾曰貴國兵船在松花江下游者甚多條約上祇說行船而不指明說貿易船中國人豈能不詫異乎能不用輪船專用本地船更好否則亦須載明貿易船布云我可以實告貴爵承平無事之時本國兵船絕不入中國松花江如有兵端何江不入曾曰請布大人想一辦法我所說的三樣辦法布大人可以採擇若布大人另有辦法不妨說出布云據我看來專條仍要存留曾曰如專條不改當加上納稅與專用貿易船字樣布云此事不難商量我想約章亦不要動只加增數語周備而已曾曰我的意思也不過稍加更改以求周備布云貴爵所要更改的雖屬無多然俱是約中要緊之條照此更改則全約幾同烏有本國斷難應允曾笑曰自然總是要擇要緊之條開出若不緊要的都照外間議論全數開出則所駁更多耳布云中國看重的事亦是本國所看重的中國難讓本國更難讓所以我想出一通融辦法就是以相抵之事補償俄國方能商量曾曰布大人所說相抵之事係指何事而言布云我想補償之事在於改定邊界曾曰改定何處之界布云我不過想出此辦法來并未想出在何處改立界址或者另有別項補償之事亦可作抵總之要給本

國轉圜地步方能相讓

十月俄人索償兵費一千二百萬盧布曾紀澤辨駁之紀澤謂熱梅尼曰貴部節略末條係請中國賠還兵費之事我有幾句要緊的話向熱大人說明查貴國所派兵船有崇大人在俄國時業已發往者有以後續派者中國既不知有此項兵船更不知此兵船係因中國而設所以中國未以介意我上次同熱大人會晤之時始聞熱大人說出此項兵船係因中國而設據稱俄國所費甚鉅將來必向中國索償等語在中國深願和平商辦固不欲貴國說出兵費之事今貴國既已說出我先請問熱大人要中國出錢係何名目熱云此係中國賠補俄國備兵設防之欵蓋中國既不批准前約又不向本國和平商議遽然調兵製械一切舉動顯示與本國不睦之意逼得本國亦動用鉅欵備兵設防且無論何國皆以節儉為重軍需武備徒耗餉糈毫無生息所以本國既因中國所逼以致費此鉅餉理應向中國索償方昭平允曾曰向來打仗之後始可索要兵費今中國既不知貴國派有兵船又願同貴國和平商議豈有向中國索要兵費之理若謂中國設防練兵所以貴國防備中國此言似不盡實我不深信中國設防練兵何年不有何以從前中國整頓武備貴國從無一言也熱云本國亦知中國早已練兵但中國未與本國不睦本國未便過問嗣因中國不欲批准前約舉動諸多不善本國始知中國有作難之意曾笑曰即使中國練兵製械兩國相隔甚遠中國豈能侵佔俄國貴國何必介意熱笑曰兩國既然連界中國備兵本國不能不問若謂中國兵能到俄都固屬妄言然邊界地方不得不防備曾曰前聞土耳其違約不將都

爾西紐之地交割蒙國西洋各大國會派兵船至土國海口請問各國亦向土國索賠兵費乎熱云各國辦法不同時勢亦異即如各國派往土國之兵船原爲保全歐洲大局起見係各國情願之事且所費無多故不向土國索要兵費也今中國則不然一則中國起首設防派兵欲同本國作難二則本國設防備兵係中國所逼非出於本國情願所以向中國索要兵費且本國非不願還伊犂惟願還相好之國不願還與仇敵之國曾曰既有派兵船之事豈算和好之意相好之國有藉兵船之勢以定約者乎設使中國未曾調兵則貴國派兵船到中國是無禮之事若果因中國備兵設防俄國乃亦備兵設防俄國向中國索賠兵費請問中國所費兵餉又向何國索償熱云本國既因中國所逼以致動用鉅欵不能不向中國索償曾曰中國亦可說俄國逼迫中國也熱云中國起首備兵本國毫無招惹中國之意即如布奧兩國從前打仗緣由係因彼此不肯坐耗餉糈厥後法國廣備戰馬德國幾與法國失和幸未打仗皆係彼此派兵之約也曾曰熱大人不宜以德奧法比較中俄兩國蓋中俄和好二百餘年毫無嫌隙而彼此相隔甚遠與此三國土地相逼者大不相同總之兵費一事名目不正中國斷難應允查數年前英國因馬嘉里之案曾派兵船前往中國其費用較之俄國此次費用多至數倍後既將案辦妥英國未曾開口向中國索取一文兵費俄國與中國和好二百餘年理應優待中國如欲向索兵費是不如二十餘年交好之英國也熱云英國之事英國作主本國無所取法誠恐日後復有此等情事故要兵費以戒將來也曾曰中國非欲圖省錢財實緣兵費名目不正中國礙難答應如若答應俄國別國必致倣效

事無大小即派兵船數隻希圖向中國索要兵費此風萬不可長熱云本國不管別國之事本國不能賠累必須向中國索償以補兵費虧空曾曰如貴國以中國遲延一年零三月之久始批前約欲請加增代收代守之費雖不照原約之例覈實計算而稍有加增之處中國猶可商議若直要兵費雖貴國再加兵船前往中國亦不答應現在商議或成或否關係此事應請熱大人電奏貴國大皇帝如欲加代守之費中國可以答應儻定存兵費名目中國情願不要伊犁亦不答應但兩國商議已將就緒因此小事遂失機會未免可惜耳熱云本國大皇帝分付索要兵費本部惟有遵旨而已可請貴爵奏明國家本國一面令凱大人問明總署曾曰我係中國欽差大臣無論請示與否國家之意我盡知之如貴國請加代守之費即使不照原算更欲加多中國亦尚可商量如直說兵費名目則中國無論如何不能答應甯肯不要伊犁熱云名目可以不拘定但欵項定要出耳曾曰可請熱大人說出數目來熱云本國邊防兵船共用過盧布一千二百萬元曾曰此乃兵費數目我所以請換名目者自然連數目亦要更改若仍照貴大臣前次所言兵費數目則名目雖改如未改矣熱云此係俄國所用實數不能減少曾笑曰請問貴國若與中國打仗以後索要兵費即照此數否熱笑曰打仗之事如何能定有要地方者有索償欵者即如德國割法國兩省之地另索五十萬萬佛郎曾曰儻要一千二百萬盧布中國情願打一仗再出此欵熱云此係格外用過之欵其尋常巡船等費不能向中國索取若將兵費算在代守費內恐中國所出之數不能滿俄國之願只要中國肯全數償還即不提兵費名目亦可曾曰兵費名目與索欵數目

互相表裏人人皆知貴國兵船用費之數儻貴國索要過多人人必謂中國給還兵費也熱云本國所說之數尙可商議曾曰貴國節略內尙有應商之事今日不能細說我只有一句要緊話或熱大人或布大人將來同我商議務望仰體貴國大皇帝好意體諒中國爲難之處熱云本國必能體諒但中國亦須體諒本國方能商定曾曰旣然如此我將今日所說五層要緊之事再說一遍請熱大人奏請貴國大皇帝旨意第一層伊犁是否全還中國第二層塔喀兩界係照舊界抑係按照崇約第三層原係批准另立專條將松花江專條改爲商改約章專條第四層商議各事請外部仰體貴國大皇帝美意體諒中國爲難之處第五層中國允增代守之費不允償還兵費此節關係尤重俟熱大人電奏後說出數目我纔能奏明中國熱云我必將貴爵今日所言全行奏明惟伊犁西邊應歸本國塔喀兩界當照崇約此係本國一定之意

十一月俄人始交簡明節約而仍索帖克斯川莊地及塔爾巴哈臺界地曾紀澤辨駁之並辨減守費

紀澤與俄外部往反磋商累千萬言至是月俄始說出簡明節略允將帖克斯川全境還我而索其境之三莊及改

定塔爾巴哈臺界址以清哈薩克限制紀澤均婉詞駁之

紀澤至俄外部婉商良久格爾斯出簡明節略指謂曰一里發邸亞條約分別批定一節本國可以應允二通商章程按照商改各條另定一節可以應允三帖克斯川西界照明約一節可以應允惟此界內有俄國村莊數處請中國讓與本國曾曰前與熱大人會晤已允將帖克斯全境還中國今復請讓三村我不能不問國家若說邊界稍有不便者由分界大臣商定將來分界大臣細看該處村莊讓與俄國尙於中國無損另是一說若預先說定有幾個村莊須讓與俄國我實不能答應布云前言此界稍加酌改者正爲請讓俄國數村起見但既有此意若含混其詞恐將來定界時反致爲難熱云此不過三個村子而已曾曰若不說出請讓村莊尙可以答應若說明讓與俄國三村我實不能答應布云非欲載於約內不過言分界之故耳曾曰言分界固可應允惜要說出爲有三村須讓與俄故難允矣熱云不過稍加酌改其地方不大曾曰無論地方大小及應讓與否分界大臣有權能定今既問我我須請示格云我只問貴爵允不允曾曰言分界我可允指明要村莊我不能允蓋恐在此既允讓三村將來分界時仍可向分界大臣再索三村也格遂令熱寫出一法文底子遞與曾侯其文曰帖克斯川西界應照明將軍所定舊界爲限由兩國分界大臣稍加酌改曾曰只言商酌而不言要地我可允格云塔爾巴哈臺交界應行改定皆因兩國所屬哈薩克往來越界辦認不清必須分界方好曾曰貴國是要佔中國地否格云本國非爲佔地然人與地皆須

分淸曾曰若專爲哈薩克分管不清何以必須中國讓地貴國肯將哈薩克及哈薩克住俄之地盡讓與中國否熱云勘分邊界原當彼此相讓豈能預先說明是何辦法請問貴爵所言照明將軍所定之約應作何解曾曰我所說是照明將軍舊界爲限既爲分淸屬民不爲佔地即云由分界大臣將哈薩克之事商議辦淸未爲不可格云如此可以應允定界不過爲分淸屬民起見曾曰總要預先說定以何界爲限方有依據假使兩國分界大臣親履其地奏明國家云有某處某處必須仍照崇欽差所定界限勘分乃妥彼時亦無可說格云貴爵大臣明鑒本國退讓如此之多所餘無幾足見本國和平之意曾曰若相差太多中國亦不能應允此不過公道辦法耳熱遂用法文寫一約式遞與慶繙譯慶云塔爾巴哈臺分界之故爲分淸哈薩克屬民曾曰如此寫可以應允格云喀什噶爾交界據貴爵節略內云兩國交界至西南盡頭處以浩罕界爲限本國之意係照現在兩國所管界址爲界曾曰如其明將軍已定舊界將何以處之布云喀什噶爾地方當初兩國并未定界我實不知應依何界勘定貴爵可有地圖可以指出界限否曾曰此地無中國地圖本爵處所存該處地圖乃係該處帶兵官所繪其圖按照雅古貝之地境頗有侵佔俄國地方與明將軍界約不合者即如察特爾庫爾之湖照明將軍定界已歸俄國照現在帶兵官所畫之圖卻在所收雅古貝地境之內可以爲證我已奏明國家但照明將軍界約立論並不想佔俄國地方我現在所據以與貴處商論者即係俄人所刻之圖并未據中國地圖以立言也布云按俄國地圖上實無定界可考曾曰中國管到何處自有界限總之此界凡有明將軍原定舊界之處

即以舊界爲限無舊界處再由分界大臣酌定新界且中國與俄國雖無界與浩罕有界布云前雅古貝所踞浩罕之地俄國盡都收復曾曰照明將軍所定之約有界之處遵之無者補之極妙格云我想此界現在既不易定可以暫緩商辦曾曰既如此則里發邸亞約內喀什噶爾交界一條須删去矣格云此事本非中國請改之件我們何必深議曾曰我想有明將軍舊界處仍照舊界勘定無舊界處由分界大臣酌定亦無不可若無界限總不甚妥格云此事暫緩商議日後再說曾曰現在若不說定兩國何以分管且兩國均有官兵在彼不指明地段恐生枝節熱云此事一時難以說明曾曰我甚不解有何說不淸之處熱云兩下各執已見說不到一處曾曰俄意究竟如何熱云不必論崇約只據現在所管地界勘分中國如不願意日後再議可也曾曰既不定明界限現在何以管轄布云兩國各照自己管法格云此議貴爵以爲如何曾曰我不以爲然請向下說格云貴爵之意何如曾曰我想凡有明將軍原定界限不必改動無定界之處可由兩國分界大臣勘定即如蘇約克山口應歸某國現在亦不必爭論俟將來分界大臣照約勘定後自有分曉格云約內只寫由兩國商酌辦理曾曰可否添派員二字布云先不必提格云我想喀什噶爾西邊分界一事可以緩商曾曰此事貴國既要緩商我有一事亦請緩議格云請問貴爵所請緩議者何曾曰俟提及此事時再行告知格云添設領事一節本國擬請除嘉峪關領事外在烏魯木齊設領事一員貴爵可答應否曾曰按中國之意只准在嘉峪關設領事一員今貴國請在烏魯木齊添設領事我須請示布云中國係暫且不願添設抑永遠不准添設曾曰將來情形如何

現在難以逆料先論目前且我國家并未分付不能應允布云不知中國如何不願添設曾曰中國雖無議政院總是不願意添設領事者多國家不能不聽格云此事貴爵如不能答應可否請示曾曰如貴國在附近別城擇定一處我更容易請示格云嘉峪關通商比照天津之例一節本國無可議之處至松花江一事貴爵以前所開節略擬有辦法三層現在貴爵節略內請從緩商辦我想在三層辦法內可擇一辦法布云貴爵所擬第二辦法係於百里內推廣地方不到伯都訥請問准到何處爲止曾曰此係中國從前之意我想此事亦照喀什噶爾之界暫緩商辦爲妙格云此二事何以相連曾曰非因相連因各有所求格云喀界緩商不算俄國懇求之件松花江行船貿易一事係本國原有之權利緩商雖可惟恐因緩商致本國失此權利本係舊約所有豈能有失現在可將松花江之行船喀什噶爾之定界兩事從緩商議格云本國既有此權利將來商議行船貿易等事原無不可曾曰然格云昨日布大人見貴爵言及交收伊犁辦法貴爵言欲請示曾曰此等辦法不在原約之內所以必須請示格云按原約交收伊犁辦法應由土耳其斯坦總督與中國陝甘總督商定現在本國所言係照約內交收辦法分付土耳其斯坦總督與中國陝甘總督預爲言明不必載於約內曾曰此事必須請示格云按原約要緊條欵現在本國已盡力退讓或允商改或允緩辦此係本國大皇帝深願妥速商辦之意數日內即辦一節略奏明後送與貴爵大臣定一準期或成或否專候中國回音曾曰中國亦是此意但從前所定期限貴國并未與我相商今日始與我商議格云前經屢商迄無頭緒今本國已全應允只有請添領事一節

尙須請示本國不欲再爲耽延是以儘數相讓以見格外和好之意奏明俄皇後約期一月須當了結曾曰此意中國明白但須候中國回音格云酌加代守之費不提兵費名目一節本國可以答應但必須說出數目曾曰我所說數目格大人以爲如何格云兩國和好原不宜計較錢財然本國業已會議按原約所定之數再加一倍共合十兆曾曰誠然不宜計較惟數目與名目相連不得不覈實計算按從前代守十年之久只需五兆現今一年守費格大人亦要五兆是名與實不相符務請覈減格云原係公事不便計較錢財曾曰熱大人已向我說守費數目如何反又加了格云我不甚記得熱梅尼所說若干格云熱大人說過四兆守費格云我將今日向貴爵所言辦一節略送與貴爵請示不必再行商議所有應說之話已全行說出我想一月之久可以定局本國一面將此意電知凱大人曾曰俟接到貴大臣節略即可奏報本國

俄人允改崇厚條約

先是俄雖與紀澤開議而執詞甚堅至是屢爲紀澤辨駁見紀澤利弊了然非可恫喝愚弄始將崇厚所定條約取出更改布策取崇厚條約指謂紀澤曰第一條應删去此約第七條所載帖克斯川一帶地方應歸俄國管屬之語第七條內帖克斯川亦删去其條內之廓勒

札特村以下之語應改寫自此往南依明約所定界限曾曰前布大人所云邊界有不甚方便之處現今仍要改否現在若不說定恐將來又有變更布云如今不要改布又云第八條寫法明約原定齋桑以東交界查有不妥之處今擬由兩國特派分界大臣前往商酌勘定其辦法係自奎峒山起奎峒山以北之界照舊自不必說其自奎峒山至薩烏爾嶺應在新舊兩界之間由分界大臣秉公劃一直線爲界曾曰此界我們不必先定應由分界大臣辦理布云此不過言其辦法其界線仍由分界大臣秉公劃分曾曰第七條後段尚未說布云少刻再說先將第九條將後段之會晤地方時日移寫在前將前段之遣派分界大臣之語移寫在後下即接寫噶界可寫費爾干省與喀什噶爾毗連之界兩國派大員勘分曾曰是按現管之界勘分否布云不必說只云照兩國界去定貴爵大臣能曉此意否此即按照現管之界勘分之意曾曰我不論是何意思但云噶界由兩國派大員會勘酌定我就可以答應布云第十條領事官將哈密古城等處設二員之語删去添寫現在嘉峪關烏魯木齊各設一員其餘各處俟通商興旺時再行添設後段不納稅之下添註俟通商興旺時即議稅則照則納稅曾曰但是漢文須改一字將均不納稅之均字改一暫字爲暫不納稅布云此意云何曾曰按漢文文法不過將下句意思在上句顯出上句雖改一字仍是布大人下句意思還有一事是蒙古不納稅須添照舊約三字布云可以曾曰第十二條以貨抵帳原無可議但須添寫彼此情願之語布云可以又云第十三條無可議第十四條須全改其寫法准俄商由俄運貨由陸路至張家口至天津漢口或在該處銷售或由該處運往內地俄

商准運貨至嘉峪關或在該關銷售或赴內地均比照天津辦理其買土貨回國仍照舊路行走曾曰今只添嘉峪關一處其餘皆舊有權利此處何必全說布云張家口係辦法本根不能不提曾曰嘉峪關比天津並不與張家口相同布大人如願與張家口相提並論可於古城巴里坤擇一處以作比較布云本國已允嘉峪關比天津矣曾曰崇約是嘉峪關比張家口漢口比天津因不願意始議更改今既應允何必贅言布云通商章程上有張家口曾曰舊約所准可寫照舊辦理只將現在所添者寫入最妙布云我要寫在約內曾曰若寫在約內只寫張家口漢口則反挂一漏萬莫若原有權利只寫照舊約辦理豈不簡靜布云幷無舊約可以遵守曾曰業已通商如此其久然則從前皆照何法布云從前係照通商章程現在既定新約前章即爲廢紙邵云舊章作廢幷無明文亦未載約內恐日後忽照新章忽引舊章殊爲不便若一定要將舊章條條載明約內方妥然又不勝其贅矣曾曰既有通商章程可仍照舊辦理不必載入條約若定要提淸即寫照何年定章辦理亦可布云節略內已允照依約中所改之處更改何今又不照約更改曾曰是照約內改易之處更改但是如將舊約所允權利今皆提出放在我之肩上不知者以爲皆是我此次應允之件我不能擔承布云此是兩國公事非我二人私事貴爵大臣徒畏人言我甚不以爲然曾曰前崇大臣皆因不畏人言所以纔弄出事來我之所以如此者正所以重公事也布策隨於皮夾中出俄文約稿一段交桂榮譯出又將法文約稿改易數字令慶常譯出譯云俄商由陸路運貨赴中國內地照前法辦理可由張家口到天津或由天津赴別處或在該處銷售嘉峪關

比照天津辦理曾曰如此寫我可以答應布云各條之外再添一條愛琿條約與松花江貿易行船原條不必改動可寫松花江貿易行船之事由兩國再行商辦布又云貴爵大臣前說松花江行船許多不便本國皇帝深體此意惟恐中國爲難務望中國亦體本國之意速爲了結此事曾曰俟此約定妥衆議稍息緩緩商辦貴國皇上既有此美意中國豈有不答之理此次之約仍請布大人起稿先將法文稿起好再由本處譯出漢文再請布大人閱以免漢洋文內有不符之處曾又曰即如領事與地方大憲用信函中國人皆不以爲然其實法文稿內並無信函字樣仍是公文漢亦仍改公文二字布云此事與崇宮保辯論許久曾曰原是崇大人要用信函二字布云請問應用甚樣紙書寫曾曰無論用何樣顏色皆可兩國辦公事總是公文即信札亦算公文若言信函則爲家常私信矣只改漢文法文不必改布云適與貴爵大臣所說之話外部即照此作節略送來按今日所議各節不識貴爵大臣可能照允否曾曰如兩國意見相差太遠我須先問國家能否應允俟畫押時還須請示共需往返電報兩次今日所談兩國意見尙不甚遠惟亦須報明盡我職分耳若可應允我就畫押不過一次而已

十二月俄人允拘禁叛人白彥虎

改約既有成議紀澤向俄索叛人白彥虎布策曰俄國非

敢袒叛人也惟各國公例以謀國造反之人爲公罪殺人
擄掠爲私罪犯公罪之人在本國勢力範圍内聽其自辦
可也若出本國勢力範圍則他國祇能拘禁管束不任其
回國滋事而已紀澤曰拘禁之事可否載入約章布策曰
公文商定可也

光緒大事彙鑑卷五

全州趙炳麟柏巖著

七年辛巳正月我出使俄國大臣曾紀澤及俄國外部尙書格爾斯總辦熱梅尼駐華欽使布策改訂條約於俄京幷定陸路通商章程及卡倫單

方紀澤之與俄開議也布策堅執初約不少寬假而其國自與土耳其開釁爲聯軍戰敗國困未復其邊人入寇屢爲劉錦棠兵擊破故俄皇及格爾斯皆不欲與我搆釁而紀澤議論和婉剛柔得中磋商逾年遂更初議至是與其外部定約二十條陸路通商章程十七條卡倫單一以中法文書之伊犁之議乃定

和約以後各條下皆紀澤自註大淸國大皇帝大俄國大皇帝願將兩兩國有益者商定妥協以固和好是以特派全權大臣會同商定　大淸國　欽差出使俄國全權大臣一等毅勇侯大理寺少卿曾大俄國欽差參政大臣署理總管外部大臣薩那特爾部堂格參議大臣出使中國全權大臣布兩國全權大臣各將所奉全權諭旨互相校閱後議定兩國邊界及通商等事於約如左紀澤於光緒六年十二月二十三日接奉　電旨至畫押准照案用全權大臣字樣欽此別無　諭旨可以校閱但具一牘告之外部外部不肯認云將來能補遞國書一分則此次可先認全權云云紀澤答以定約後即須將全權大臣字樣繳銷不能補遞國書也

第一條大俄國大皇帝允將一千八百七十一年即

同治十年俄兵代收伊犂地方交還　大淸國管屬
其伊犂西邊按照此約第七條所定界址應歸俄國
管屬崇星使原約收伊犂之地廣二百餘里長六百里紀澤添索伊犂南境要隘各地廣二百餘里長四百里　第二條
大淸國　大皇帝允降　諭旨將伊犂擾亂時及平
靖後該處居民所爲不是無分民教均免究治免追
財產中國官員於交收伊犂以前遵照　大淸國
大皇帝恩旨出示曉諭伊犂居民　第三條伊犂居
民或願仍居原處爲中國民或願遷居俄國入俄國
籍者均聽其便應於交收伊犂以前詢明其願遷居
俄國者自交收伊犂之日起予一年限期遷居攜帶

財物中國官並不攔阻應於交收伊犁以前詢明句下紀澤欲添由俄官發給執照一語格爾斯布策堅不肯添云係交收伊犁時瑣事可歸另牘辦理原約並不攔阻以下有其已入俄國籍之人將來至中國地方貿易遊歷等事凡有兩國條約許與俄民利益之處亦准一體均沾數語紀澤力爭十餘次格爾斯乃允刪去格云中俄既已和好俄當囑邊界官所有前此在伊犁作亂之人暗中不許遽入華境卻不必寫入條約紀澤亦云第二條既有　恩旨赦免伊犁居民一層豈有入俄籍者反行追究之理除元惡渠魁數人外其餘新入俄籍者中國自可照俄民一律看待不問其是否曾居伊犁然亦不必寫入條約云云查俄民入境者是否曾居伊犁本難查考似宜由總署咨邊界大臣備尚不可弛政亦不宜苛也

第四條俄國人在伊犁地方置有田地者交收伊犁後仍准照舊管業其伊犁居民交收伊犁之時入俄國籍者不得援此條之例俄國人田地在咸豐元年伊犁通商章程第十三條所定貿易圈以外者應照

中國人民一體完納稅餉原約但稱俄國人不分新舊大有流弊伊犁居民遷入俄籍仍得管伊犁之田地甚不妥也此數語於將寫約時百爭添之　第五條兩國特派大臣一面交還伊犁一面接收伊犁並遵照約內關係交收各事宜在伊犁城會齊辦理施行該大臣遵照督辦交收伊犁事宜之陝甘總督與土耳其斯坦總督商定次序開辦陝甘總督奉到　大清國大皇帝批准條約將通行之事派委妥員前往塔什干城知照土耳其斯坦總督自該員到塔什干城之日起於三個月內應將交收伊犁之事辦竣能於先期辦竣亦可　第六條　大清國　大皇帝允將大俄國自同治十年代

收代守伊犁所需兵費並所有前此在中國境內被搶受虧俄商及被害俄民家屬各案補卹之款共銀盧布九百萬元歸還俄國自換約之日起按照此約所附專條內載辦法次序二年歸完（添所有前此及各案字一百九案可作爲全結漢文似不沈重法文則甚切實）　第七條伊犁西邊地方應歸俄國管屬以便因入俄籍而棄田地之民在彼安置中國伊犁地方與俄國地方交界自別珍島山順霍爾果斯河至該河入伊犁河匯流處再過伊犁河往南至烏宗島山廓里札特村東邊自此處往南順同治三年塔城界約所定舊界（添因入俄籍而棄田地八字以與第四條相應）　第八條同治

三年塔城界約所定齋桑湖迤東之界查有不妥之處應由兩國特派大臣會同勘改以歸妥協并將兩國所屬之哈薩克分別清楚至分界辦法應自奎峒山過黑伊魯特什河至薩烏爾嶺畫一直綫由分界大臣就此直綫與舊界之間酌定新界　第九條以上第七第八兩條所定兩國交界地方及從前未定界牌之交界各處應由兩國特派大員安設界牌該大員等會齊地方時日由兩國商議酌定俄國所屬之費爾干省與中國喀什噶爾西邊交界地方亦由兩國特派大員前往查勘照兩國現管之界勘定安

設界牌以上塔爾巴哈臺喀什噶爾兩處分界之事最爲緊要似宜由勤明剛正通達和平之大員細意履勘且似須聘英法等國兵官講究界務地勢者攜之同往暗中相助乃能妥協

第十條俄國照舊約在伊犁塔爾巴哈臺喀什噶爾庫倫設立領事官外亦准在肅州即嘉峪關及吐魯番兩城設立領事其餘如科布多烏里雅蘇臺哈密烏魯木齊古城五處俟商務稍興旺始由兩國陸續商議添設俄國在肅州即嘉峪關及吐魯番所設領事官於附近各處地方關係俄民事件均有前往辦理之責按照一千八百六十年卽咸豐十年北京條約第五第六兩條應給予可蓋房屋牧放牲畜設立墳塋等地嘉峪關及吐魯番亦一律照辦領

事官公署未經起蓋之先地方官幫同租覓暫住房屋俄國領事官在蒙古地方及天山南北兩路往來行路寄發信函按照天津條約第十一條北京條約第十二條可由臺站行走俄國領事官以此事相託中國官即妥爲照料吐魯番非通商口岸而設立領事官各海口及十八省東三省內地不得援以爲例領事官或應在肅州或應在嘉峪關紀澤不肯臆斷故約章中均寫肅州而註云即嘉峪關　第十一條俄國領事官駐中國遇有公事按事體之關係案件之緊要及應如何作速辦理之處或與本城地方官或與地方大憲往來均用公文彼此往來會晤均以友邦

官員之禮相待兩國人民在中國貿易等事致生事端應由領事官地方官公同查辦如因貿易事務致起爭端聽其自行擇人從中調處如不能調處完結再由兩國官員會同查辦兩國人民爲預定貨物運載貨物租賃鋪房等事所立字據可以呈報領事官及地方官處應與畫押蓋印爲憑遇有不按字據辦理情形領事官及地方官設法務令依照字據辦理

第十二條俄國人民准在中國蒙古地方貿易照舊不納稅其蒙古各處及各盟設官與未設官之處均准貿易亦照舊不納稅並准俄民在伊犂塔爾巴

哈臺喀什噶爾烏魯木齊及關外之天山南北兩路各城貿易暫不納稅俟將來商務興旺由兩國議定稅則即將免稅之例廢棄以上所載中國各處准俄民出入販運各國貨物其買賣貨物或用現錢或以貨相易俱可並准俄民以各種貨物抵帳　第十三條俄國應設領事官各處及張家口准俄民建造鋪屋行棧或在自置地方或照一千八百五十九年即咸豐九年所定伊犁塔爾巴哈臺通商章程第十三條辦法由地方給地蓋房亦可張家口無領事而准俄民建造鋪房行棧他處內地不得援以為例崇約添設領事

者七處所謂應設領事各處嘉科烏哈吐烏古七處也此次商改僅先設嘉吐兩處則除張家口外可添造鋪房行棧者自僅嘉吐兩處格爾斯布策謂應設包科烏吐烏古哈六處而言紀澤力持不允而欲將應設改爲已設俄亦不允最後彼此相讓布云俄商無大貲本斷不處處添設行棧紀澤云張家口未允行棧時俄商租房存貨亦甚方便將來如嫌科布多烏魯木齊路遠無存貨之地不便於商仍可與總理衙門商酌設法以便商云云科布多烏魯木齊祇要不明言設大行棧似宜通融而寬待之

第十四條俄商自俄國販貨由陸路運入中國內地者可照舊經過張家口通州前赴天津或由天津運往別口及中國內地並准在以上各處銷售俄商在以上各城各口及內地置買貨物運送回國者亦由此路行走並准俄商前往肅州（即嘉峪關）貿易貨幫至關而止應得利益照天津一律辦理

第十五條俄國人民在中國內地及關外地方陸路通商應照此約所附章程辦理此約所載通商各條及所附陸路通商章程自換約之日起於十年後可以商議酌改如十年限滿前六個月未請商改應仍照行十年俄國人民在中國沿海通商應照各國總例辦理如將來總例有應商改之處由兩國商議酌定　第十六條將來俄國陸路通商興旺如出入中國貨物必須另定稅則較現在稅則更爲合宜者應由兩國商定凡進口出口之稅均案値百抽五之例定擬如未定稅則以前應將現照上等茶出口之

各種下等茶出口之稅先行分別酌減至各種茶稅應由中國總理衙門會同俄國駐京大臣自換約日一年後會商酌定　第十七條一千八百七十六年卽咸豐十年在北京所定條約第十條至今講解各異應將此條聲明其所載追還牲畜之意作爲凡有牽牲畜人偷盜誘取一經獲犯應將牲畜追還如無原物作價向該犯追償儻該犯無力賠還地方官不能代賠兩國邊界官應各按本國之例將盜取牲畜之犯嚴行究治並設法將自行越界及盜取之牲畜追還其自行越界及被盜之牲畜蹤迹可以示知邊

界兵並附近鄉長　第十八條按照一千八百五十八年正月十六日卽咸豐八年在愛琿所定條約應准兩國民人在黑龍江松花江烏蘇里河行船並與沿江一帶地方居民貿易現在復爲伸明至如何照辦之處應由兩國再行商定布擬法文專引俄民在松花江行船紀澤力爭仍引兩國人民在黑龍江松花江烏蘇里河行船庶不至爲俄增一註脚　第十九條兩國從前所定條約未經此約更改之款應仍照舊行　第二十條此約奉兩國御筆批准後各將條約通行曉諭各處地方遵照將來換約應在森比德堡自畫押之日起以六個月爲期兩國全權大臣議定此約備漢文俄文法文

約本兩分畫押蓋印為憑三國文字校對無訛遇有講論以法文為證格爾斯於畫押時面託紀澤曰約中雖云六個月互換然盼望能先期互換更好緣俄皇將於俄之七月中國六月間前往黑海行宮我輩均須隨扈如中國批准之約能於中國五六月之間趕到實所深願云云紀澤允為暗達總理衙門聽候裁奪　又紀澤亦係全副精神斟酌法文至漢文則祇對法文而譯之耳

專條按照中俄兩國全權大臣現在所定條約第六條所載中國將俄兵代收代守伊犁兵費及俄民各案補卹之款共銀盧布九百萬元歸還俄國自換約之日起二年歸完兩國全權大臣議將此款交納次序辦法商定如左

以上銀盧布九百萬元合英金磅一百四十三萬一

千六百六十四元零二一希令均作六次除兌至倫敦匯費毋庸由中國付給外案每次中國淨交英金磅二十三萬八千六百一十元零十三希令八本士付與倫敦城內布拉得別林格銀號收領作爲每四個月交納一次第一次自換約後四個月交納末一次在換約後二年期滿交納此專條應與載明現在所定條約無異是以兩國全權大臣畫押蓋印爲憑俄讓

匯費則英磅之價自應稍賤宜由赫稅務司與銀行商酌算除匯費之法當可省銀八九萬兩也

陸路通商章程各條下皆紀澤自註

第一條兩國邊界百里之內准中俄兩國人民任便

貿易均不納稅其如何稽察貿易之處任憑兩國各按本國限制辦理　第二條俄國商民前往蒙古及天山南北兩路貿易者祇能由章程所附清單內指明卡倫過界該商應有本國官所發中俄兩國文字並譯出蒙古文或回文執照漢文照內可用蒙古字或回回字註明商人姓名隨人姓名貨色包件牲畜數目若干此照應於入中國地界時在附近邊界中國卡倫呈驗該處查明後卡倫官蓋用戳記爲憑其無執照商民過界者任憑中國官扣留交附近俄國邊界官或領事官從嚴罰辦遇有遺失執照貨主應

報明附近領事官以便請領新照一面報明地方官暫給憑據准其執此前行其運到蒙古及天山南北兩路各處之貨有未經銷售准其運往天津及肅州（即嘉峪關）或在該關口銷售或運往內地其徵收稅餉發給運貨執照查驗放行等事均照以下章程辦理

第三條俄商由恰克圖尼布楚運貨前往天津應由張家口東壩通州行走其由俄國邊界運貨過科布多歸化城前往天津者亦由此路行走該商應有俄官所發運貨執照並由中國該管官蓋印照內用中俄兩國文字註明商人姓名貨色包件數目任憑沿

途各關口中國官員迅速點查看貨驗照蓋戳放行查驗之時如有拆動之件仍由該關口加封並將拆動件數於照內註明以憑查覈該關查驗不得過一個時辰其照限六個月在天津關繳銷如該商以為限期不足應預先報明該處官員儻有商人遺失執照應報明原給執照之官並呈明日期號頭請領新照註明補給字樣一面至就近關口報明查驗相符暫給憑據准其運貨前行如查該商所報貨數不符查該商係有隱匿沿途私賣貨物希圖逃稅情事應照第八條章程罰辦（該商上添查一字中國官乃有權否則俄商斷不自認希圖逃稅事情也）第

四條俄商由俄國運來貨物路經張家口任聽將貨酌留若干於口銷售限五日內在該關口報明交納進口正稅後由中國官發給賣貨準單方准銷售布策不肯寫俄國貨云恐不能包別國貨也紀澤恐其混於土貨其後屢次力爭乃添由俄國字樣下同　第五條俄商由俄國運來貨物自陸路至天津者應納進口稅餉照稅則所載正稅三分減一交納其由俄國運來貨物至肅州即嘉峪關者所有完納稅餉等事應照天津一律辦理　第六條如在張家口酌留之貨已在該口納稅而貨物有未經銷售者准該商運赴通州或天津銷售不再納稅並將在張家口多交之一分補還俄

商卽於該口所發執照內註明俄商在張家口酌留之貨已在該口納稅者如欲運入內地應照各國總例再交一子稅（即正稅之半）該口發給運貨執照應於沿途所過各關卡呈驗如無執照者則逢關納稅遇卡抽釐　第七條俄商由俄國運來貨物至肅州（即嘉峪關）欲運入內地者應照章程第九條天津運貨入內地之例一律辦理　第八條俄商由俄國運來貨物至天津除報明酌留張家口之貨外如查有原貨抽換或數目短少與原照不符卽將所報查驗之貨全行入官但沿途實係包箱損壞必應改裝者該商行抵就

近關口報明如查驗原貨相符即於執照內註明方可免其議罰儻有沿途私售一經查出其貨全行入官如僅繞越捷徑不按第三條所載之路行走以避沿途關卡查驗一經查出罰令完一正稅如係車脚運夫作弊有違以上章程主實不知情該關應體察情形分別罰辦惟此辦法係專指俄國陸路通商經過各處而言各海口及各省內地遇有以上情事不得援以爲例其罰令入官之貨如商人願將原貨作價交官准其與中國官按照原估價交官亦可　第九條俄商自俄國由陸路運至天津之貨如由海道

運往議定通商各口應按照稅則在天津關補交原免三分之一稅銀俟抵他口不再納稅如由天津及他口運入內地應按照稅則交一子稅(即正稅之半)照各國總例辦理(準駁議囑刪及他口三字改作由天津嘉峪關運入內地查及他口三字舊章第八款已有之遂本議刪) 第十條俄商在天津販買土貨回國應由第三條所載張家口等處之路行走俄商運貨出口應交出口正稅若在天津販買復進口土貨及在口販買土貨經津回國如在他口全稅交完有單可憑至此不再重徵該商交稅後在一年限內出口回國將在天津所交復進口半稅仍行給還俄商運貨回國領事官發

給兩國文字執照註明商人姓名貨色包件數目若干由該關蓋印該商務須貨照相隨以憑沿途各關口查驗放行其繳銷執照限期並遇有遺失執照等事均照第三條章程辦理該商應照第三條所載之路行走沿途不得銷售如違此章即照第八條所定章程罰辦沿途各關卡查驗貨物應照第三條章程辦理至俄商由肅州（即嘉峪關）販運該處所買土貨運往該處回國者所有完納稅餉等事均照天津一律辦理（舊章作給還存票崇約無存票二字此次雖未能將二字爭添然稅官如何辦法本不能悉書於約章之中給還存票之法應否照舊辦理當由稅關斟酌）

第十一條俄商在通州販買土貨由陸路出口

回國應照稅則完納出口正稅其在張家口販買土貨出口回國應在該口納一子稅即正稅之半俄商由內地販買土貨運往通州張家口回國者照各國在內地買土貨總例應再交一子稅由各該關口收納發給運貨執照其在通州買土貨者應在東壩報明收稅發給執照沿途不得銷售應於執照內載明其由以上各處運貨出口發照驗貨等事應照第三條所載章程辦理　第十二條俄商在天津通州張家口嘉峪關販運別國洋貨由陸路出口回國如該貨已交正稅子稅有單可憑不再重徵如祇交過正稅未交

子稅該商應按照稅則在該關補交子稅　第十三條俄商販運貨物進口出口應照各國稅則及同治元年所定俄國續則納稅如各國稅則及續則均未備載再照値百抽五之例納稅　第十四條凡進口出口免稅之物如金銀外國各銀錢各種麵砂穀米麵餅熟菜牛奶酥牛油蜜餞外國衣服香水胰鹼炭柴薪外國蠟燭外國煙絲煙藥外國酒家用進物船用雜物行李紙張筆墨氈毯鐵刀利器外國自用藥料玻璃器皿以上各物由陸路進口出口皆准免稅惟由章程內載各城及各海口運往內地者除金銀

外國銀錢行李三項仍無庸議外其餘各物皆按每値百兩完納稅銀二兩五錢外國衣服下畫押時議添金銀首飾攙銀器七字又各國約章外國衣服下均有金銀首飾攙銀器七字布策擬法文稿時忘未照錄使署譯漢文亦遂未添入外部繕法文乃添之又未知照使署直至畫押之際乃經慶常看出漢法文不符之處查各國約章既有此七字自未便待俄獨刻而繕正之本不宜添註爰與格爾斯等商酌於漢文此條之末添一雙行註脚將來條約刊行時即可於外國衣服下徑添金銀首飾攙銀器七字不必更雙行註脚矣

第十五條凡違禁之物如火藥大小彈子礮位大小鳥鎗並一切軍器等類及內地食鹽洋藥均屬違禁不准販運進口出口如違此例即將所運違禁之物全罰入官俄國人民前往中國者每人准帶鳥鎗或手鎗一桿護身填入執照又硝磺白鉛須奉中國官發給准單方准俄商運

進口內各華商特准買明文方准銷售中國米銅錢不准販運入口外國米穀及各種糧食皆准販運進口一概免稅　第十六條俄商不准包庇華商貨物運往各口　第十七條凡有嚴防偷漏諸法任憑中國官隨時設法辦理

俄商前往中國貿易過界卡倫單

中國卡倫一胡柏里志呼二則林國三毛葛子格四烏梁圖五多羅洛克六霍林納拉蘇七呼拉查八巴揚達爾噶九阿深嘎十鳴拏十一烏阿勒嘎十二庫達拉十三恰克圖十四哈拉呼志爾十五治爾格臺

十六俄爾托霍十七伊勒克池拉穆十八烏尤勒特十九貝勒特斯二十賽郭鄂拉二十一金吉里克二十二攸斯提特二十三蘇俄許景澄摺云卡倫單應删去治爾格臺至金吉里克七處查卡倫單末段本云可議删減目下删七處在俄既不允在我亦未必盡當且恐删七處後將末段言語改成呆句故未力爭

俄國卡倫一斯他羅麗魯海圖斯基二查罕額羅業甫斯基三克留車甫斯基四庫魯蘇他業甫斯基五查蘇車業甫斯基六杜魯勒古業甫斯基七托克托爾斯基八缺九阿深金斯基十們林斯基十一沙拉郭勒斯基十二庫達林斯基十三恰克圖十四博齊斯基十五熱勒都林斯基十六哈拉呆斯基十七哈

木聶斯基十八克留車甫斯基十九歡金斯基二十額庚斯基二十一缺二十二缺二十三缺二十四查罕俄博（自此卡倫以下兩國同名）二十五布爾葛蘇臺二十六哈巴爾烏蘇二十七巴克圖二十八喀普他蓋二十九闊克蘇山口三十霍爾果斯三十一別疊里山口三十二帖列克第山口三十三圖魯噶爾特山口三十四蘇約克山口三十五伊爾克什唐單內所開過界各卡可俟中國邊界官及俄國領事官體察情形報明後由中國總理衙門會同俄國駐京大臣商議酌改將查明可裁之處分別刪減或以便商之處酌量更

易亦可

紀澤既定約章馳奏復上疏言辦約艱難情形云伏念西洋大小各邦越海道數萬里以與中華 上國相通使臣來往於京城商船循環於海外實爲數千年來未有之奇局也交涉愈久歷練滋深是在總理衙門王大臣南北洋通商大臣出使各國大臣遇事留心盡言勿隱稍有纖毫關繫即不敢壅於 上聞庶幾九重因應酌輕重以咸宜四裔擾馴仰 恩威而胥服臣於定約之摺慮須宣示內外臣工甚或流傳海外是以未敢將委曲難言之隱據實 奏明然微臣辦事之難與尋常出使情形迥不相同有不能不瀝陳於 聖主之前者西人待二等公使之禮遠遜於頭等而視定議復改之任實重於初議原約係 特派頭等全權便宜行事之大臣所訂臣晤格爾斯布策諸人咸以是否頭等有無全權相詰臣答以職居二等不稱全權大臣乃彼一則曰頭等所定豈二等所能改乎再則曰全權者所定尚不可行豈無全權者所改轉可行乎臣渥承 眷遇豈復希非分之寵榮且西洋公法凡奉派之公使無論頭等二等雖皆稱全權字樣至於遇事請 旨不敢擅專則無論何等莫不皆然前大臣崇厚誤以師心自用違 旨擅行爲便宜行事之權蓋考之中國之憲章各國之成例無一而合者也俄人亦未嘗不腹誹之及至與臣議事稍有齟齬則故以無全權非頭等之說折臣每言使者遇事不敢自主不如遣使前赴北京議約較爲簡捷等語臣亦知其藉此詞以相難非由衷之言也但彼國既以無全權而相輕微臣即不免較崇厚而見絀此其難一也

桉之萬國公法使臣議約從無不候本國君主諭旨不與外部意見相合而敢擅行畫押者間有定而復改之事亦不過稍有出入從無與原約大相逕庭者往歲崇厚急於索地又急於回京遽定遽歸諸多未協外部見臣照會將約中要領痛行駁斥莫不詫爲奇談屢以崇厚違 旨擅定之故曉之奈彼聞所未聞始終不信此其難二也原約所許通商各條皆布策駐京時向總理衙門求之多年而不可得者崇厚甘受其紿求無不應一經畫押彼遂據爲已得之權再允熟商彼即市其莫大之惠格爾斯賢於布策而不明中俄商情經臣剴切數陳彼仍茫然不解此其難三也泰西臣下條陳外務但持正論不出惡聲不聞有此國臣民詆及彼邦君上者雖當辯難紛爭之際不廢雍容揖讓之文此次廷臣奏疏勢難緘秘傳播失眞之語由於譯漢爲洋鋒稜過峻之詞不免激羞成怒每謂中國非眞心和好即此可見其端若於茲時忍辱改約則柔懦太甚將貽笑於國人見輕於各國等語臣雖飾詞慰藉而俄之君臣懷憾難消此其難四也自籌兵籌餉疊見邸鈔而俄之上下亦惴惴焉時有戒心遣兵船以備戰增戍卒以防邊臣抵俄時彼已勢成騎虎若仍在俄議事則前此之舉動爲無名故欲遣使晉京議約以歸功於海部無怪一言不合俄使即以去留相要惟時留之則要挾必多不留則猜嫌滋甚恐留而仍去適示怯而見輕此其難五也俄皇始命布策向臣詢明中國意嚮予限一月限滿之時經臣援引總理衙門照會駐京署使凱湯德展限三月之意復請外部婉奏俄皇乃許添展

兩月與臣議事我 皇上因俄事日迫意在轉圜一切情形許臣由電徑達總
理衙門代奏請 旨已屬破格施 恩而事勢無常日期甚速有時於立談之
頃須定從違臣於未經請 旨之條既不敢許之過驟然既奉轉圜之 旨又
不敢執之過堅良由自滬至京無電綫以資迅速故雖由電請 旨非旬日所
能往還敵廷之詢問益多專對之機權愈滯此其難六也猶幸我 朝與俄羅
斯通好二百餘年素無纖芥之嫌未釁邊疆之患俄國自攻克土耳其後財殫
力竭雅不欲再啟釁端加以 聖明俯納臣言釋放崇厚以解其疑辦結各案
以杜其口故其君臣悅服修好輸誠布策諸人雖堅執各條不肯放鬆而俄國
皇帝與其外部丞相格爾斯實有和平了結之意故得從容商改大致就我範
圍此則 列聖以來懷柔之效而我皇太后 皇上公溥慈祥之德有以感動
之也臣之私心過慮誠恐議者以爲俄羅斯國如此强大尚不難遣一介之使
馳一紙之書取已成之約而更改之執此以例其餘則中西交涉更無難了之
事斯言一出將來必有承其弊者竊以爲兵端將開而復息關乎生民之氣數
而氣數不可以豫知條約已定而可更視乎敵國之邦交而邦交不可以常恃
臣是以將到俄以來辦事艱難情狀據實直言不敢稍存隱飾請 旨密飭海
疆暨邊界諸臣仰體 聖朝講信修睦之心至誠以待鄰封息事而全友誼庶
幾遐荒悅服永叶止戈爲武之休海宇清平
益臻舞羽敷文之盛臣不勝懇切喁望之至

光緒大事彙鑑伊犁之議正誤表

冊別	頁數	行數	字數	誤	正
卷三	四	三	竊以二字下	膄	腴
	六	三十六	疆臣二字下	脫一字	置
	九	七	孫依二字下	處	虎
	仝	仝	未見二字下	人	又
	十一	二十四	錦棠於三字下	謀賊	賊謀
卷四	一	三十一	飛報二字下	人	又
	二	二十五	分團更三字下	分	番
	九	十四	此藎若三字下	此	與
	仝	仝	纏回二字下	押	維

光緒大事彙鑑

	十三	三十四	金順出三字下	赴	示
	十七	五	侵斷我三字下	入	八
	十九	五	赴俄二字下	定	衍文
	二十二	十五	無論轉三字下	向	餉
	二十四	八	罌雪咽三字下	旃	氈
	仝	十一	原是二字下	暨	暫
	三十四	十九	哈薩克三字下	住	往
卷五	一	十二	顧將兩三字下	兩	衍文

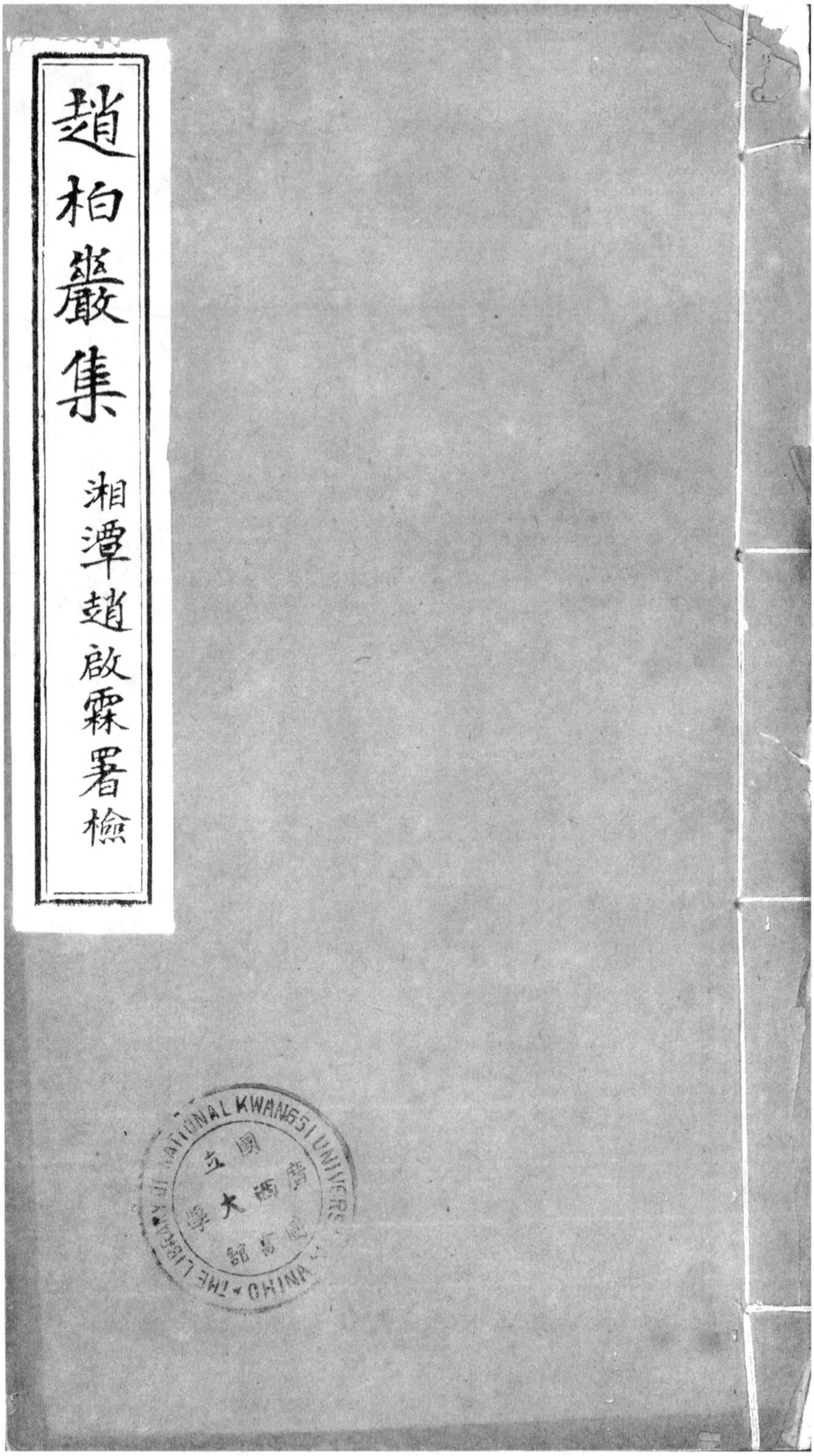
趙柏巖集
湘潭趙啟霖署檢
國立廣西大學圖書館
THE LIBRARY OF NATIONAL KWANGSI UNIVERSITY • CHINA

光緒大事彙鑑卷六

全州趙炳麟柏巖著

嗚呼物必自腐而後蟲生之日本持遠交近攻之策伺我久矣甲午戰後日趨於強我趨於弱然考日之所以強因明治帝整飭紀綱勤求民隱我則紀綱日弛政出多門國事日廢國民日困長此不返吾不知探稆之所矣弱云乎哉述中日之役

中日之役

元年乙亥十月日本以外務少輔森有禮為特命全權公使如北京議朝鮮事

先是日本自德川氏執政持鎖港主義長崎交通唯華商

及荷蘭他皆禁絶逮數十年前美俄以兵船刼盟內國紛擾遂廢幕府尊王室與泰西諸國互結條約至我同治九年爲日帝明治三年王政維新廣事外交以我爲千餘年舊好又兩大同在亞洲不可不締交乃遣外務權大丞柳原前光賫外務卿書呈我總理各國事務衙門預商通好事宜書曰大日本從三位外務卿清原宣嘉從四位外務大輔藤原宗則謹呈書大清國總理外國事務大憲臺下方今文化大開交際日盛我邦近歲與泰西諸國訂盟鄰近如貴國宜最先通情好結和親而惟有商舶往來未修鄰交之禮不亦一大闕典乎我邦維新之始即欲遣公使修盟約內國多故遷延至今深以爲憾玆謹奏准特遣從四位外務權大丞柳原前光正七位外務權少丞花房義質從七位文書權正鄭永寧等於貴國預商通信事宜以爲他日遣使修約之地伏冀貴憲臺下欵接各員取裁其所陳述謹白先是我同治元年長崎奉行遣僚屬附和蘭船携貨至上海因和蘭領事謁上海道吳煦請曰日本向祇與荷蘭通商自英法諸國挾以兵威逼令立

約利權盡爲西商佔盡無如力不能制未能拒絕我官民等會商僉謂若自行販貨分赴各國貿易或可稍分西商之勢今既到上海願倣照西洋無約各小國之例不敢請立和約惟求專來上海一處貿易并設領事官照料完稅諸事通商大臣薛煥允其暫由荷蘭商人報關驗貨尚未許其購貨商人歸時又請倫允通商乞諭知和蘭領事轉達將來或遣公使籲求至同治三年又有日本商船至上海請英國領事巴夏禮爲介紹通商大臣又允其以日本商名自行報關同治七年長崎奉行河津某又由英國領事致書於江海關道應寶時書稱與歐羅巴諸洲往來時有公使奉命紳士游歷附洋舶而西者過境請爲照料又有日本商民請赴內地傳習學術經營商業就便僑寓者均有本國護行印照請驗明符信顧念鄰誼云云此皆德川將軍時所遣至是朝廷始派使來至天津謁見三口通商大臣成林直隸總督李鴻章成林等代上書令留津候命總理衙門議允所請覆函許通商仍有大信不約之語前光懇請再三前光謁鴻章曰英法美諸國强逼我國通商我心懷不甘而力難獨抗於可允者允之不可允者拒之惟念我國與中國最爲鄰近宜先通好以冀同心合力鴻章爲達之總理衙門前光又上成林書曰我與泰西十四國皆以換約各國與我相拒十萬里尚有公使領事來駐我國保護商民獨中國雖有商賈來往

曾無官長約束西人謂附西船至者應以西人視之竟令華民歸其管轄久有如東溼
薪之勢我外務卿軫念及此於戊辰春曾函致上海道應寶時請將華民暫歸地方官
約束得覆允行我即以此告各領事令華民遷我管轄始脫樊籠現已居以別區編立
戶籍優加保護然終不免西人橫議者以未曾換約故也前有我商至上海者以無約
故竟依和蘭領事爲介紹中國亦若以西人視之中東兩國利權不能自操乃均爲西
人估據我國廷臣會商此事謂宜預先遣員通款爲將來派使換約之地是以特派前
光等前來當啟程時或謂不以西人介紹事恐不諧我外務卿乃與評論謂兩國唇齒
相依何必自棄夙好轉倚外人苟以至誠懇請彼國當道必愈加親厚今若回報不必
換約殊非我外務卿一片苦心前光等亦無以報命云云又謁成林曰我等來時西人
謂泰西小國皆邀我大國同往中國始允立約今日本派員自往恐未必成外務卿置
之不答是以僅持英美二國致駐津領事函託其照拂今總署覆以不必立約若奉以
回國如西人恥笑何又以手作勢云彼似太高我似太卑又自指云太覺無顏如不邀
允雖死亦不敢東
歸成林均爲轉達 總理衙門鑒其意誠遂允訂約俟派大臣來
時議前光等感謝而歸明年四月特以大藏卿伊達宗城
爲欽差大臣使中國締盟約外務大丞柳原前光副之外務

權大丞津田眞道文書權正鄭永寗等從焉我朝特簡欽差大臣協辦大學士直隸總督李鴻章爲全權大臣辦理日本通商事務江蘇按察使應寶時署直隸津海關陳欽隨同幇辦六月宗城等至天津往復商論至七月遂定修好條規十八條通商章程三十三款附以中國日本海關稅則先是前光等歸我疆臣有以前明倭寇爲辭奏請拒絕日本通商者李鴻章奏駁之略謂我朝朝鮮內附聲威震讋日本固不敢越屬藩而窺犯北邊亦從未勾內奸而侵掠東南實屬畏懷已久順治迄嘉道年間常與通市江浙設官商額船每歲購銅百萬斤咸豐以後蘇浙閩商往長崎貿遷寄居者絡繹不絕其安心嚮化可知矣論者拒絕之請於今昔時勢彼國事實蓋未深究今彼見泰西各國與中土立約彼亦經與泰西各國立約援例而來似係情理所有之事倘拒之太甚必因泰西介紹固請自不如就其納欵之時推誠相待委員柳原前光等來謁每稱欲與中國結好同心協力立言亦頗得體旣允議約在前斷難拒絕於後云云欽差大臣大學士兩江總督曾國藩亦奏稱臣竊思道光二十一二年間與西人立約議撫皆因戰守無功隱忍

息事厥後屢次換約亦多在兵戎擾攘之際左執干戈右陳槃敦一語不合動慮決裂
故所締條約間有未能熟思審處者日本二百年來與我中土并無纖芥之嫌今見泰
西各國皆與中國立約通商援例而來請叩關而陳辭其理甚順其意無他若我拒之
太甚無論彼或轉求西國介紹固請勢難中卻卽使外國前後參觀疑我中國交際之
道逆而脅之則易於行成順而求之則難於修好亦殊非聖朝懷柔遠方之本意自同
治元年始有日本官員以商船抵滬憑和蘭國報官進口中國隨宜拒卻亦已久矣今
既令其特派大員到時再商豈可復加拒絕論者杜絕之請蓄未能合衆國而統籌計
前後而酌核也日本素稱鄰邦非朝鮮琉球越南臣屬之比其自居鄰敵比肩之體欲
仿泰西英法諸國之例自在意中其海關稅則之輕重亦必與泰西從同日本自詡爲
强大之邦同文之國若不以泰西諸國之例待之彼將謂厚滕薄薛積疑生隙臣愚以
爲悉倣泰西之例亦無不可但約中不可載明比照泰西各國通例辦理尤不可載恩
施利益一體均霑等語逐條而備載每國而詳書有何不可何必爲此簡括含混之詞
堅彼之黨而紊我之章總之聖朝馭遠一秉大公萬
國皆將諒其誠何獨日本永遠相安哉朝旨韙之
宗城訂約之後旋進京
謁總理衙門王大臣齎呈國皇所獻大皇帝儀物朝廷亦
加酬報命宗城齎歸初前光之來先呈約章以兩國利益

爲辭及隨宗城再至則專欲倣照泰西諸約議約大臣以中東兩國有來有往每事須作彼此兩國之詞方昭公允斷斷持議久而後定

前光致應寶時陳欽書曰伊達大臣之發東都也各國公使送行謂此去當與大清連盟結衡我大臣應之曰但看他日約成當知其實今觀來稿大約與西人同不同者亦不少交際之道萬國祇可劃一不可輕重欲重之也西人妒而分之欲輕之也西人侮而詆之今兩國均有西客旁觀出入頗生枝節倘有參差非特不能通行且謂使者不力何面目歸國復命乎當今之計我兩國唯有內求自强外禦其侮誠能心照意援條規章程不若姑從西人痕迹無事更張不露聲色之爲愈也應寶時陳欽亦覆以書曰貴國特派大臣前來原爲通兩國之好若以迹類連橫慮招西人之忌則伊達大臣不來更無痕迹自主之國應有自主之權何必瞻徇他人鰓鰓過慮況條規中亦並無可令西人生疑之處也兩國有來有往迥異泰西遼遠有來無往者斷不能盡同泰西且西人所得之利未嘗獨靳於日本今送去條規不知較西約何者重何者輕希即一一指明藉開茅塞去歲送來約章均以兩國立論此次章程全改作一面之詞薈萃西約收錄各欵而擇其尤竟爾自相矛盾翻欲將前稿作爲廢紙則是未訂交先失信將何以善其後乎我中堂又何以覆命乎

中有不能盡同西約者

惟內地通商一事先是泰西諸約既經指定口岸通商而約中混入許其游歷內地通商一語本係牽連附及出於疏誤而西人據此遂謂許入內地買賣貨物各國援一體均霑之詞紛紛效尤於是華商亦多假借西商希免稅釐抗法度流弊孔多及是章程中聲明不准運貨入內地不准入內地置買土貨前光等堅以有異泰西爲辭鴻章面折以華人前往西國內隨處通行並無限制今日本係以入口岸與中國通商華人既不能到日本內地貿易日本人亦豈應入中國內地貿易此係兩國從同確乎公允何得引西約爲例前光始語塞而退宗城既歸日本意尙觖望宗城旋以事免官

同治十一年二月以外務大丞柳原前光兼少辦務使即四等公使使於我議改約不得要領而還前光齎有外務卿副島種臣大輔寺島宗則致我北洋大臣李鴻章文書大略謂承訂條規經奏聞允行惟去歲我國特派大臣使於歐西欲倣萬國通例議商改約將來改定後條規中所載以已國法訊斷已民等事必須更正故先商明又條規第二條遇事彼此相助從中調處之語兩國既結和誼雖無此語亦有權可行應請裁撤第十一條帶刀之禁佩刀乃我國禮制若以入國問禁第交我國理事官檢束可耳不便明禁亦宜削去今特派前光等面陳冀與貴大臣時備文書往來擬議以爲他日批準互換之地云云前光又陳通商章程所載進出口稅各條須議由日本海關

按照成規抽收不必指明稅前光謁鴻章鴻章曰日本與泰西改約成否未可知事果有成可以換約後再商海關收稅亦可俟屆時商辦帶刀之禁原慮細民滋事預爲防範由理事官布告禁令亦無不可俟約滿時删除至從中調處一語信如外務卿所謂各國均有此權但議約時不載則可既載復裁轉貽恥笑兩國交際於定約之後未換之先遽爾遣員議改旋允旋悔不幾於全權立約之命相柄鑿乎條規所載信守弗渝之謂何萬國公法最忌失信兩國何可蹈此不韙貽笑外人前光囁嚅縮伏第言惶愧惟求賜覆鴻章亦覆以書按萬國公例各國流寓之民均歸地方官管轄海關收稅輕重多寡悉由自主他人不得干預日本於是時既悉外交利弊特遣岩倉具視等使歐美各國欲倣泰西通例將舊約中領事官以己國法審斷己民之條及海關收稅彼此會商之語一概删改權歸自主故種臣等有此商請唯西人既得之利難以遽奪自岩倉歸後今已越十年尚無歸宿帶刀一事凡世族悉佩雙刀庶民亦或帶單力實爲日本禮制然其後從森有禮之議卒自行革禁至彼此調處之言聞宗城等齎約歸頗受西人揶揄故欲删去

十月有秘魯國商船瑪利亞留士在澳門騙誘華民三百餘名爲傭載赴其國既而遇颶風泊橫濱傭人苦舟師虐使投水遇救英國兵艦長挨仁雕救之引告神奈川縣走訴神奈川縣廳時

副島種臣爲外務卿命阻留商船解放諸傭告於我國我國遂遣同知陳福勳來日本攜之還深謝其鄰誼時日本與秘魯未立約秘魯旋遣使責日本越俎多事要以償欵彼此駁論久未決乃會請俄皇公判至明治八年六月俄皇斷以日本所辦合於公法秘魯不得要償議乃結十一月以外務卿副島種臣爲特命全權大使使於我換條規先以書致李鴻章曰前派使員請暫緩換約並商改章今我改約大使東徂西轉已越一年若俟其歸似太遲緩今疏請先行換約奉命以種臣爲大臣即日來華種臣謁鴻章又自陳前光之來非其意所樂爲云十二年四月至天津我朝命鴻章爲換約大臣遂互換條規種臣旋入京時穆宗親政禮成泰西公使咸籲請覲見伸慶賀六月穆宗召見於紫光閣種臣以頭等全權大臣在俄美英法諸使之先捧國皇書入

覲書曰大日本國大皇帝敬問大清國大皇帝好曩者兩國俱與泰西各國交通往來而獨兩國未修親睦故於去歲簡派親臣大藏卿伊達宗成經與貴國議定條規已於批準允宜派使互換適聞大皇帝已成婚且親政朕深歡喜乃特遣外務大臣副島種臣於貴國交換條約併伸慶賀朕固知種臣堪爲喉舌專司外務無不代朕肩承言歸於好冀大皇帝思交誼篤鄰好待該使臣優加仁厚彼此兩國蒙慶永久弗渝特茲敬白併祈大皇帝多福眉壽種臣覲禮成鞠躬爾退大清國大皇帝復問大日本大皇帝好茲接使臣副島種臣齎到來書披閱之餘實深忻悅朕祇承天命寅紹丕基中外一家罔有歧視矧關鄰誼尤重推誠上年所立條規現已宜諭刊布嘉儀孔多足徵厚意用答微物藉使寄將願我兩國永敦和好同荷天庥朕有厚望焉 我國覆書仍命種臣齎歸自中國與外國締交三十餘載今以特恩召見種臣居首班世誇爲至榮種臣換約之後以井田讓爲總理事管十五口商務品川忠道爲理事駐上海兼管寧波鎭江九江漢口四處林道三郎爲副理事管廣東瓊州潮州三處而駐於香

港各令赴任視事種臣既歸前光爲公使明年仍有臺灣生蕃之事先是辛未十一月有琉球船遇颶風飄至臺灣爲生蕃刼殺五十四人癸酉三月小田縣民四名亦漂到遭害喜事者因謂生蕃豺狼不可不膺懲特以生蕃熟蕃有異欲先質經界於我會種臣在北京乃寄諭種臣命詢臺地事種臣難於啟口因遣副使柳原前光問我總理衙門大臣毛昶熙董恂昶熙等答曰蕃民之殺琉民既聞其事害貴國人則我未之聞夫二島俱我屬土之人相殺裁決固在於我我恤琉民人自有措置何預貴國事而欲爲過問前光因大爭琉球爲日本版圖且證小田縣民遇害

狀詰曰貴國已知恤琉人而不懲臺蕃者何曰殺人者皆屬生蕃故且置之化外未便窮治日本之蝦夷美國之紅蕃皆不服王化此亦萬國之所時有前光曰生蕃害人貴國舍而不治然一民莫非赤子赤子遇害而不問安在爲之父母是以我邦將問罪島人爲盟好故使某先告之反覆論詰者累日卒不能畢議及前光歸白狀於是征臺之議遂決甲戌三月以陸軍少將西鄉從道爲都督陸軍少將谷干城海軍少將赤松則良爲參軍率兵赴臺灣陸軍少佐福島九城爲厦門領事兼管蕃事別延美國人李仙得參謀議李先得者曾充駐剳厦門之美國領事以美船事曾至臺灣生蕃諸社後爲外務省所聘副島種臣使中國亦嘗隨行 傭英

美船爲運輸而特命參議兼大藏卿大隈重信爲總理四月從道等率海陸軍發品川旋抵長崎以薩邸爲蕃地事務局重信等隨至時美國公使某執局外中立之例建言曰大邦無端率軍艦兵卒而入華境彼必以爲寇邊我船舶人民苟爲大邦所傭役彼又必以我爲應援我與華人亦爲同盟豈敢獨有私於大邦而結怨鄰好凡屬美國所有願一切收還遂布告其流廛商民守中立例並令厦門美領事捕李仙得等英國公使亦言中國必生異議按之公法實無此舉於是內閣大生紛議急遣權少內史金井之恭傳內旨於長崎令重信止軍行且歸京重信走告從

道不奉命曰近日朝政朝令夕改令人危疑況招集精銳駕馭一誤潰敗四出禍且不測豈止佐賀之比（佐賀謂是年前參議江藤新平叛亂之事）必欲強留某則奉還勅書躬自擣醜虜巢窟斃而後已萬一清國生異議朝廷目臣等爲亡命流賊則於答之乎何有（先是日本欲於蕃地爲屯田計因命從道募兵鹿兒島縣其兄隆盛爲募驍健子弟八百餘會停師令下忽有流言謂熊本大坂兵將東上叩闕請出師之命故從道以是要挾從道又曰即使內閣大臣西下親諭亦不能從辭色俱憤重信乃曰內旨非必停師特以外國公使有違言將俟後圖懇諭百端從道卒不肯即夜下令發師翌日領事九成等遂率千二百人乘有功艦先發）重信電報狀朝議大憂又命內務卿大久保利通於長崎從道卒不聽乃戒以姑行勿妄交兵以待後命利通等遂攜李仙得還東京五月二日諸艦相

率發進日孟春三
國共三艦
尋達社寮港既上岸移陣龜山社寮平曠無可扼
守時日進艦放小
舟測海生蕃出沒岸上發小銃狙擊乃移營龜山扼內山衝路旋遣輕兵入山牡丹社
蕃伏匿茂草中猝起邀擊殪伍長某越二日以熟蕃爲導生蕃亦出鬪日本兵發銃於
叢莽斃其一餘皆奔遁熟蕃告
以佯走有伏日本兵不敢追躡
從道亦乘高砂艦繼至初以美英公使有
違言所賃船舶悉
解約還之於是運糧調兵皆失便衆皆憤鬱乃謀購買而外船驟倍其價以銀六萬圓
購一美艦可容兵五百名曰社寮又以十萬圓購一英艦可容兵千載物千噸高砂艦
是也社寮
亦繼至
至則分道進攻不利乃退守龜山修橋梁闢荒蕪
爲屯田持久計六月一日仍分竹社風日石門三道攻牡丹社向四重溪是地
拒龜山僅八九十里塗有一河衆水奔注勢如激箭諸軍提挈
亂流而渡兵或漂溺既而深入山谷澗水橫流泥淖沒踝土蕃伐木塞路日本兵捫葛
攀藤岩壁蝸旋魚貫而行屢爲土蕃所阻力進奮擊焚廬舍數所蕃人徒跣陟險而走
其捷如飛日本兵追之不及從道等乃謂土蕃出沒不常我兵追擊則鳥遁獸逸倏失
所在功不償勞不如杜巢穴絕饟道以術制之以待其窮乃寘守於雙溪石門風港諸
道收軍還龜山造都督府設病
院修橋繕道爲開壁久守之計
初師發長崎復遣柳原前光於北

京領事九成至厦門亦書告閩浙總督李鶴年書曰去年副島大使以下既報貴國政府今將起師問罪於貴國化外之地若貴國聲教所暨則秋毫不敢侵犯疆埸密邇願毋致騷擾鶴年覆書曰臺灣全島我所管領土番犯禁我自有處置何借日本兵力爲至貴國人民四名之遇禍者我臺灣府吏實救庇之何可以怨報德請速收兵退我地勿啟二國釁鶴年以聞時總理衙門北洋大臣先馳奏我朝命船政大臣沈葆楨巡視臺灣調兵警備前光至京謁總理衙門詞旨牴牾於是二國將搆兵日本即徵兵諸國商購鐵甲艦於英我則築炮臺於澎湖諸島設海底電綫於臺灣厦門間購新式洋槍三萬枝於德調淮兵來臺議購鐵甲艦於丹國歐美海客在兩國者論彼我曲直強弱日付新聞紙乘機皷煽船艦兵仗

之價頓增三倍日本兵久屯龜山酷暑多病疫棺槥相望進退維谷國皇特遣侍醫及外國醫員往療之命御庫製冰運往別募新兵罷歸病者而是時赤松則良在上海偵探馳報巡撫王凱泰將兵二萬向臺地日本大恐八月遂以參議大久保利通爲辦理全權大臣委以和戰之權陸軍大佐福原和勝三等議官高崎正風租稅助吉原重俊權少內史金井之恭等從之別以佛人披薩拿參機密六日發東京十九達上海李仙得亦隨行初李仙得已罷役更任特例辦務使赴厦門美國領事以犯局外中立令捕之李仙得不服曰日本得聘用美人載於條約日本聘我在臺事未起之前今擅禁其用我是使美國失信於日本也領事卒釋之李仙得遂往會利通於天津偕至京九月十四日利通謁我總理衙門王大臣先辯論蕃地所隷之經界互相齟齬經二旬未決利通乃宣言歸國再擧利通

貽總理衙門書曰諸公所言輒引條約以背盟罪我是陽唱和我而陰疏斥我也我已東裝歸國在近或和或否期以十日答我 **而陰託英國公使威妥瑪居間調停初利通要償軍需金三百萬圓總理衙門以日本爲無理橫肆堅執不許** 時我軍機大臣文祥執議不給一錢巡視臺灣大臣沈葆楨亦奏稱倭備雖增倭情慚怯彼非不知難思退而謠言四布冀我受其恫喝遷就求和倘入彼轂中必得一步又進一步但使我厚集兵力無隙可乘自必帖耳而去姑寬其稱兵既往之咎已足見朝廷逾格之恩倘妄肆要求願堅持定見力爲拒卻葆楨又貽書鴻章曰大久保之來其中情窘急可想然必故示整暇不肯遽就我範圍是欲速之意在彼不在我我既以逸待勞以主待客自不必急於行成鴻章以告總理衙門廷議大韙之 **既而念日本近在肘腋無以餂其欲恐有妨亞洲後來和局乃終許撫卹籌補銀限期撤兵遂和好如初** 條欵曰照得各國自行設法保全如在何國有事應由何國查辦茲以臺灣生蕃曾將日本國政府屬民妄爲加害日本國本意爲該蕃是問遂遣兵往彼向該生蕃詰責今與清國議退兵并善後辦法開列三條於後一日本國此次所辦原爲保民義舉清國不指以

爲不是二前次所有遇害難民之家清國許給以撫恤銀十萬兩日本所有在該處修道建房等件清國願留自用先行議定籌補銀四十萬兩三所有此事兩國一切往來公文彼此撤回註銷作爲罷論至該處生蕃清國自行設法妥爲約束是日我總理各國事務和碩恭親王軍機大臣管理工部事務文祥軍機大臣協辦大學士吏部尚書寶鋆吏部尚書毛昶熙戶部尚書董恂工部尚書崇綸軍機大臣兵部尚書沈桂芬兵部右侍郎成林左侍郎崇厚通政司副使夏家鎬日本特命辦理全權大使大久保利通駐劄公使柳原前光咸會於總理衙門議定各簽押鈐印

利通於定約之夕即走謝威妥瑪明日遂發北京至天津謁李鴻章傾懷款晤盡歡而別初前光因臺事謁鴻章前光氣餒恐其議論牴牾故言他不復及時事利通之來亦未修謁及是乃過訪焉歸抵橫濱商民各張燈彩迎之以慶和成國皇亦御正殿賜見詔賞其勳勞李仙得先歸國皇亦引見慰勞之尋召見英國公使巴夏禮溫諭奬謝蓋以威妥瑪等調停盡力也旋特遣勅使於臺灣詔班師十二月從道等振旅歸國皇亦召見慰其勞是役也日本糜費六百餘萬圓兵士疫死者甚衆

至是朝鮮砲擊日本雲揚艦日廷命

森有禮至京請我總署告朝鮮修好睦鄰有禮謁鴻章保定鴻章飲之酒縱談曰平秀吉千古偉人然朝鮮之役前後七年明朝以爲中國藩屬在所必爭喪師糜餉兩受其害有禮曰朝鮮果中國藩屬乎鴻章曰此天下萬國所知也且條約亦載之有禮曰條約何嘗及此鴻章曰兩國所屬邦土非指朝鮮諸國邪他日修約當爲明注有禮因曰朝鮮屢拒我國書今又無端擊我兵艦我國有征韓議鴻章曰朝鮮誤於不知耳且亞洲宜合從聯横外禦其侮何可以兄弟之國日尋干戈苟或興師中國豈能袖手以大字小願熟思之又取筆書徒傷和氣毫無利益八字示之

有禮唯唯臨別起告曰今夕所論戰事乃森有禮一人之言非日本使者之言也

二年丙子十月始命翰林院侍講何如璋爲駐日欽使知府張斯桂副之

初條約已換華民流寓日本者日以未設領事遂頒居留華民規則令遵守並課金充經費先是華民僅居長崎一口後新開各港皆陸續麕集橫濱有二千餘人神戶數百長崎千餘築地箱館百餘閩粵入居多日本令各舉董事經理每人歲課銀二圓至是始命如璋爲欽使駐日本並設各埠領事先是議約之始曾國藩奏稱日本物產豐饒百貨價賤去中國數日程嗣後彼市舶將絡繹東來我賈航亦聯翩外渡非如泰西諸國彼來而我不往中國宜派員駐日本約束內地商民管理中日訟件鴻章亦奏曰日本近在肘腋自變西法購兵船造鐵路學習藝事志在自强宜簡

員駐之佔其動靜福建巡撫丁日昌湖南巡撫王文韶均以爲言遂有是命

五年己卯十月日本滅琉球擄其王及王子安置東京遂縣之

琉球爲我藩屬朝貢不絕原部三十六島北九島中十一南十六精華聚中北南瘠而偏先是北部八島爲日本割取至是日本謀拓殖民地以兵滅琉球擄其王及其王子安置東京我出使大臣何如璋奉詔詰問日廷議還我南部而遣竹添進一求換約援兩洋各國利益均霑語相要時我爲伊犁事與俄齟齬日乘機脅我令其使臣宍戸璣向總署辯難大學士李鴻章右庶子陳寶琛左庶子張之洞均請緩詰球案相機處置日本遂以琉球爲縣治

七年辛巳二月命江海設防

球議磋商三載不就日本使臣宍戸璣自棄前議悻悻回國遂命李鴻章劉坤一何璟張樹聲吳元炳譚鍾麟勒方周恒祺裕寬黎兆棠李成謀等於沿海沿江預籌防備

命提督吳長慶統兵鎭朝鮮

朝鮮古屬靑州逾海地舜割爲營州周封箕子本爲中國故壤與盛京隔鴨綠一江我太宗天聰元年遣貝勒阿敏等征服之其王李倧受盟約自是爲我外藩而與日本偪近數百年來政治廢弛士大夫峨冠博帶工文墨圖科擧内外臣僚貪詐無遠志民困不聊多聚爲亂國內洶洶朝

不保夕日本變政以後政黨多強武屢欲試兵於韓我遣
軍朝鮮鎭之
八年壬午十月日本駐韓使臣竹添進一郞引韓臣金玉均洪
英植等謀廢王我提督吳長慶率兵入衛日使自焚其署
走仁川
朝鮮內政日隳而羣臣惡談外務玉均英植及朴泳孝徐
光範徐載弼等嘗游學日本稍知時務歸國頗議改革羣
臣詆之玉均等目羣臣爲守舊自負以開化黨相持喤呷
不休日本使臣竹添進一與玉均等謀廢韓王變法時英
植方總郵政致書我駐韓大臣及各國公使訂十月十七

日戊刻會朝鮮貴官飲郵署屆期中西使者畢齊日使辭
以病屯漢城泥峴之日兵車砲械入日使館戒備酒甫行
火起外垣朝鮮禁衛大將軍閔泳翊離席出視被刺入堂
殺朝鮮守舊諸官中西使者皆驚而散夜半日本兵排門
入景祐宮露刃以守玉均泳孝光範直入寢殿誑啟韓王
曰清兵縱火爲亂百姓半荼毒將及宮矣王其避旃召日
使入衛王不應忽炮聲作均孝等矯教促日入衛移太王
太妃於景祐宮十八日晨韓左營使李祖淵前營使韓圭
稷後營使尹泰駿皆被害復矯教召輔國閔台鎬趙寗夏
總管海防閔泳穆殺之自授英植爲右參政玉均戶曹參

判泳孝前後營使光範左右營使兼管通商交涉事載弼前營正領官遂欲廢王議建立玉均等議幽王江華島日使進一郎議幽諸日本東京不決而勤王兵大起告警我駐防慶軍吳長慶張光前等致書詰日使不答乃率兵會勤王兵入及闕日兵鳴槍普通門我軍疑王在正宮也未與戰死傷纍纍復致書日日使惑逆言助逆擁宮門韓民憤不可遏大亂將作我進兵衛王討罪即所以衛日使也復不答於是驅兵戰宮門玉均等出助督戰王遂乘間避玉流泉後之北關廟我軍見之入覲王泣曰賊臣亂國竟至此乎而太王太妃莫知所在長慶曰此非久匿地不如

暫入我營圖復辟王曰善壽英植追王牽王衣勸王兵殺而醢之幷誅其門人七以徇玉均等知王出而我軍拒戰力告日使曰事壞矣宜行日使竹添進一遂挈玉均泳孝光範載弼及其生徒出西門走仁川之濟物浦其黨伏誅者九人玉均等易日裝遁是亂也太王李應是實預之爲我軍擒獲安置保定壽以韓王屢請釋之

遣副都御史吳大澂運使續昌至朝鮮

韓王自長慶營上書求保護我以大澂等至韓唁之

十一月日本脅韓立約

日使竹添進一走濟物浦韓王以禮曹參判徐相雨爲全

權大臣穆麟德副之穆麟德普魯士人向爲朝鮮交涉兵曹等職遞國書濟物浦求成旋聞日新使井上馨至乃止井上馨率兵艦六泊濟物浦之三里寨會我欽使吳大澂續昌將至韓督辦通商交涉大臣趙秉鎬邀各國公使入漢城調解韓王復以金宏集爲全權大臣求成日人兵脅朝鮮遂私立密約七章償款五十萬圓或云日韓之約我國道員馬建忠左右之後經朝士叅劾李鴻章奏辯之諭曰有人奏日本與朝鮮定約如兵費五十萬元及兵駐王城兩條所關甚大聞道員馬建忠實主其事且言賠償兵費朝鮮無貲可由中國商民代借又恐李鴻章等察出乃屬朝鮮使臣彌縫其失筆談中謂此約非建忠主謀正其欲蓋彌彰吳長慶亦歸罪該道謂其擅預倭約任性妄爲等語此次朝鮮與日本定約究竟馬建忠曾否預聞其事著李鴻章張樹聲確切訪查據實覆奏毋稍徇隱奏云伏讀原片稱中國方計擒李昰應並誅亂黨何以兵在其郊於該國定約大事轉不預聞該國君臣當昰應見擒倉皇失措之際又何以能從容遣使秘密定盟絕不關白我軍皆非情

理所有等語查朝鮮內亂初中國派兵援護臣樹聲於六月二十九日接出使日本大
臣黎庶昌電報該外部來文言朝鮮立約待以自主須據約照辦使館各國自護如派
兵護持恐滋葛籐即經函達總理衙門旋准七月初一日覆函云日既不願中國代護
使館我軍即爲朝鮮定亂又彼既不願中國爲之保護則逐使一節先可置之不問惟
中國爲屬邦定亂自非彼應與聞等語當經抄致吳長慶馬建忠等遵照妥辦是日本
與朝鮮如何議約彼既認朝鮮爲自主中國本難過問即使與聞其事日本必不遵允
皆在情理之中無足怪者又原片稱馬建忠聽兩國私歃竊和事先絕無聞見事後復
不爭持形同聾瞽等語查七月十四日倭約未議之先朝鮮國王派戶曹尚書金炳始
副官金宏集兩次赴馬建忠處訪聞日本所索七條該道筆談業將約欵分別可許不
可許明晰相告內兵費與郵銀統算不可過十萬元又京內屯留大隊萬不可許若該
使爲保身之計隨帶弁兵在館亦不宜列入欵內經臣等據其節略抄送總理衙門在
案是事先非絕無聞見但金宏集等爲勢所逼未能照馬建忠所言固無如何至彼既
以全權畫押定議而歸事後更無從爭持矣又原片稱朝鮮之約馬建忠不但預其謀
並且主其事其實謂當由中國償費謝罪繼謂賠償兵費乃中外交涉正辦朝鮮無貲
可由商局代借等語查七月初三日我軍未到之先馬建忠在仁川與日本領事竹添
進一議及此事曾歷舉中國滇案及西國故事雖有兵事亦多不認兵費此件筆談經
臣樹聲錄送總理衙門在案迨炳始等十四日詢商馬建忠初以兵費不可償旋因金
宏集回請則謂與郵銀統算不過十萬元足矣尚屬相時立論至十六日金宏集在仁

川自與花房義質定議後致馬建忠有賠欵太濫不免爲辱命之歸慚憤欲死等語又
經臣鴻章抄送總理衙門在案此可爲馬建忠並未預其謀主其事之鐵據玆檢出七
月十六日亥刻金宏集手書原稿咨送軍機處備核至朝鮮借招商局之欵另作別用
臣鴻章已於十月初五日覆陳朝鮮六事摺內詳確陳明矣又原片稱該道屬朝鮮使
臣彌縫其失筆談中謂此約幷非建忠主謀正其欲蓋彌彰等語查七月二十六日臣
等傳見朝鮮大臣趙寗夏金宏集詰責賠欵之濫金宏集俯首謝罪並稱馬道在京相
距近百里難以從中排解原係實情何須轉屬朝鮮代爲彌縫也又原片稱吳長慶到
津以歸罪該道擅預倭約任性妄爲等語查吳長慶八月間來津商籌軍事臣等迭次
面詢當日情形實無歸咎馬建忠擅預倭約之說玆奉寄諭因情節重大特再專輪往
朝鮮函牘密詢吳長慶令其據實登覆頃據吳長慶咨呈該軍於七月十三日進紮王
城與馬建忠商擒李昰應十五夜圍剿枉尋里利泰院十六日邀同馬建忠訊辦所獲
亂黨其時日兵退至仁川相隔八十餘里何得有干預情事花房所索五十萬圓係朝
鮮全權大臣等受其恫喝已允在先未便因我軍定亂代翻前議致生事端十九日馬
建忠起程回津論及賠欵太多曾貽書花房勸其自行裁減是其未預斯約顯然易見
玆復邀金宏集來營再三細訊據稱當日實因倭恫喝倉猝徑許馬建忠事後始得聞
知毫無干預各等語是吳長慶幷無歸罪馬建忠之處確有明證矣又原片稱前明關
白封貢之役因沈惟敬詭詐百端致起倭人慓慢馬建忠爲天主教民與沈惟敬同一
市井無籍恐蹈覆轍等語查明萬歷間沈惟敬給倭以致敗軍憤事今馬建忠因未奉

有預議倭約明文只能從旁勸朝鮮誡倭人以減賠欵力所不及心固可原絕非沉惟
敬詭詐償事可比至該道幼習儒書屢試不售嗣游學泰西兼習法文非敎民亦非市
井本年美英德各國與朝鮮立約實賴其前往贊助聲明中國屬邦字樣俾大義復昭
於天壤此次擒至李昰應並籌辦善後事宜機敏異常才能應變即西人亦敬重之夫
洋務人才難得論人者不免苛求用人者當知護
惜臣等何敢空言誣罔致令任事者裹足心寒哉

九年癸未八月命李鴻章簡練軍實定策東征

翰林院侍讀張佩綸奏請密定東征之策以靖藩服謂日本貧寡傾危琉球之地久踞不歸朝鮮禍起蕭墻殃及賓館彼琉球故智挾盟索費貪得無厭今日之事宜因二國爲名令南北洋大臣簡練水師廣造戰艦台灣山東尤宜治兵練船爲南北洋犄角沿海各督撫迅練水陸軍以備

進規日本詔李鴻章通盤籌畫迅速復奏鴻章奏云臣昨於覆鄧承修請派知兵大臣駐紮煙台摺內曾聲明跨海遠征以練水師備戰艦爲要戰艦足用統馭得人則日本自服球案亦易結今張佩綸請密定東征之策亦謂不必遽伐日本南北洋當簡練水師廣造戰艦以厚其勢台灣山東治兵練船爲犄角與臣愚計大略相同惟中國力籌整頓既欲待時而動則朝鮮與日本所立之約究因毀使館殺日人而起目前可勿駁正緣朝日昔年立約中國並未與議彼雖未明認朝鮮爲我屬國而天下萬國皆知屬我矣似不如專議球案以爲歸曲之地轉覺理直而勢順

也至日本國債之繁帑藏之匱薩長二黨之爭權水陸軍勢之不盛原係實情但彼自變法以來壹意媚事西人無非欲竊緒餘爲自雄術今年遣參議伊藤博文赴歐洲考究民政復遣有棲川親王赴俄又分遣使聘意大利駐奧斯馬加冠蓋聯翩相望於道其注意在樹交植黨西人亦樂其傾心親附每遇中東交涉事件往往意存袒護該國洋債既多設有危急西人爲自保財利起見或且隱助而護持之然天下事但論理勢今論理則我直彼曲論勢則我大彼小中國果精修武備力圖自強彼西洋各國方有所憚而不敢發況在日本所慮者彼若預知我有東征之

計君臣上下戮力齊心聯絡西人講求軍政廣借洋債多購砲船與我爭旦夕之命究非上策未有謀人之具而先露謀人之形者兵家所忌此臣前奏所以有修其實而隱其聲之說也自昔多事之秋凡膺大任籌大計者祇能殫其心力盡人事所當爲而成敗利鈍尙難逆睹以諸葛亮之才略而兵頓於關中以韓琦范仲淹之經綸而勢絀於西夏迨我高宗武功赫耀震慴八荒然忠勤如傅恆岳鍾琪而不能必滅金川智勇如阿桂阿里袞而不能驟服緬甸彼當天下全盛之時聖明主持於上萃各省之物力挾千萬之巨餉薦一人無不用陳一事無不行猶且遷延歲

月相機了局者時與地有所限也日本少趨西法雖僅得形似而所有槍砲略足與我敵若必跨海數千里與決勝負制其死命臣未敢謂確有把握也第東征之事不可有東征之志不可無添練水師實不容稍緩諭旨殷殷以通盤籌畫責臣竊謂此事規模較巨必合樞臣部臣疆臣同心合謀經營數年方有成效從前剿辦粵捻各匪有封疆之責者以一省之力剿一省之賊朝廷責成既專一切兵權餉權與用人之權舉以畀之故能事半功倍今則事勢漸平文法漸密議論漸繁用人必循資格需餉必請籌撥事事須樞臣部臣隱爲維持況風氣初開必聚天下之賢

才則不可無鼓舞之具局勢過渙必聯各省之心志則不可無畫一之規倘蒙聖明毅然裁決則中外諸臣乃有所受成似非微臣一人所敢定議也張佩綸謂中國措置洋務患在謀不定而任不專洵係確論治軍造船之說既已詢謀僉同惟是購器專恃乎財力練兵莫急乎餉源昔年戶部指撥南北洋海防經費每歲共四百萬兩設令各省關措解無缺則七八年來水師早已練成鐵艦尚可多購無如指撥之時非盡有著之款各省釐金入不敷解均形竭蹶閩粵等省復將釐金截留雖經臣迭次奏請嚴催統計各省關所解南北洋經費約僅及原撥四分之一歲款

不敷豈能購備大宗船械今欲將此事切實籌辦可否請旨勅下總理衙門戶部將南北洋每年所收費核計實數並閩省所留臺防經費由南洋劃抵外再撥的實歲款務足原撥四百萬之數如此則五年之後南北洋水師兩枝可成至臺灣爲日本要衝山東爲遼海門戶兩省疆吏誠不可無熟悉兵事者妥爲區畫互相犄角此在朝廷之發縱指示矣

十一年乙酉正月命李鴻章爲全權大臣與日使伊藤博文定約天津

日本遣伊藤博文來索三事曰撤回華軍曰議處統將曰

卹償難民命鴻章及吳大澂續昌等與議鴻章等奏曰三事之中惟撤兵尚可酌允我軍隔海遠役將士苦累本非久計朝鮮通商以後各國逼處口舌滋多又與倭軍晉接剛柔操縱恐難一一合宜最易生事本擬俟亂定撤回而日兵駐漢城名爲護衛使館實則鼾睡臥榻蟠踞把持用心叵測今乘其來請正可趁此機會令彼撤兵以杜併吞之計但日本久認朝鮮爲自主之國不欲中國干預其所注意不在暫時之撤防而在永遠之輟戍若彼此永不派兵駐朝無事時固可相安萬一倭人嗾朝叛華或朝人內亂或俄鄰侵奪中國卽不能過問此又不可不熟思審處

者也鴻章等與伊藤定約三條朝案遂結約文錄下一議定中國撤駐朝兵日本撤護衛使館兵自畫押蓋印日起四個月爲限中國兵自馬山浦撤去日本兵自仁川港撤去一兩國均允勸朝鮮王練兵足以自護由朝王選僱他國武弁一人或數人教習兵操中日兩國均不派人任教習一將來朝鮮國若有變亂重大事件中日兩國或一國要派兵應先互行文知照及其事定仍即撤回不再留防

六月移駐韓慶軍於旅順

津約定日本外部告我駐日使臣徐承祖於五月二十六日派輪撤朝鮮護衛使館之日兵承祖電致鴻章我亦撤駐漢之慶軍左後副三營自馬山浦內渡總理衙門咨商朝鮮善後策以旅順鳳凰門外水陸兩路均宜有備鴻章奏曰由邊門至朝鮮王城千有餘里山徑崎嶇遇有警急勢難剋期赴援而由旅順乘輪抵馬山浦兩日可至自馬

山水原以達漢城均慶軍熟由之路其險易要害皆所稔知且與北洋師船屯紮一處水陸相依聲援尤壯自以移駐旅順便從之

十二年丙戌四月醇親王奕譞大學士李鴻章大閱海軍

自創辦海軍至是數載醇慶二王爲總辦鴻章會辦縻國帑數百千萬軍成令提督丁汝昌統之汝昌不諳軍略柔媚善鑽營鴻章薦之爲海軍帥醇王至津會鴻章大閱汝昌率北洋鐵甲船二（定遠鎮遠）快船八（濟遠致遠靖遠經遠來遠平遠超勇揚威）練船三（康濟威遠敏捷）蚊船二（鎮中鎮邊）南洋兵船六（南琛南瑞鏡清保民開濟寰泰）廣東兵船三（廣甲廣乙廣丙）大會津沽鴻章等并閱旅順大連灣炮臺僉曰海軍成砲

臺扼寒隘雖飛將軍不能渡越也自是三年一巡閱定爲令

十七年辛卯十二月李鴻章令海軍提督丁汝昌耀師東瀛海軍成鴻章令汝昌以避凍爲名率船耀師東瀛欲日本知海軍不敵還我琉球且毋覬覦三韓也日本置不顧惟向泰西購兵艦（吉野橋立岩島等艦）識者知中日戰局成矣英泰晤士報曰日本有心以圖華中國無心而禦敵盍譏我也

光緒大事彙鑑卷七

全州趙炳麟柏巖著

十九年癸巳十二月朝鮮臣洪鍾宇誅金玉均上海

玉均自逐王不遂易名周作及至我上海又變姓名曰岩田和三鍾宇者英植之子習各國方言恥父叛王誓誅玉均自雪易西裝游歷德法遇玉均上海遂訂交聯歡玉均不知其圖已也一日鍾宇易朝鮮官服造焉遂以袖槍擊玉均三擊而仆上海縣黃承暄驗之遣輪送韓韓王戮玉均尸漬首梟示（以鹽浸之免速腐也）幷誅其孥擢鍾宇官玉均久匿日本日人聞其誅忌之瘞玉均遺髮其國會人甘心執紼同時有朝臣李逸植者刺朴泳孝於日本日本人科以重罪

各報館訾議蠭起征韓計遂決

二十年甲午三月朝鮮東學亂黨崔時亨擾全羅道

東學黨者朝鮮守舊支黨也結朋聯羣阻撓新政專攻擊識時務者與開化黨爲水火黨魁崔時亨自號緯大夫猝亂全羅道之古阜衆五六萬首蒙白巾手執黃旂殺地方吏轉運使趙弼泳聞警遁時亨率亂民據倉掠米械勢大振大書旗幟曰保朝滅洋與亂民訂約四曰弗殺民害物曰忠孝雙全濟世安民曰逐滅倭夷澄淸聖道曰驅兵入京盡滅朝貴大振紀綱陷全州韓京戒嚴亂黨揭書全州城樓號召民兵書曰方今時勢非可坐待亡滅有雄兵猛將各在信地以待各郡材士飛書千里以勤王事國勢論之閔氏擅政終夜經營祇

知肥己奸黨布滿各邑日以害民爲事民何以堪今之招討使人本無識自到此地畏
東道之威不得已而出兵妄殺賢良有功之人籍以邀功久必受刑惜三年之內我國
將爲倭併是故東道大
舉義兵以安民生云云韓廷遣洪啟勳統兵八百剿之借我靖遠鐵艦率朝鮮之蒼龍漢陽二兵船載兵至忠清道不利遂陷慶尙道我商務委員候補道袁世凱告警天津

四月我遣師入韓鎮亂

李鴻章方閱海軍世凱警電日數至乃遣兵四千由海運韓鎮之海晏海定圖南拱北四輪船運
去我軍至牙山亂民四散

日本以駐韓大使大鳥圭介海軍大將伊東佑亨陸軍少將大島義昌率大兵入韓脅王定約改制

日本經營三韓久其大使圭介方假歸聞警借郵商船十

艘載兵入韓海軍大將伊東祐亨率海軍繼之（松島吉野大和武藏高雄千代田筑紫兵船七艘赤城鳥海雷艦二艘）泊仁川陸軍少將大島義昌率兵登陸明治帝爲書與韓王令其盡逐舊臣任用新黨易服改朔大變朝制謝絶藩稱而爲自主英俄駐韓公使撓之不解朝鮮廷臣皆日黨內政爲日攝理王若守府焉

大學士直隸總督北洋大臣一等伯李鴻章遣提督葉志超丁汝昌率水陸師入韓

初朝事大亟日兵紛紛至鴻章問諸駐日欽使汪鳳藻鳳藻不知日兵之已出也請緩兵毋開邊釁而朝電又爲日斷信報多滯至是始以志超率兵入韓汝昌率海軍繼之

朝事甫棘鎭遠管駕馬吉芬致書北洋云日釁既成當偕提督丁汝昌率師駛泊濟物浦以爭先着當軸阻之議遂寢

六月日本擊我運船

德將漢納根者善兵事嘗爲我海軍副提督鴻章令率兵千餘借英商船高陞運赴牙山日艦要於道擊沈之並擄我操江木質船漢納根躍海鳧水遇英船救之乃免我師亡者八百餘英法兵船救其戍卒以出方諸軍之渡海也鴻章令丁汝昌率鐵艦護送海軍數十艦定遠鎭遠最巨日人畏之汝昌乘定遠爲帥船鎭遠隨之及遇厄汝昌率定鎭諸巨艦遁僅濟遠舊式廣乙木質六艦拒戰日以浪速秋津島等艦擊之負重傷始遁濟遠管帶方伯謙高挂白旗下懸日徽逃回旅順廣乙沈海

日本駐京大使小村壽太郎覲見

上以中日比鄰兄弟之國也不可失和以致外侮許小村覲見理諭懇懇小村語不遜上諭退之

七月下詔宣戰

詔曰朝鮮爲我大淸藩屛二百餘年歲修職貢爲中外所共知近十年該國時多內亂朝廷字小爲懷疊次派兵前往戡定幷派員駐紮該國都城隨時保護本年四月間朝鮮又有土匪變亂該國王請兵援勦陳詞迫切卽諭令李鴻章撥兵赴援甫抵牙山匪徒星散乃倭人無故添兵突入漢城嗣又增兵萬餘迫令朝鮮更改國政種種要挾難以理喩我朝撫綏藩服其國內政事向令自理日本師出

無名不合情理勸令撤兵和平商辦乃竟悍然不顧迄無成說反更陸續添兵朝鮮百姓及中國商民日加驚擾是以添兵前往保護詎行至中途突有倭船多隻乘我不備在牙山口外海面開砲轟擊傷我運船變詐情形殊非意料所及該國不遵條約不守公法任意鴟張專行詭計釁開自彼公論昭然用特布告天下俾曉然於朝廷辦理此事實已仁至義盡而倭人渝盟肇釁無理已極勢難再予姑容着李鴻章嚴飭派出各軍迅速進剿厚集雄師陸續進發以拯韓民於塗炭并着沿江沿海各將軍督撫及統兵大臣整飭戎行遇有倭人輪船駛入各口卽行迎頭痛

擊悉數殲除毋得稍有退縮致干罪戾 總理衙門以日本開釁情事照會各國駐京公使畧

云前因朝鮮國全羅道有亂民滋事該國王備文請援由北洋大臣奏明我朝廷因該國兩次變亂均經中國爲之戡定故特派兵前往不入漢城直赴全城一帶進剿該匪聞風潰散我軍撫卹難民方謀凱撤詎日本亦派兵赴韓託名助剿實則逕入漢城分踞要隘嗣又屢次添兵至萬餘不止竟迫脅朝鮮不認中國藩屬開列多欵逼令該國王一一遵行查朝鮮爲中國屬邦歷有年所天下皆知即該國與各貴國立約時均經聲明有案今日本强令不認於中國體面有碍已失向來睦誼至比鄰之國勸其整理政務原屬美意但祇能好言勸勉豈有以重兵欺壓迫脅强行之理此非但中國不忍坐視即各國政府諒皆不以爲是英國政府及俄國政府先飭駐紮日本大臣向其外務省勸阻并經英國外部大臣勸其將兵撤出漢城與中國兵分紮兩處和平商辦朝鮮事務此議甚爲公允乃日本悍然不顧反更添兵朝鮮人民及中國在彼商民日加驚擾中國念各國共敦和好之意斷不肯遽與開釁致令生靈塗炭商務有傷後雖添兵前往保護亦距漢城尚遠不至與日本兵相遇啟釁何意該國忽逞陰謀竟於六月二十三日在牙山外海面突遣兵輪多隻先行礮傷我運船并擊沉懸掛英旗之英國高陞輪船一隻此則釁由彼啟公論難逃中國雖篤念邦交再難曲爲遷就不得不另籌決意辦法想各國政府聞此變異之事亦莫不共相駭詫以爲責有攸歸矣今特將日本悖理違法首先開釁情事始末備文照會

日本攻我兵牙山總兵聶士成拒戰敗績

士成以兵二千扼牙山離漢陽一日程日軍七千來攻士成拒之敗退成歡日人追攻士成率江自康譚清遠等軍拒之令葉玉標赴公州堵禦海口毛殿揚戴長榮等守天安爲成歡策應復不守時葉志超大軍駐平壤士成遂移軍淸州忠州金化與志超大軍合志超飾牙山戰事僞報勝仗朝旨嘉之後爲廷臣論劾詔宋慶查辦之

商務大臣袁世凱歸自朝鮮

日兵至韓者數萬韓大亂世凱任滿而代者未至遂自歸天津

八月日人擊平壤我師敗績提督左寶貴死之
平壤爲韓巨鎭南北縣長十數里東西南大江圜繞北枕崇山倚山崖築城東江水繞山南迤西而去西北平原爲義州大道自滿珠入韓者道焉我軍葉志超聶桂林豐陞阿左寶貴衛汝貴馬玉崑屯萬餘人守之中秋之夕志超置美酒弄胡琴擁婦女歡讌月下忽報日人增兵來攻少將瑞佐分兵擊我師以中和府來者爲正兵文川來者截我後路玉崑率毅軍四營繞出江東爲犄角勢衛豐率淮軍及西丹隊十八營駐守城南江岸寶貴率奉軍六營守北城山上志超桂林居城中我軍之出北門者瞭見日兵

隔岸布陣相距五六里鳴槍礮拒鬬格殺頗衆東南各軍稍稍得手而城中傳葉帥令拔隊回城守日兵乘勢渡江搶登山巔憑高爲壘寶貴親督兵禦之已爲日人據建瓴矣寶貴命輦巨砲已爲測量礮準連環仰攻相持四晝夜日幾不支未幾日人運大炮至向我軍俯擊寶貴中彈墮地口猶能言大聲曰吾已矣諸君勉之不可不爲國家盡力遂卒其親兵負尸下城日砲雨注左所部徐楊二將殞焉汝貴兵自城南大潰互相蹂躪我軍大敗志超縣白旗求停戰汝貴遂盜運餉銀以走兵紛紛如鳥獸竄所過擄掠無雞犬日人下令逐志超等軍出城否則將殲之志超

狼狽撤師朝鮮人恨志超等刺骨乘我軍出城自城上砲擊之傷亡無算是役也我軍以萬餘人鏖戰及潰至義州僅存數百人惟玉崑遠在江東孤軍拒戰頗勝獲其砲七尊全師而旋敵人稱之（日兵死亡二千餘弁三十餘）

黑龍江將軍依克唐阿總兵劉盛休率師渡鴨綠江

依克唐阿率馬隊九營總兵劉盛休率銘軍步隊十三營馬兵二隊

日人陷義州

日兵至義州我軍不戰而潰羣帥鼠竄退九連城

日人破我兵船於大東溝提督鄧世昌林永升等死之丁汝昌

遁旅順

十六夜北洋全軍由大連灣護送運兵船運兵船五艘新裕圖南鎭東利運海定載北洋兵四千自大沽出十七午至鴨綠江之大東溝定遠鎭遠致遠靖遠經遠來遠濟遠超勇揚威廣甲布勢泊口外鎭南鎭中二礮船並四雷艇護兵入港平遠廣丙二艘泊港外十七夜運兵上岸十八日汝昌將率隊回旅順倏見黑煙縷縷自空際來或告汝昌曰倭船至矣汝昌升旂令全軍起椗備鬬相距四百碼成犄角勢我船初爲魚貫式及列隊汝昌令作雁行自乘定遠督船及鎭遠大鐵艦分居陣首致遠靖遠爲第二隊經遠來遠爲第三隊濟遠廣甲爲第四隊

超勇揚威爲第五隊分爲左右翼護督船行水雷艇六附之原議整隊後每一鐘行八嘫（一千六百碼也）是時隊未整督船卽行八嘫後四隊之濟遠廣甲五隊之超勇揚威初皆居魚貫尾及變鴈行式爲八字形最後之船斜行至偏旁最遠之度不逮陣勢散漫未幾日將伊東祐亨率吉野松島橋立巖島萩津島浪速扶桑高千穗赤城比叡淸田西京丸十二艘列陣作一字形猛撲我陣頃刻日艦變爲太極形裏我船於中心點我督師船倉皇開砲度過遠不中敵畏我定鎭二艦銕厚炮巨避六里許（定遠容英權七千四百三十墩一鐘行十四海里有克虜伯巨砲四尊機器礮八尊鎭遠容七千三百五十墩一鐘行十四海里配砲如定遠）圍逼我陣之末海軍戰鬪惟

督船旗令是瞻全軍耳目寄焉日炮一鳴定遠瞭樓遽折遂致呼應無靈我軍環擊松島亦斷其號旗火彈怒飛海波爲沸少焉日艦圈入八字尾致遠經遠濟遠三艦皆劃出圈外致遠造自英廠爲上等巡船容英權二千三百墩一鐘行海里十八管帶提督鄧世昌嘗肄業歐西武備學堂嫺海戰至是如孤雁離羣敵礮雨集船傷欲沉世昌令開滿機器向日艦飛駛去欲擂日艦同沈未及而世昌船沒舟中二百五十人悉殉之經遠容二千八百五十墩一鐘行海里十六中炸彈火發管帶提督林永升亦鼓機欲擂日艦中雷機全船悉裂舟中二百七十人悉殉之濟遠

管帶方伯謙素昏怯乘機遁走誤擱淺灘適見楊威鐵甲船以爲彼處可駛避遽扳舵驅之而揚威已先擱淺不能轉動濟遠碰之遂沈舟中一百五十人死焉伯謙乘濟遠遁旅順（尋北洋大臣執伯謙正法人皆快之）廣甲亦奔逃擱石日人轟沈之超勇藥艙中炸彈悉化煨燼我艦隊焚溺者四逃遁者二定鎮二巨艦及餘船均負傷重日艦退先後遁還旅順（附日本海軍大將伊東祐亨自濟物浦電報日皇書云臣統戰船第一上隊出海其第二上羣船仍泊濟物浦八重山一艦亦泊濟物浦十五日臣至大同江口派滿珠赤城二艦及水雷船一號入江協助陸兵於是臣部之船共十二艘連一商船在內十六日自大同江口行至奉天海面過海陽島到太古山對海暫泊十七日晨遇中國北洋海軍艦隊瞭見共十四艘及水雷船六號華艦先放大砲迨過十二點四十五分鐘即三刻鐘兩軍大小各砲連環轟發不少間斷五點鐘砲聲頓止似見中國來遠楊威超勇濟遠四艦或已沈入

波心或已不能行走其餘想皆受傷定遠靖遠二艦艙面皆火似難忍受維時日已將落中國艦隊退至威海衛我船隨之而行特恐華艦於黑暗中施放水雷不敢逼近是夕臣等在廟島歇宿準備十八日再戰而華艦不出或料其業已入塢修理臣等乃即於是日折回海中曾遙見兩船之煙影捩舵尋之忽不見行抵昨日戰場用水雷轟去擱沙之中國揚威艦遂回至濟物浦檢點各船除以商船改充兵艦之西京丸舵已轟斷舟中觀戰之大吏幾被華軍連船擒去外餘艦未沈一艘然或受重傷或遭小損業已無一瓦全臣所乘之吉野艦受傷尤劇惟修整後尚可駛用耳其松島號旂船與赤城比叡二艦受傷尤劇且比叡爲華艦所隔幾爲所俘猶幸開足汽機奮力逃回濟物浦始克倖免

李鴻章以督師無功褫奪三眼翎黃馬褂以宋慶幫辦北洋事務

慶親王奕劻請出關助勦朝旨嘉之不允行

九月命德璀琳如日乞和

德璀琳英人為我津關稅務司英廷欲為中日講和保全商務說我政府乃命赴日本議款抵神戶不得要領而罷時各國議論蠭起俄主力助中國保朝鮮自主德法附之美廷堅守局外英欲與美勸停戰美廷曰我獨任其責則可其外部分咨中日政府凡因戰而傷損美國之商務性命財產照約辦理不必與歐洲各國會商惟英人斤斤調處而意則袒日也

十月日人陷我九連鳳凰等城

日人戰大東溝船械燬傷為修理計停戰四十餘日議者謂宜乘此時築礮臺鴨綠江上扼隘造地營備戰守而羣

帥庸玩兵無鬬志略設斥堠江畔重兵株守九連城日艦修理竣駛攻九連我軍四潰宋慶屯鳳凰城聞警謂鳳城無險可守退扼摩天嶺日遂連陷鳳凰城陪都大震

命恭親王弈訢督辦軍務翁同龢李鴻藻榮祿長麐襄之時政府分和戰兩黨主和以孫毓汶徐用儀爲首主戰以翁同龢李鴻藻爲首

日人陷我金州總兵劉金發等死之遂陷大連灣

我船塢在旅順日人欲毀之金州拊旅順背自武城長驅尅期可至日以重兵攻之金發與守備周文德朱太成劉金江舉烈外委劉世科千總章本禮等率銘軍拒戰均陣亡徐邦道援之亦不支副都統連順遁走提督程之偉協

領佟茂蕃皆觀望不救提督趙懷業先以事革職留營効力守扼礮臺聞日兵至棄臺遁縱兵擄掠子女金州遂陷倭騎齊驅大連灣自是旅順腹背受敵矣

日人陷我岫巖州豐陞阿聶桂林遁走朝旨逮問

初豐陞阿聶桂林等遇日兵於析木城潰退岫巖日攻之豐聶率兵退龍鼻峪岫巖遂陷

十一月提督聶士成進軍連三關斬日本兵官富蘭三造尋敗日兵分水嶺

士成督軍奉天屢與倭鬬輒勝兵士稍稍壯倭人據連山關士成乘機攻之奪其隘塞倭兵官富蘭拒戰陣斬之殺

倭兵數百倭敗退遂進軍連三關倭復由分水嶺來攻士成率呂本元孫顯寅耿鳳鳴夏靑球諸軍分路扼守挑精兵千餘占奪分水嶺以殺敵勢敗之敵攀崖越澗遁追至草河口斃敵數千時塞外嚴寒堅冰在鬚士成騎白馬督將士鬭雪中兩山瓊花滿樹戰血染之斑爛作赤色士成曰此一幅絕好畫圖也

翰林院聯名劾李鴻章 奏云爲特參昏庸驕蹇喪心誤國之大臣請旨能斥恭摺仰祈聖鑒事伏惟倭人肇釁擾亂藩封恭讀七月初一日宣戰詔書仰見我皇上不得已而用兵之意仁至義盡薄海同欽乃者兩月以來事機屢變僨軍失地警報疊聞朝野震驚人心岌岌恭讀八月二十六日皇太后懿旨以干戈未戢停辦頤和園典禮深宮焦勞之意感動中外普天率土切齒同仇而禍變之陡來事機之貽誤始終本末可得而言敢爲我皇上披瀝陳之竊聞倭人國勢兵力不能

與西洋各國同年而語國債重而民力困則根本未堅也有快船而無巨艦則武備不足也兵出於猝募非訓練之師也權紛於黨論非畫一之政也兵事之興凡曾經戰陣之士通達夷情之人莫不以爲螳臂當車應時立碎雖西人亦鑿鑿言之而事竟有大謬不然者韓城失矣未幾復敗於牙山成川棄矣未幾復潰於平壤漢江之沉艦不歸鹿島之戰船復燬威旅爲海門鎖鑰今則游弋不禁矣義州爲奉天屛蔽今則藩籬盡撤矣用一衛汝貴而百戰之淮軍化爲敗卒用一丁汝昌而大枝之鐵甲盡屬漏舟朝鮮不可復方且急圖鴨綠之防仁川不可窺方且憂大沽北塘之警誰總師干誰司進止以大禦小以强敵弱潰敗決裂一至於此此不能不太息痛恨於昏庸驕蹇喪心誤國之李鴻章也李鴻章受命東援而陰勒諸將密爲箝制既故不爲先事之防復屢掣其臨時之肘統計其小浦之戰牙山之戰皆我軍端坐拱手以待倭人之圍攻其實決不能以此望和而事機一失徒以損國威而張敵勢倭人惟事事先發故能制我軍之死命我惟事事後發故始終爲倭人所制遷延坐誤全局瓦解此天下所太息痛恨者一也兵行千里轉運爲先內地尙設糧臺何況出師疆外至與外洋各國相角尤以槍砲爲急需李鴻章更歷兵事三十餘年豈其慮不及此而牙山之軍缺軍火缺糧餉於前平壤之軍缺軍火缺糧餉於後長夫不備車馱無資兵自負糧槍無餘彈以致饑軍掠食結怨韓民戰士死綏徒手相搏以二十年朝廷所注意海內所仰望之重軍徒以無糧無械束手就斃皆李鴻章信任私人不肯早設糧臺之故此天下所太息痛恨者二也倭人甘心韓地蓄志有年今歲春初萌芽已露北洋於外事消息最靈豈竟一

無聞見及乎事之將起袁世凱深悉倭情屢臚密報若使倭韓形勢早達朝廷則先事圖維必不至如後來之倉卒無如李鴻章始則糢糊影響諱莫如深繼則揚厲鋪張肆其恫喝直至事機決裂而倭人陰謀之本末疆臣知之朝廷仍不盡知聞旨召詢袁世凱而李鴻章展轉禁錮不使至京代是各路電奏時時刪改以就該督意旨務使眞實洋情不得上聞廟算指揮無憑遙度奸欺蒙蔽罪不勝誅此天下所太息痛恨者三也比年以來天下之利權李鴻章綰之天下之兵權亦李鴻章主之朝廷倚李鴻章爲長城李鴻章廣蓄私人以欺罔朝廷馬建忠則爲耳目張佩綸則爲腹心丁汝昌衛汝貴爲爪牙龔照璵劉含芳爲羽翼此數人者皆天下所姍笑指目而李鴻章以之分布於海關糧臺電報軍械各關係軍國重要之區窟穴深固牢不可破平時病民蠹國事皆隳壞於冥冥之中暨乎有事之秋譸張爲幻不惟助李鴻章以欺罔朝廷抑且賣李鴻章以邀利而有所不恤而李鴻章方且卵翼之濡沫之爲之仇詆言官變亂黑白甚至奉命撤退之丁汝昌而抗不遵旨坐使數千里藩封斷送於三五小人之手此天下所太息痛恨者四也尤有甚者倭米船則放之倭運開平煤則聽之倭諜被獲或明縱或私放外有海光寺傍居民王姓經天津縣獲究而李鴻章之子前出使日本大臣經方爲之說情倭奸石川氏及軍械所劉姓被獲供詞牽涉李鴻章之子及軍械所局員而某觀察述李鴻章之意勒令天津縣李振鵬改供爲李振鵬駁斥而止臺灣拿獲倭船又爲之請旨釋放軍械所歷年所儲槍砲多被監守盜賣及東事已起猶檢出不合用之前膛槍子賣與日本得銀十四萬兩局員朋分而李鴻章爲之補給領字外間並有

傳聞李鴻章有銀數百萬寄存日本茶山煤礦公司伊子又在日本各島開設洋行三
所以致李鴻章利令智昏爲倭牽鼻聞敗則喜聞勝則憂雖道路之言而萬口流傳豈
得無因而至此天下所太息痛恨者五也綜論此次敗衄之故由海軍之不得力而海
軍則丁汝昌主之從前避倭不敢當敵及至渡送銘軍倉卒接戰而致遠船衝鋒獨進
無一艦繼之者則丁汝昌之督率爲有方乎斬先逃之濟遠管帶而獨寬統帥之罰則
於法爲未平海軍之氣竊恐斷不能振陸軍之敗由衛汝貴望風先逃而葉志超繼之
聞先敗之數日左寶貴密電有如撤回衛汝貴一軍則諸軍尚可致死否則同歸於盡
之語蓋以衛軍虐遇韓民奸淫擄掠無所不至以致韓人視我如仇大軍無所得食軍
敗之頃衛汝貴父子伏叢葦中幾爲其下所殺皆平時尅扣糧餉虐遇軍士所致種種
罪狀罄竹難書然而天下之人知朝廷必不能誅此兩人也李鴻章一日不去北洋則
兩巨奸者一日不能伏法三軍之氣一日不能振作潰敗之局一日不能挽回何也三
軍之氣視統帥之賞罰爲鼓舞如海軍劉步蟾被劾而李鴻章反使護水師提督林國
祥力戰船沉而李鴻章反請暫行褫革甚且以首先潰退貽悞大局之衛汝貴而李鴻
章以爲得力種種顚倒功罪務使敢戰之士人人氣沮如此而三軍之衆有不解體者
乎倭主出居廣島親自督師八月初間即聞有限二十日取平壤之說而平壤果於十
六日失守今又聞以四禮拜取奉天矣又聞限九月內破津沽至敵兵號稱九萬大舉
入寇朝鮮不已進而盛京津沽不已則京師重地所必窺伺我戰守之備一無足恃而
專委命於一昏庸驕蹇喪心誤國之李鴻章如此而謂陵寢之必無動京師之必無警

誰能保之軍事初起之時若宋慶若劉永福皆忠勇奮發請赴前敵而皆阻於李鴻章之壅遏即淮軍之聶士成津人之曹克忠號稱能戰於諸將中爲優而李鴻章必黨其私人以遏抑之頃聞命宋慶節制前敵諸軍矣若仍以李鴻章爲後路恐逞其妒忌之心行其沮撓之計文書之呼應不靈餉械之接濟多缺平壤覆轍可爲寒心天下士民公論謂李鴻章如不以嚴譴去津則天下之精兵猛將必不能得其死力以挽回既潰之大局故李鴻章一人之去留實於宗社安危民生休戚大有關係伏惟皇上乾斷立賜施行若再囿於庸議遷就延悞則士氣仍前畏葸而奉天之震動威旅之不守皆在意中萬一陪都有失近畿告警變起倉卒雖食李鴻章之肉於事奚裨且恐以罪人不去之故致朝廷日下急詔而天下之心觀望不前有非臣子所忍言者此所以同聲痛憤而不得不泣陳於我皇上之前者也如蒙皇上采擇芻言斷以行之請量簡知兵重臣老成宿望者星夜往代速籌戰備臣等非不知臨敵易帥兵家所忌但以李鴻章怙私縱敵後患孔長斷難再事姑容坐使大局糜爛再本月外間傳聞李鴻章與日本私議有願棄朝鮮割台灣并賠兵費數千萬以求和之說果爾則棄祖宗之疆宇竭中國之脂膏土崩瓦解可立而待此雖道路之言未爲實據而推李鴻章之居心行事有不如此之悖謬而不已者伏乞皇上將李鴻章迅賜罷斥宗社可安軍氣可振東藩亦可冀恢復天下幸甚生民幸甚

翰林院聯名劾孫毓汶

奏云爲特參專擅悞國之大臣恭摺仰祈聖鑒事竊惟倭人犯順起自朝鮮及於內地兵連禍結五月於茲戰既不

勝守必不固天下囂然喪其樂生之氣而朝廷之上亦廑宵旰之憂風鶴頻驚騷騷內向舉世皆太息於將帥之失機疆臣之憤事而推原禍始固積十年之蘊毒以成此一發不救之禍機誰秉國鈞實階之厲此樞臣孫毓汶之專權誤國事至今日不能不明白切實爲我皇上備言之孫毓汶紈袴庸才自其少時酗酒縱博爲鄉人所不齒遭逢際會濫列淸班咸豐年間曾以藹衆從軍爲僧格林沁奏參革職其時夤緣復任恣爲踰閑蕩檢之行狎優比匪敗壞官常晝夜荒淫酣歌恒舞其時朝士大夫風尚爲之一變及乎柄政以後優伶賊類不絕於門市儈匪人恣意往來贓私巨萬貨賄盈車穢惡之聲聞於道路此則該樞臣之貪汚劣蹟衆目昭彰者也然此猶其罪之輕者國家設立樞垣承旨傳宣職司喉舌專矯明代閣臣秉筆弄權之弊故歷來當此任者率淸勤奉職有具臣而無權臣孫毓汶天性異人驕恣忮刻自入軍機視同儕皆昏庸闒冗遂悍然以當國自居其脅持之法專以賣官鬻貨之利分甘同列以順適其意而已乃獨專威福之權凡廷臣之有才望敢言事者必摧折之凡疆臣之有幹畧能任事者必排擠之所引進以供奔走者則無賴陰很之徒所獎荐以示招徠者率昏暮乞憐之士其尤要關鍵在抑塞言路以便其私圖保其威福此則孫毓汶一人之專長亦即孫毓汶畢生之能事十年以來中外臣工知有孫毓汶而不知有朝廷也積威之漸非一日矣迨東事之興倉卒變生手足無措平日於洋情軍務一無所知於是一意與李鴻章相狠狽一切調度指揮陰依其意指而陽託於主上之設施倭人初動可議和和不成和誤於李鴻章之鹵莽滅裂而孫毓汶受命如響也則疾首蹙額而告人曰皇上輕率而

言戰倭之旣肆必當戰戰不成戰誤於李鴻章之乖張悖謬而孫毓汶推波助瀾也又
疾首蹙額而告人曰皇太后隱忍以求和隱黨疆臣歸過君上牢籠同列共肆欺蒙其
辦理軍務也於大小臣工條陳非奉特旨允行則概行駁斥署理總憲遇有呈請代奏
事件禁不上聞出使日本使臣汪鳳藻有管見條陳閱已呈遞矣而孫毓汶飭其改削
以深匿倭之實情丁汝昌特予撤任聞旨已書就矣而孫毓汶密令延閣不行徐待北
洋之申救袁董福祥之門包常例大寒將士之心任田在田以輦轂重防陰爲自衛之
計種種憑權逞臆任意譸張大抵任事者無一不加抑制僨事者無一不予曲全邊事
阽危至於今日猶復黨同伐異怙勢作威以國家數百萬之生靈數千里之封疆數千
兆之帑藏甘心暴棄用快恩讐比來寅僚憤懟里巷嘲譏甚至外國使臣亦以國家事
重勿挾私見之言靦面揶揄俯首受之不能置辯此其辱國貽羞諸大臣相與隱護之
皇上罔無從察知之也近以新簡樞臣事權相逼疑皇上眷顧漸衰乃益與李鴻章朋
比爲奸行險僥倖傳聞李鴻章疊遣外國人私與倭人交結孫毓汶亦與某國使署中
人夜聚曉散斗室密謀揣其情形無非潛樹外援曲成奸計外間之言謂割地賠費各
欵朝廷雖躊躇斟酌而孫毓汶李鴻章已畫有一定不移之局無論如何虧損期於無
不由從其實我與倭人和戰大局專視兵事之利鈍以爲轉圜即各國調停亦必度勢
揆幾斷不以我二大臣之屈體輸情遂勉與玉成之理而孫毓汶李鴻章者情急智昏
以愚愎濟其悖謬唯欲專成欵議長保威權而置皇上之天下於不顧近來孫毓汶引
北洋以恫喝朝廷業已事事挾持使皇上不得徑行己意今復以國家大議擅爲威柄

推其恣睢跋扈之意直欲天下萬國皆知和戰之權不在皇上而惟在孫毓汶李鴻章中外二大臣將來事定息兵孫毓汶內挾李鴻章李鴻章外挾諸國以懾四海而令羣臣皇上將何以振乾綱而臨大政乎稽我祖宗之朝凡專擅弄權之大臣如和珅肅順擧蒙顯戮即辦理洋務辱國媚敵如耆英穆彰阿者亦各嚴加誅譴不事姑容今孫毓汶實兼此四臣之罪而朝列莫敢昌言台諫爲之結舌坐使禍首罪魁泰然高視於百僚之上臣等實恥之痛之比聞街巷傳言孫毓汶有贓私銀數十萬兩黃金數千兩公然由滙號寄至原籍地方爲安頓何膽大昧良一至於此念自皇太后垂簾以及皇上親政因該樞臣貌似有才無不禮遇有加實心委任而該樞臣之辜恩誤國一至於此其藐玩聖朝之意已罪無可逃乃至臣子怨訕之語上及於深宮我皇上能聽其晏然而已乎總之竊弄威福之臣國有常憲即非此次軍情貽誤亦應立予嚴誅該樞臣與李鴻章表裏爲奸不惟備戰之事非所樂聞無不從旁掣肘譸和之策不從己出亦無不隱相阻撓寇深勢急諸大臣已徬徨無策若再用此人顚倒簸弄於中大局尙堪設想乎伏乞皇上立申乾斷將樞臣孫毓汶嚴行治罪以警其餘庶國法以申朝綱以振軍事亦可望轉機宗社甚幸天下甚幸臣等不勝憂憤激切惶恐待命之至謹合詞具陳伏乞皇上
聖鑒謹奏

日人陷我旅順船塢總辦船局道員龔照嶼遁走以罪逮問

旅順勢極扼要西國武員游歷者皆謂爲天然要口防禦得宜數百人守之萬夫卻步矣乙酉海軍成鴻章請於此間建船塢屯水陸兵守之及倭戰亟以姜桂題程允和等軍守後路海口門外設水雷三百具後路西岸自羊頭窪至東岸鹽廠五十餘里由各營領旱雷二百餘具安設踖寒道員龔照璵者安徽紈袴子弟也與鴻章同縣多財善營謀話滔滔可聽鴻章用爲船局總辦金州陷徐邦道趙懷業諸軍紛潰旅順無糧大譁照璵見倭鋒旦夕至以籌糧爲名攜眷附廣濟輪船遁烟臺時李秉衡撫山東巡防各海口駐煙臺爲行館照璵至謁其友登萊青道劉含芳

告曰李帥軍法不假借子擅離旅爲李帥知不免矣其速行毋忽照璵復遁天津謁鴻章鴻章復責之曰汝出旅一步即非汝死所矣照璵還旅而船局工匠兵士聞總辦私遁皆散日人利啗奸民告其設雷處所復誘水雷管帶張啟林斷雷綫遁遂自金州來攻桂題允和稍稍拒戰日人復自雙島一帶護兵登岸前後夾攻我師敗績照璵狼狽遁附近海軍丁汝昌陸軍衛汝成皆畏葸不救旅順遂陷失器械無算

十二月命兩江總督劉坤一爲欽差大臣節制關內外軍湖南巡撫吳大澂四川提督宋慶幇辦之

坤一爲湘中舊將命下之日中外屬望及至京畏葸不敢出關且曰吾老矣士無鬬志一戰而敗誰負吾走邪大理寺卿岑春煊請赴前敵詔交坤一差遣謁坤一數語出慨然曰此老婆娑生氣盡矣天下事不可爲也坤一進軍山海關計所統滿蒙馬步兵四萬一千漢軍馬步兵十四萬回子馬步兵二萬九千合馬兵四萬三千步兵十六萬七千又命德將漢納根練軍十五營助之

命王文韶幇辦北洋事務

命臺灣總兵劉永福率師北援尋詔止之

永福得北援詔請赴越招黑旗舊旅數營由清江北上歸北洋節制自至臺北府候諭詔並止之是時並有詔問馮子材戰務子材對曰假臣兵三萬餽克濟之不歸人節制臣可當東方陸路力戰克敵云云朝廷亦不能用

軍機大臣翁同龢請遷都西安

同龢在毓慶宮授讀　上師事之日韓有事實主戰議及我師失利警報旦夕至累受　太后切責翰林院侍讀學士文廷式上書言燕京近海根本易搖動西安天險帝者之都請遷幸以圖久戰同龢力主之　上曰朕不忍生靈塗炭陵廟邱墟朕薄德以致將不得力士無鬬志當守國君死社稷之義王大臣等其奉　皇太后慈輿西幸另立賢君以雪國恥朕實有厚望焉議遂寢

魏汝貴以罪棄市

日人陷我蓋平提督楊壽山副將李仁黨死之

登州鎮總兵章高元駐兵蓋平日人來攻稍稍拒戰敗潰徐邦道援之亦敗壽山仁黨率兵死守皆陣亡蓋平遂陷

命戶部侍郎張蔭桓湖南巡撫邵友濂如日乞和

旅順失京師大震朝士眘小紛紛遁羣臣盼和彌切政府以蔭桓等知外事命爲全權大臣如日本乞和言官多諫阻不報

都察院聯名上疏云近忽傳諭旨以張蔭桓邵友濂爲全權大臣詣倭乞和舉朝震驚同聲悲憤不知何人敢爲皇上主此議者恐大事從此去矣日來傳聞倭意不願邵友濂指明須李經方前往夫堂堂中國偶因兵事小挫遂屈體於蕞爾之邦至於我之遣使由彼爲政彼氣愈驕我顏愈赧彼方偃蹇而不顧我更匍匐而乞憐伊古以來有此國體有此人情乎聖德如天於物何所不容但恐爲邪說所誤未深思其禍患耳臣等竊謂此事若行有足以立致危亡者十端敢爲皇上披瀝陳之大今之降心從者必首曰償兵費也當三空四盡之秋求累萬盈千之欵雖竭四海生靈之膏血不足以給之財匱力盡恐叛將興邊隅之患方殷內訌之禍又起其足致危亡

者一倭既得我兵費蓋將厚集師徒增修戎備是謂爲虎傅翼助敵自攻倭當窮餓我尙不支縱令富饒勢將焉禦其足致危亡者二而議者猶恐賠費爲未足也則必割地以媚之我之疆宇有限彼之貪壑無涯所謂抱薪救火薪盡而火不止以肉餧虎肉盡終必噬人其足致危亡者三且他國見我之易與也援均沾之例競相效尤今日某國要某省明日某國要某府現帕米爾西藏緬甸界務皆未勘定明年又俄法換約之期勢必乘機要挾一倭尙不敢較百倭更復奈何坐使二萬里完善之山河一朝破碎其足致危亡者四夫兵者易發而難戢者也陳涉興於戎徒李闖發於驛卒今徵師且十萬矣和則無所用無所用則必資遣之所費衣糧猶其小也資遣一有不慎則散爲游勇恣行流剽合十數省敵愾同仇之士一變而爲揭竿亡命之徒剿之不忍縱之不能設更敎民煽動其間則且禍熾燎原勢成滋蔓江甯約定而粵匪亂生前鑑昭然其足致危亡者五幸而安遣得所不生他變矣而萬里征行不令見敵而返朝廷以干戈爲兒戲將士視詔旨如弁髦他日復有徵調必至觀望游移坐視君父之急而不救驪山烽火可勿鑒乎其足致危亡者六始以電議不諧遂至遣使遣使不已必至納質納質不已則凡臣子所不忍設想之言何莫非史冊顯有明徵之事蒙垢忍辱終必由茲其足致危亡者七況倭狡黠絕倫見我迫切求和彼且將計就計陽欵以怠我士氣陰進以乘我不防行人在途敵兵已集應敵則慮於失好斂手則惟有胥殲其足致危亡者八即曰倭人力倦罷兵而不我侵而主議諸臣必自居保衛之功愈使其恫喝之計向猶蠅營狗苟施狡獪於冥冥之中耳今且權勢日重黨援日多明目張膽恣無顧忌無

事則挾夷以爲重有急則賣國以求榮勢將威柄下移積重不返外則爲赧獻之受制於權臣內則爲唐宗之受制於家奴啜泣何追噬臍已晚其足致危亡者九張蔭桓一邪妄小人耳平時惟存富貴利達之心臨事安有扶危定傾之力使之銜命求成必至召侮辱國至李經方前使日本與倭人深相結納以資本數百萬在彼國貿易此次指名相索其意可想若使赴倭勢必與之合謀要挾隱遂其不臣之心其足致危亡者十一舉事而十禍隨章章如是其他非理之要求無厭之婪索猶不能悉數焉雖其昏愚猶知不可而簡書之使臣竟敢企悚而承命秉鈞之羣輔竟忍緘默而懷欺不料我國家養士數百年乃士氣沮喪人心苟且一至於此而皇上不得已而徇其請者豈以爲軍無鬬志將鮮成功遂隱忍出此歟臣等以爲軍無鬬志將鮮成功者有致悞之道三一誤於戰事之有名而無實二誤於奸臣之結黨而營私三誤於潰將之稽誅而玩法今之計惟簡單命師練器儲糧合散隊以爲大軍蓄全力以資大戰廟算之指揮一定諸軍皆奮發無前如是則一誤去矣外斥李鴻章內去壹意主欵之大臣等則表裏爲奸者無所施其伎倆忠奮勇往者乃得效其謀謨如是則二誤去矣敗壞海軍之丁汝昌失守要隘之龔照璵衛汝成趙懷業等勿因李鴻章之曲請而稍寬其誅使將士知避敵者必死則必震栗畏罪踴躍赴敵如是則三誤去矣去此三誤將人各致死戰必有功此而猶有敢以欵議熒惑聖聽者臣等不之信也伏願皇上亟申乾斷收回成命毋貪旦夕之苟安如不自振作旦夕不可安也毋冀豺狼之我憐雖俯首就地豺狼不我憐也以臥薪嘗膽激發二十省忠臣義士未灰之心以整軍經武纘承二百年聖祖

神宗無競之烈則恢復何足道小醜何足平天下幸甚蔭桓等至廣島日廷以伊藤博文陸奧光宗爲全權大臣與議我國書爲駐京美使田貝所撰政府刪削之日廷謂我國書不如式蔭桓等無美滿全權辭之蔭桓等遂還時道員伍廷芳爲隨員伊藤與私晤謂曰猶意當年本大臣與貴道同肄業歐洲切磋琢磨匪伊朝夕別後雲飛雨散歲月駸駸俱不覺老之將至矣廷芳曰唯唯伊藤曰貴國果欲與敝國言歸於好乎抑使諸君子來偵虛實耶廷芳曰我朝實係誠心修好是以使憲不遠千里而來若貴國慮實則已知之有素安用是偵探者爲伊藤曰然則何以不遣重臣來勅書又何以不如式廷芳曰二使憲一任侍郎一任巡撫皆敝國重臣也且曾奉使歐美熟諳時務皇上知人善任是以遣之若貴大臣以勅書不如式敢問電請於朝重照公法迅易以來二使憲暫駐行旌以待後命其可乎伊藤沈吟曰此恐有窒礙處今本大臣願與貴道爲朋友之間談請問恭邸何以不可來敝國廷芳曰親王位尊而望重向不輕出都門安能遠渡重瀛直造貴國伊藤曰李中堂安否如何曰安惟齒尊任重精力漸不如前矣伊藤曰鄙意中堂大可主持和議貴國何不遣之廷芳曰中堂總持軍旅恐未暇分身耳伊藤曰貴國既樂於言和尙何軍旅之與有廷芳曰本道今亦願與爵相作朋友之

開談試問中堂如銜命而來貴大臣等樂與訂議否伊藤曰中堂如願涖盟敝國自樂與晉接惟必需合例之勑書耳廷芳曰然則中堂亦需來廣島乎伊藤曰以愚見而論中堂年邁似未便遠適異國特未知我廷議何如耳廷芳曰其上海乎曰未可也其香港乎曰未可也我意則旅順口乎此敝國與貴國適中之地亦中堂舊遊之地也廷芳曰唯唯伊藤微笑曰猶憶十年前本大臣至天津與中堂訂約時中堂以爵相之尊嚴氣燄干霄令人生悸今中堂若紆尊降貴本大臣決不敢步其後塵也廷芳又曰唯唯抑又將爲朋友之閒談者貴國遇事動稱公法試問全權大臣應享之權利如發電許用暗碼之類公法豈未之載乎伊藤曰然有之特非自敝國壞之也猶憶兩國甫經決裂之時汪星使鳳藻在我東京繕發密電無慮日而我小村大臣壽太郎在北京即已阻不許發此其例自貴國開之今阻張邵二君之暗電則敝國效之耳遂相與握手珍重而別隨蔭桓等如日者有美國臣福世德亦與伊藤論辯良久終不認可

戍御史安維峻於邊

維峻論日本戰事劾李鴻章及太監李蓮英詞聯　皇太后奪職戍邊

維峻奏曰竊李鴻章平日挾外洋以自重今當倭賊犯順自恐寄頓倭國之私財付之東流其不欲戰固係隱情及詔旨嚴切一意

主戰大拂李鴻章之心於是倒行逆施接濟倭賊煤米軍火日夜望倭賊之來以實其言而於我軍前敵糧餉火器則有意勒揹之有言戰者動遭呵斥聞敗則喜聞勝則怒淮軍將領望風希旨未見賊先退避偶遇賊即驚潰李鴻章之喪心病狂九卿科道亦屢言之臣不復贅陳惟葉志超衛汝成均已革職拿問之人藏匿天津以節署為逋逃藪人言嘖嘖恐非無因而於拏問之丁汝昌竟敢代為乞恩並謂美國人有能作霧氣者必須丁汝昌駕馭此等怪誕不經之說竟敢直陳於君父之前是以朝廷為兒戲也而樞臣中竟無人敢為爭論者良由樞臣暮氣已深遇勞則神昏如日在雲霧之中故一聞霧氣之說入而俱化不覺其非耳張蔭桓邵友濂為全權大臣向未明奉諭旨在樞臣亦明知和議之舉不可對人言既不能以生死爭復不能以利害爭只得為掩耳盜鈴之事而不知通國之人早已皆知也倭賊與邵友濂有隙竟敢索派李鴻章之子李經芳為全權大臣尚復成何國體李經芳乃倭逆之壻以張邦昌自命臣前已劾之若令此悖逆之人前往適中倭之計倭賊之議和誘我也彼既外強中乾我不能激勵將士決計一戰而乃俯首聽命於倭賊然則此舉非議和也直納款耳不但誤國而且賣國中外臣民無不切齒痛恨欲食李鴻章之肉而又謂和議出自皇太后太監李連英實左右之此等市井之談臣未敢深信何者皇太后既歸政皇上若仍遇事牽制將何以上對祖宗下對天下臣民至李連英是何人斯敢干政事乎如果屬實律以祖宗法制李連英豈復可容惟是朝廷受李鴻章恫喝不及詳審而樞臣中或係私黨甘心左袒或恐李鴻章反叛姑事調停而不知李鴻章久有不臣之心非不敢反直不能軍

將領類皆貪利小人絕無伎倆其士卒橫被尅扣皆已離心離德曹克忠天津新募之卒制李鴻章有餘此其不能反之實在情形也若能反則早反矣既不能反而猶事事挾制朝廷抗違諭旨彼其心目中不復知有我皇上并不復知有我皇太后故敢以霧氣之說戲侮之也臣實恥之臣實痛之惟冀皇上赫然震怒明正李鴻章跋扈之罪布告天下如是而將士有不奮興倭賊有不滅者即請斬臣以正其妄言之罪祖宗鑒臨臣實不懼用是披肝胆冒斧鑕痛哭直陳不勝迫切待命之至

光緒大事彙鑑卷八

全州趙炳麟柏巖著

二十一年乙未正月日人陷我榮城山東屬

旅順陷丁汝昌率海軍遁威海衛日人利我船砲欲擄之自落鳳港運兵登陸撲榮城副將閻得勝戴守禮等拒戰敗潰遂陷之自是威海前後受敵矣

日人陷我威海衛道員戴宗騫總兵林泰曾劉步蟾張文宣楊用霖守備黃祖建等死之海軍提督丁汝昌以船械降

先是日人趁祀竈日華民正歡聚倏以三艦攻登州燃巨礮轟擊居民半塗炭我軍欲併力援西北日以重兵趨東北海灣陷榮城水陸逼威海威海砲臺皆歐人度地督工

築牢固不拔初各口砲堞向外敵自陸反攻砲不能擊李秉衡監旅順之失令向內爲土堞可回環施礮戒諸軍嚴備之平壤之役以葉志超譏中秋不備致敗及甲午除夕日人度我軍必鬆勁運兵自寧海登岸提督孫金彪戰退之乙未元旦復以兵艦十九艘突攻威海總統威海南北岸兵道員戴宗騫令大礮格林礮兼施擊退之沈其雷艇三是日並以陸軍萬二千人自榮城助攻宗騫麾兵拒戰日人退深林中負險死鬭我海軍礮兵以格林礮自後擊之日人始退日知我威海戒嚴也聲言大舉攻煙臺致書各國領事令遷避我軍稍移動而分統劉超佩不戰走失

礮臺三反譖宗騫於秉衡宗騫請奪回礮臺自贖募死士力戰奪還南山嘴礮臺二龍王祠臺不克而士卒死亡相藉初六日敵復以大隊攻威海宗騫發地雷斃日兵數百礮沈其兵艦一雷艇二俄而敵水陸師大至宗騫退劉公島礮臺皆爲敵據汝昌率海軍困劉公島威海形如鎖殼劉公島峙其中東西二口極險要定遠守東口鎭遠守西口皆被礮傷不能運動張德山屯數營守劉公島南北荒島日島各有地營資守禦日人來攻德山將棄兵遁宗騫責之曰爲將帥者當戰死毋退生努力爲之成敗聽天可也德山不應遂潰宗騫殉之汝昌遂令廣丙管駕張璧光

坐鎭北小艦高揭白徽造日海軍大將伊東佑亨船遞降牒盡以船械降海軍總兵林泰曾自傷坐船大哭曰國家糜金鉅萬今日盡資敵用我輩有何面目在人世遂蹈海死步蟾文宣用霖祖建等相繼殉焉自是海軍無片甲矣計威海之降日者一曰定遠鐵艦爲水師提督之號旗船先被水雷轟沉入海深十八尺但見礮位二曰鎭遠鐵艦傷而未沉三曰平遠鐵艦四曰濟遠鋼帶艦皆尙完善五曰靖遠鋼帶艦爲日本借礮臺之礮擊沉六曰來遠鐵艦亦已沉海七曰威遠木質船八曰廣丙木質水雷船九曰康濟木質水雷棧房船不能海戰之小船也十曰湄雲木質小兵船蚊子四號曰鎭北鎭邊鎭西鎭中又有水雷船五號礮船三號皆未傷另有寶發一船亦已沉沒統計劉公島灣內或傷或完之船共大小二十三艘悉爲日有惟逃出之水雷十三號孑立海面嗚呼噫嘻天歟人歟又查鴨綠江之戰超勇揚威致遠廣乙先已或沉或燬牙山之戰廣甲擱淺焚燬操江小艦被擄旅順之役被擄者輪船三夾板船二大連灣之役被擄輪船一小礮船二曰運泰曰漢江兵駁十五蓋前後所喪失者不下五十餘艘矣

二月日人陷我熊岳牛莊營口吳大澂遁走

大澂喜談兵能放槍百步外中香火遂以識韜鈐自負而乏遠略內心日韓之事起大澂任湖南撫自謂前與定約朝鮮視師吉林曉敵人情勢奏請率湘軍赴前敵允之藩司魏光燾統威武十營總兵劉樹元統撫標親軍十營編修曾廣鈞統練綱武軍礮隊一營步隊二營總兵余虎恩統振字三營副將熊鐵生統鐵字十營道員譚文煥統忠信五營副將吳元凱統愷字四營總兵劉光才統三營副將王連三統二營皆隸之雄師逾四萬皆湖湘子弟軍容頗盛大澂奏調編修王同愈陳嘉言黃自元主事晏安瀾

中書翁綬琪道員左孝同等爲參謀遂進軍田莊臺立牌大書降者免死四字樹之又爲告示勸日人投降徧貼街衢日人陷蓋平度靑石關新開嶺三塊石海山寨等處堅築礮臺營口大震時宋慶大軍扼大石關姜桂題馬玉崑宋凱臣劉世俊等率師保營口至是日人陷熊岳攻牛莊李光久率兵據短堤截擊相拒一日夜無救師殲牛莊陷九路進攻姜馬等稍稍戰敗績遂陷營口或告大澂曰我師敗矣大帥作何計大澂從容曰敵必不敢犯我未幾礮聲漸漸近大澂面無人色倉皇走不及騎途遇哨官二問曰大帥將何之大澂曰我足躄躄不能行矣奈何哨官向

村民乞得糞籄載而肩之始得免陳嘉言黃自元至大澂
營方半日午炊未熟而驚報至皆紛紛遁湘軍遂散宋慶
大營方拒戰被蹂躪遂潰
錦州馬賊起以提督唐仁廉擊之
命大學士北洋大臣李鴻章爲全權大臣如日乞和以王文韶
署直隸總督
蔭桓等自神戶長崎還滬日本貴官多請以鴻章蒞盟鴻
章子經方前使日本與其士夫愜洽問寒暄者尤夥蔭桓
等奏於朝遂命鴻章如日以王文韶署直督事鴻章率伍
廷芳羅豐祿馬建忠及其子經方美臣福世德等自旅順

至馬關伊藤陸奥來迎詢寒暄畢鴻章曰亞洲中東爲巨擘又最鄰近且同文詎可尋仇今暫時相爭總以永好爲是如尋仇不已則有害於華者未必有益於東也試觀歐洲各國練兵雖强不輕起釁我中東既在同洲亦當效法歐洲如我兩國使臣彼此深知此意應力維亞洲大局永結和好庶我黃種之民不致爲白種侵蝕也伊藤云中堂之論甚愜我心十年前我在津時曾與中堂論及貴國悠悠至今一無變革本大臣實深歎之鴻章云當時聞貴大臣談論及此心爲佩之且深佩貴大臣變革俗尚化弱爲强我國之事囿於習俗未能如願以償當時貴大臣勸云中國地廣人衆變革諸政應由漸而來今轉瞬十年依然如故本大臣更抱歉自慚心有餘力不足而已貴國兵將悉照西法訓練甚精各項政治日新月盛此次本大臣進京與士大夫談論亦有深知我國必須改變方能自立者伊藤云皇天無親唯德是輔貴國如願振作天必助之蓋天之待下民無所偏倚在各國自爲之耳鴻章繼復爲言中國上下亦有通達時務之人惜省分太多各分畛域大似貴國封建之時互相掣肘事權不一云云

日人刺我全權大臣李鴻章中顴

日皇派伊藤陸奥爲全權與鴻章會議馬關日人小山豐

太者以鴻章任中國首輔戰議必鴻章主持恨之乘鴻章自會議處出以手槍擊鴻章中顴流血滿袍日廷方派第四軍至華以小松宮大勳位彰仁親王將之及我全權被刺日君臣道歉遽停戰

三月全權大臣李鴻章與伊藤博文陸奥光宗定約馬關鴻章與伊藤等會議再四草約成奏行之羣臣諫阻不報遂割地賠款以和尋換約煙臺約云大日本帝國大皇帝陛下及大清帝國大皇帝陛下爲訂定和約俾兩國及其臣民重修平和共享幸福且杜絕將來紛紜之端大日本帝國大皇帝陛下特簡大日本帝國全權辦理大臣內閣總理大臣從二位勳一等伯爵伊藤博文大日本帝國全權辦理大臣外務大臣從二位勳一等子爵陸奥光宗大清帝國大皇帝陛下特簡大清帝國欽差頭等全權大臣太子太傅文華殿大學士北洋通商大臣直隸總督

一等肅毅伯爵李鴻章大清帝國欽差全權大臣二品頂戴前出使大臣李經方爲全權大臣彼此較閱所奉諭旨認明均屬妥實無闕會同議定各條款開列於左第一款中國認明朝鮮確爲完全無缺之獨立自主故凡有虧損獨立自主體制即如該國向中國所修貢獻典禮等嗣後全行廢絕　第二款中國將管理下開地方之權併將該地方所有堡壘軍器工廠及一切屬公物件永遠讓與日本一下開劃界以內之奉天省南邊地方從鴨綠江口溯該江以抵安平河口又從該河口劃至鳳凰城海城及營口而止畫成折線以南地方所有前開各城市邑皆包括劃界在線內該線抵營口之遼陽河後即順流至海口止彼此以河中心爲分界遼東灣東岸及黃河北岸在奉天所屬諸島嶼亦一併在所讓界內二臺灣全島及所有附屬各島嶼三澎湖列島即英國格林尼次東經百十九度起至百二十度止及北緯二十三度起至二十四度之間諸島嶼　第三款前款所載及黏附本約之地圖(按此圖今在卷首)所劃疆界俟本約批准互換之後兩國應各選派官員二名以上爲公同劃定疆界委員就地踏勘確定劃界若遇本約所訂疆界於地形或治理所關有礙難不便等情各該委員等當妥爲參酌更定各該委員等當從速辦理界務以期奉委之後限一年竣事但遇各該委員等有所更定畫界兩國政府未經認准以前應據本約所定畫界爲正　第四款中國約將庫平銀貳萬萬兩交與日本作爲賠償軍費該款分作八次交完第一次五千十二應在本約批准互換後六個月內交清第二次五千萬兩應在本約批准互換後萬兩月內交清餘款平分六次遞年交納其法列下第一次平分遞年之款於兩年內

交清第二次於三年內交清第三次於四年內交清第四次於五年內交清第五次於六年內交清第六次於七年內交清其年分均以本約批准互換之後起算又第一次賠欵交清後未經交完之欵應按年加每百抽五之息但無論何時將應賠之欵或全數或幾分先期交清均聽中國之便如從條約批准互換之日起三年之內能全數清還除將已付利息或兩年半或不及兩年半於應付本銀扣還外餘仍全數免息　第五欵本約批准互換之後限二年之內日本准中國讓與地方人民願遷居讓與地方之外者任便變賣所有產業退去界外但限滿之後尙未遷徙者酌宜視爲日本臣民又臺灣一省應於本約批准互換之後兩國立即各派大員至臺灣限於本約批准互換後兩個月內交接淸楚　第六欵日中兩國所有約章因此次失和自屬廢絕中國約俟本約批准互換之後速派全權大臣與日本所派全權大臣會同訂立通商行船條約及陸路通商章程其兩國新訂約章應以中國與泰西各國現行約章爲本又本約批准互換之日起訂新約章未經實行之前所有日本政府官吏臣民及商業工藝行船船隻陸路通商等與中國最爲優待之國禮遇護視一律無異中國約將下開讓與各欵從兩國全權大臣畫押蓋印日起六個月後方可照辦第一現今中國已開通商口岸之外應准添設下開各處立爲通商口岸以便日本臣民往來僑寓從事商業工藝製作所有添設口岸均照向開通商海口或向開內地鎭市章程一體辦理應得優例及利益等亦當一律享受一湖北省荊州府沙市二四川省重慶府三江蘇省蘇州府四浙江省杭州府日本政府得派遣領事官於前開各口駐紮第二日本輪船得

駛入下開各口附搭行客裝運貨物一從湖北省宜昌溯長江以至四川省重慶府二從上海駛進吳淞江及運河以至蘇州府杭州府日中兩國未經商定行船章程以前上開各口行船務依外國船隻駛入中國內地水路現行章程照行第三日本臣民在中國內地購買經工貨件若自生之物或將進口商貨運往內地之時欲暫行存棧除勿庸輸納稅鈔派徵一切諸費外得暫租棧房存貨第四日本臣民得在中國通商口岸城邑任便從事各項工藝製造又得將各項機器任便裝運進口只交所訂進口稅日本臣民在中國製造一切貨物其於內地運送稅內地稅鈔課雜派以及在中國內地沾及寄存棧房之益即照日本臣民運入中國之貨物一體辦理至應享優例豁除亦莫不相同嗣後如有因上加讓之事應增章程規條即載入本款所稱之行船通商條約內　第七款日本軍隊現駐中國境內者應於本約批准互換之後三個月內撤回但須照次款所定辦理　第八款中國爲保明認眞實行約內所訂條款聽允日本軍隊暫行佔守山東省威海衛又於中國將本約所訂第一第二兩次賠款交清通商行船約章亦經批准互換之後中國政府與日本政府確定周全妥善辦法將通商口岸關稅作爲剩款并息抵押日本可允撤回軍隊倘中國政府不及確定抵押辦法則未經交清末次賠款之前日本應不允撤回軍隊但通商行船約章未經批准互換以前雖交清賠款日本仍不撤回軍隊　第九款本約批准互換之後兩國應將是時所有俘虜盡數交還中國約將由日本所還俘虜並不加以虐待若或置於罪戾中國約將認爲軍事間諜或被嫌逮繫之日本臣民即行釋放并約此次交仗之間所有關涉

日本軍隊之中國臣民概予寬貸並飭有司不得擅爲逮繫　第十欵本約批准互換日起應按兵息戰　第十一欵本約奉大日本帝國大皇帝陛下及大清帝國大皇帝陛下批准之後定於明治二十八年五月初八日即光緒二十一年四月十四日在煙臺互換爲兩國全權大臣署名蓋印以昭信守大日本帝國全權辦理大臣內閣總理大臣從二位勳一等伯爵伊藤博文畫押印大日本帝國全權辦理大臣外務大臣從二位勳一等子爵陸奧光宗畫押印大清帝國欽差頭等全權大臣太子太傅文華殿大學士北洋通商大臣直隸總督一等肅毅伯爵李鴻章畫押印大清帝國欽差全權大臣二品頂戴前出使大臣李經方畫押印明治二十八年四月十七日光緒二十一年三月二十三日訂於馬關繕寫兩分

附湖廣總督張之洞阻和二電云總署鈞鑒聞和議各條不勝焦灼痛憤倭寇狂悖至此種種利害顯然可見中外諸臣均已懇切陳奏無待瀆陳其中如旅順不肯交還及威海劉公島天津駐兵各條尤爲可駭查旅順威海乃北洋門戶若不退還則北洋咽喉從此梗塞以後雖有水師何處停泊修理旅順劉公島駐倭船天津又駐陸兵近在肘腋旅順到津沽山海關皆一日可到燕臺尤近彼日肆要挾稍不滿欲朝發夕至且倭約各條貪苛太甚臺灣民悍不甘屬倭必然啟釁各省軍民必至痛哭深怨斷不甘心稍有枝節彼即謂不依條約立刻生事彼時戰不及戰和不及和守不及守即欲暫避亦不及避倭性兇很不同西國其禍豈堪設想查要挾各條之害聖明豈有不知朝

廷所以勉爲和議者不過爲保全京城姑冀目前粗安徐圖補救若照倭索諸條更是自困自危之道欲求旦夕偸安而不可得又洋報與中國聯合以備戰守一條大約是爲中國經理各省機器製造鐵路等事尤爲險詐查購買洋械本難常恃幸各省向有數局可造槍礮彈藥稍資接濟經此倭事創鉅痛深正須急籌鉅欵竭力擴充運兵鐵路亦須量力修造今若令倭人干預則內地軍火運道皆在倭掌握中水師既不能再振陸軍亦不能自主中華何以立國且倭駐旅威則自遼陽以至威海榮城周圍三千里處處水陸皆須永遠設防所費太鉅當此賠欵互萬之際防費將從何出至蘇杭織造絲綢川楚織造紗布則各國亦必效尤改造土貨中國工匠生計從此盡矣海軍無歸宿陸軍無利器威海棄則京畿無屏蔽商民貧則軍餉無來源各國欺凌商人嗟怨外患疊至內變將作恐係大學士李鴻章昏迷之際李經方等冒昧應許竊維遣員議和乃朝廷休兵息民之盛德顧全大局之苦衷洞雖愚蒙亦知仰體斷不敢爲大言迂論以瀆宸聽所慮者京城不能安和議不能成不論遠患先有近憂伏望聖明熟思深察勅下王大臣等迅速會議設法補救以候聖裁但此時總須乞援方易措手惟有速向英俄德諸國懇切籌商優與利益訂立密約懇其實力相助問其所欲許以重酬絕不吝惜無論英俄德酬謝若何去中國較遠總較倭患爲輕此須先請各國公同告倭令之停戰以便從容議辦尤爲緊要迫切上陳萬分惶悚請代奏又云倭約萬分無理地險商利餉力兵權一朝奪盡神人共憤意在吞噬中國非僅占數地而已有所棄臺旅之害威海劉公島駐兵之害與中國聯合備戰各條之害二十六日電奏已詳陳近

聞通商條目賠欵限制尤堪駭異各省口岸城邑商業工藝輪船處處任意往來任意製造一綱打盡工商生路盡矣倭在華製造土物一照洋貨納稅各國效尤如不能拒釐金虧矣賠欵二萬萬兩六年付清又加五釐利息即借英國洋欵轉付分期攤還每年亦須還本息一千數百萬兩各海口洋稅空矣今借欵係赫德一手經理專借英欵將來無論如何搜括亦不能還清英國必索我地方作抵是又生一患矣貧民極則生亂釐欵去則無餉陸師海軍永不能練中國外無自强之望內無勦匪之力矣威旅之兵必致永遠不撤京城亦無安枕之日矣一倭如此各國援而要挾動以竊向京城爲詞後患更不可勝言矣然非藉兵威不能廢約此時欲廢倭約保京城安中國惟有乞援强國一策俄國已邀德法阻倭占地正可乘機懇之乞援非可空言必須予以界務商務實利竊思威旅乃北洋門戶臺灣乃南洋咽喉今朝廷旣肯割此兩處與倭何不即以此賂倭者轉而賂英俄乎所失不及其半即可轉敗爲勝惟有懇請飭總署及出使大臣急與俄國商訂密約如肯助我攻倭脅倭盡廢全約即酌量畫分新疆之地或南路回疆數城或北路數城以酬之並許以推廣商務如英肯助我酌量割分西域之後藏一帶地讓與若干以酬之亦許以推廣商務外洋通例若此兩國有聯盟密約有戰事即可相助不在局外之例俄現有兵船三十餘艘在中國海面英有兵船二十餘艘在中國海面俄英兩國祇須有一國允助其兵船已足制倭而有餘其船或開向橫濱長崎或逕趨廣島或遊行南北洋兵船一動倭謀立阻倭極畏西洋斷不敢與英俄開戰若俄英有一國相助則兵不血刃而倭約自廢京城自安若倭敢戰則我拒其陸

兵英俄截其海道攻其倭都倭必滅矣同一棄也而損窮遠之西域可保緊要之威旅兼存膏腴之臺灣且可盡廢一切毒害中國之約權其輕重利害顯然且遼東旅順國家根本臺灣歸化康熙初年既而開拓藏衛大定則在乾隆中葉先後緩急亦有不同譬如人有疾病臺灣割棄威旅駐兵咽喉之病也內地處處通商賠欵力不能還心腹之患也西域邊遠髀骨之損也蓋俄英本強然歷次條約尚無吞併中國之意即以重利酬之於彼有益於我尚無大損倭專心欲害中國正苦餉力不足若此約允行則從此既強且富是我助以事噬中國之資矣至倭約各條處處包藏禍心而字句巧黠意圖含混尤望將和議各條發交王大臣等細心閱看自知其間之毒謀矣此因和議已許割地故擬爲此權宜轉移之策冀以救急紓禍憂憤迫切仰候聖裁請代奏尋詔王大臣密勘及劉坤一王文韶等籌畫倭約是否可廢戰端有無把握坤一等奏戰不可恃約遂不廢

四月詔頒和議

和約成內外諸臣諫止下至會試公車皆聯名痛哭陳書謂賠款不可許土地不可割上流涕下詔曰近日和約定

議廷臣交章論奏謂地不可割費不可償仍行廢約決戰以冀維繫人心支撐危局其言固出於忠憤而於朕辦理此事熟籌審處萬不獲已之苦衷有未深悉者自去歲倉猝開釁徵兵調餉不遺餘力而將非宿選兵非素練紛紛召集不殊烏合以致水陸交綏戰無一勝近日關內外事情更迫北則近逼遼瀋南則直犯畿疆皆眼前意中之事瀋陽爲陵寢重地京師則宗社攸關況二十年來慈闈頤養備極尊崇設使徒御有驚則藐躬何堪自問加以天心示警海嘯成災沿海防營多被衝沒戰守更難措手是用宵旰旁皇臨朝痛哭將一和一戰兩害相權而後幡然定

計其萬分爲難情事言者章奏所未及詳而天下臣民所當共諒者也茲批准定約特將先後辦理緣由明白宣示嗣後我君臣上下惟期堅苦一心痛除積弊於練兵籌餉兩大端實力研求亟籌興革毋稍懈志毋務虛名毋忽遠圖毋沿積習務期事事覈實痛戒具文以收自強之效於內外諸臣實有厚望焉復召六部九卿翰詹科道至內閣令張之萬宣詔曰日本覬覦朝鮮稱兵犯順朕睠懷藩服命將出師原期迅掃敵氛永綏邊患故凡有可以裨益軍務者不待臣工陳奏皆已立見施行何圖將不知兵士不用命畀以統領之任而僨事日深予以召募之資而流氓

麕集遂至海道陸路無不潰敗延及長城內外險象環生比來戎馬駸駸有進無退甚將北犯遼瀋西犯京畿危急情形匪言可喻和戰兩事必應當機立斷念朕臨御天下二十餘年宵旰憂勤未嘗稍釋今乃忽有此變實惟藐躬涼德有以致之且天津海嘯爲災衝沒營壘爲史策所僅見上天示警尤可寒心乃爾諸臣工於所議約章或以割地爲非或以償銀爲辱或更以速與決戰爲至計具見忠義奮發果敢有爲然於時局安危得喪之所關皆未能通盤籌畫萬一戰而再敗爲禍更難設想今和約業已互換必須頒發照行昭示大信凡此已成之局均不必再行論

光緖大事彙鑑　卷八　十　趙柏巖集

奏惟望京外文武大小各員自今以後深省愆尤痛除積弊咸知練兵籌餉爲今日當務之急切實振興一新氣象不可因循廢弛再蹈前轍諸臣等均爲朕所倚畀朕之艱苦當共深知朕之萬不得已而出於和當亦爲天下臣民所共諒也

以李經方交割臺灣

日廷以白川宮大勳位能久親王統兵渡臺以樺山資紀爲臺灣總督我朝以李經方爲交割臺灣使者乘日兵船往

臺灣自立爲民主國舉巡撫唐景崧爲大總統改元永淸

初和議成臺民以久隸中國不忍沈淪異族籲景崧代奏之不報復電稟總理衙門南北洋大臣閩浙總督代奏之又不報至是聞李經方率日艦收臺灣民皆洶洶哭聲動天地景崧累阻和議不允將束裝內渡民遮道請曰我輩海外孑遺如赤子之失父母今無天可告無人肯援惟有自立之一法以保旦夕成則天幸不成亦聊盡人事無使馬志尼笑人也公舉景崧爲民主國大總統改元永清旗用藍地黃虎率水師提督楊岐珍守臺北以幫辦軍務南澳總兵劉永福守臺南工部主事邱逢甲統團練兵守臺中日人詰經方經方笑曰若輩似孩童學劇不足慮

也臺民布告各省曰竊我臺灣隸大清版圖二百餘年近改行省風會大開儼然雄峙東南矣乃上年日本肇釁遂至失和朝廷保兵恤民遣使行成日本要索臺灣竟有割臺之欵事出意外聞信之日紳民憤恨哭聲震大雖經唐撫帥電奏迭爭並請代臺紳民兩次電奏懇求改約內外臣工俱抱不平爭者甚衆無如勢難挽回紳民復乞援於英國英泥局外之例置之不理又求唐撫帥電奏懇由總理各國事務衙門商請俄法德三大國併阻割臺均無成議嗚呼慘矣查全臺前後山二千餘里生靈千萬打牲防番家有火器敢戰之士一呼百萬又有防軍四萬人豈甘俯首事仇今已無天可籲無人肯援臺民惟有自主推擁賢者權攝臺政事平之後當再請命中朝作何辦理倘日本具有天良不忍相強臺民亦願顧全和局與以利益惟臺灣土地政令非他人所能干預設以干戈從事臺民惟集萬衆禦之願人人戰死而失臺決不願拱手而讓臺所望奇材異能奮袂東渡佐創世界共立勛名至於餉銀軍械目前儘可支持將來不能不借資內地不日即在上海廣州及南洋一帶埠頭開設公司訂立章程廣籌集欵臺民不幸至此義憤之倫諒必慨為佽助洩敷天之恨救孤島之危並再布告海外各國如肯認臺灣自主公同衛助所有臺灣金鑛煤礦以及可墾田可建屋之地一概租與開闢均霑利益考公法讓地為紳士不允其約遂廢海邦有案可援如各國仗義公斷能以臺灣歸還中國臺民亦願以臺灣所有利益報之臺民皆籍閩粵凡閩粵人在外洋者均望垂念鄉誼富者挾貲渡臺臺能庇之絕不欺凌貧者歇業渡臺既可謀生兼同洩忿此非臺民無理倔強實因未戰而割全省為中外千古未有之奇變臺民欲

盡棄田里則內渡後無家可歸欲隱忍偸生實無顏以對天下因此搥胸泣血萬衆一心誓同死守倘中國豪傑及海外各國能哀憐之慨然相助此則全臺百萬生靈所痛哭待命者也特此
布告中外知之

命恭親王督辦借款事孫毓汶翁同龢徐用儀張蔭桓幫辦英人赫德參贊

我廷以英人赫德久任總稅務司命總理淸償日本款俄德法恐英人獨握利權執不許通商各國羣以約中利益均霑語詰責譯署美國各大銀行合立一公司名曰新納該脫遣人至華爭稱貸款恭親王等遂定各國借款表

日人陷臺澎湖

澎湖峙海外爲臺灣屛蔽西嶼島列其西凡輪船至澎者

必道焉兩島各築礮臺扼之總兵周振邦知府朱上泮屯兵守日艦自東攻澎湖背潛入龍門港運兵登陸自東門西出攻金龜礮臺之後據之鳴礮擊西嶼守嶼都司劉忠梁督宏字兩營戰皆淪陷海口所置水雷悉爲奸民割斷電線日人遂據澎湖振邦等走厦門

五月日人陷臺基隆

日人增兵澎湖逾二萬分師攻基隆楊岐珍棄其軍乘南琛兵艦內遁臺民拒戰死傷枕藉遂陷之日總督樺山電報日廷云五月十一日御林軍進攻基隆沿途屢經險阻大礮既須捆載以行而天氣漸熱兵士盡喘行至遂湖地方臺民分集抵禦我兵亡十八人臺民死者百餘及抵基隆礮臺頗有防守先攻其西南

二座自未至酉克之獲器械糧食無算我兵亡三十人據獲來之臺兵口供謂守基隆者約六七千人統領張月樓軍門受傷退是以不支

日人陷臺北民主國總統唐景崧內遁

基隆陷日運兵登岸紛紛自淡水滬尾攻臺北景崧欲遁或責之曰公既爲民主當率師死戰雖戰敗身死大義昭然千秋萬歲後皆當嘉公之志自古皆有死不可不爲義屈也即不然亦宜退就黑旗圖後舉而景崧幕賓某切切以事不可爲勸內渡景崧惑之令自火其署及藥庫改裝附德船矮得遁方出口臺民以景崧負民舉礮擊之適德國壹里璺斯兵艦泊於附近還以礮臺民紛竄景崧乃得內遁

閏五月臺南罷市

日人經營臺北劉永福守臺南開濠築壘以待臺民多樹木栅爲守禦至是日兵漸逼臺南我安平海關閉門停辦英水師提督蒲樓撤其戍兵回艦諭各西人暫離臺南於是商民震動遂罷市扶妻抱子遁

六月俄德法脅日本還我遼東

俄方築西伯利亞鐵路冀盡獲韓滿利日先得之俄大忌西伯利亞鐵軌法助俄巨款俄亦助法於斐洲交際頗密德欲附俄法倡義藉以索地三國各增海陸軍照會我政府不得以遼東各地讓倭照會日政府謂朝鮮必聽自主

遼東應還中國日人懾俄德法勢退還遼壤索增賠款五千萬時法與英爲埃及事齟齬遂聯俄是爲俄法連橫英日合從之張本厥後我以是德俄許俄鐵路直入滿洲達長春借旅順大連灣爲俄屯兵法因之租廣州灣德因之租膠州灣英因之租舟山我四處海權皆爲外人有而日以此與俄不睦卒成癸卯之戰局嗚呼同洲搆兵異族獲利日人多以文明自負何不見及此耶

七月日人屠臺灣大嵙崁鎮

日兵至大嵙崁鎮臺民懸白旗示降日將遂不設備及大隊過臺民起截其輜重殺日兵數百日將怒攻屠之血流十里

八月日人弒朝鮮王妃閔氏

閔氏有美色多才略朝鮮王嬖之其宗族多貴顯自朝爲日破宗族斥罷王如弁髦妃憫王之受日逼也計欲驅逐

附日諸臣易以己黨日本以整理朝政爲言代練兵數營衛宮妃欲撤之日黨共謀於大院君李應是（朝人稱曰國太公韓王本生父也光緒十年預亂謀經我國擒獲安置保定後以韓王屢請釋之）應是素得日歡欲逐王自立遂問策駐韓日使三浦令率新兵（即日本所練者）自光化門入三浦督日兵繼之縱火鳴槍殺宿衛趨大化宮直至坤寧宮弑王妃閔氏俄美駐韓使臣聞變入宮詰責三浦曰貴國聲明保全朝鮮自主今若是自主安在無謂天下無義兵也三浦支吾應俄美召兵艦泊濟物浦韓王遂無恙（日兵入王妃閔氏寢室殺宮女十二人捽王妃髮及一侍者布襲盛之拽至宮外鹿囿中弑而投諸井尋爲各國公使義責日廷褫三浦職謝之）

日人陷臺雲林遂收臺中

雲林陷臺中團練兵多降日遂長驅直入署臺中府黎景嵩署臺南府忠滿皆辭劉永福內渡永福拖打狗拒戰

日人陷臺嘉義

日以近衛師團攻嘉義台軍拒戰五日殺日兵七八十台軍死者二百遂遁嘉義陷日水師從枋寮登陸（鳳山縣偏西）其第四混成旅團從夫太營登陸台兵自火其營走遂與近衛師團合臺兵五六千復來攻擊退之翌日臺兵三千攻日兵啞希他凹臺軍無槍礮揭竿執梃肉薄戰死亡纍纍屍骨山積

臺軍擊日本第二師團敗之

光緒大事彙鑑 卷八

臺軍數千攻第二師團殺日兵九十四敗之

日人攻臺南布袋嘴不克

日副總督高島自澎湖率能久親王部之第四旅團乘舟攻臺南布袋嘴臺礮擊之傷日艦二遂返

日人陷旗後入臺南劉永福內渡臺灣民主國亡

永福之守旗後（即打狗）也令其子率黑旗兵守礮臺合粵勇五千戍之日人數攻不克至是糧械均竭臺北臺中皆倭踞日人數爲書勸永福降永福辭以大義不屈日大舉水陸並攻永福遂改裝附英船爹利士自安平內渡方至大擔口忽日艦追至言永福匿船中徧查之見永福與其將

四人立欲拘去英船主不允升旗求救厦關告知嘉士洋行行主乘南澳商輪出見日將語以萬國公法兩軍有釁不能擾及他國國旗之下（西例凡懸國旗之下無論在船在陸他國無權過問）日將乃派二弁監送爹利士入港將就艙口拘之及入港夜正昏雜民紛紛擁出永福遂乘間入厦方永福之將渡也臺民皆泣日中國大皇帝舍我將軍苦戰半年今事已至此不敢累將軍將軍其避之永福行而旗後陷臺民蹈海死者接踵日人恨旗後守嚴捕其民綑置平原堆積如山上傾煤油焚之撫掌大樂曰此照天燭也遂入臺南先是日本能久親王及總督樺山資記皆病疫死日廷以乃木氏爲臺督

用兵至三師隊之多始全收臺壤臺民苦日虐屢變乃木氏爲治臺新章十條頒民政局行之臺民稍稍安

光緒大事彙鑑中日之役正誤表

冊別	頁數	行數	字數	誤	正
卷六					
	十二	一	駐之二字下	佔	覘
卷七	十六	二十一	汝貴二字上	魏	衛
	十八	十一	惟簡二字下	單	軍
	十九	三十三	直不能三字下	脫一字	淮
卷八	五	二十八	五千二字下	十二	萬兩
	仝	二十九	互換後三字下	萬兩	十二
	七	三十五	而已二字下	有所	所有
	八	三	不能拒三字下	空	鼇

光緒大事彙鑑正誤第二表

冊數	頁數	行數	字數	誤	正
卷一	第十八	第四	重防二字上	撤	撤
卷二	第三	第九	防字上	河	海
	第五	第十五	不戰二字上	人	又
	第七	第六	質字上	其	共
	第十一	第十六	立字下	切	功
	第十四	第四	軍字上	准	淮
	第十八	第六	玉字上	膝	滕
	第二十一	第十二	孝琪以三字下	准	淮
卷三	第一	第二十	膜字上	膈	隔

光緒大事彙鑑正誤第二表　一　趙柏巖集

光緒大事彙鑑 上諭第二表

	第五	第十六	牏字上	欒	爢
	第六	第十三	相字下	防	妨
	第七	第一	事外二字上	脫	在
		第六	開字下	懇	墾
	第八	第十六	擬向二字下	封索	索封
	第九	第四	孫依二字下	處	虎
			據供稱三字上	人	右
		第八	總督二字上	垣	坦
		第十五	股竄擾三字上	脫	分
		第十七	從字下	擾	優
	第十一	第十二	甫露二字上	謀賊	賊謀

卷	頁	行	字位	誤	正
卷四	第一	第七	即字下	此	起
		第十七	陰縱二字上	人	又
	第二	第十三	來拔二字上	分	香
	第六	第一	否字下	郎	有
		第十三	親字下	事	衍文
			外字下	市	布
	第七	第二	脫字上	阿	既
		第六	按月二字下	薄	簿
			勝字下	秦	基
	第八	第二	條字上	[illegible]	[illegible]
		第八	商改二字下	程章	章程

光緒大事彙鑑[illegible]正誤第二表 二 [illegible]

		第十二	劉錦二字下	堂	棠
	第十一	第一	愼典二字上	許	譚
	第十四	第五	兩處地三字下	脫	名
	第十六	第十九	蒙古二字下	合	各
	第十八	第十七	倭占又三字下	西域	衍文
			諸部二字上	綷浩	浩綷
	第十九	第一	收還二字下	俄	伊
		第三	赴俄定三字下	脫	議
			臣在二字下	敎倫	倫敎
	第二十一	第九	祇候二字上	敎倫	倫敎
		第十五	言之二字下	以臣	臣以

			折字下	衡	衡
	第二十二	第九	慮字下	[illegible]	縻
		第十七	各條二字下	爲	惟
		第十八	辯論二字下	與紓	紓與
	第二十三	第一	恩之二字上	竊臣	臣竊
		第三	背字下	肝	旰
		第七	改字上	駁	駮
		第十二	處字上	非	是
卷五	第十	第二十	該商上添四字下	查一	一查
	第十二	第五	主字上	脫	商
		第十四	譏刪二字上	本	未

光緒大事彙鑑勘誤表 三 趙柏巖集

	第十六	第十七	腹字下	俳	誹
卷六	第二	第九	換字上	以	已
		第十一	樊字下	龍	籠
	第四	第十	連字上	桼	漆
		第十二	西國內三字下	脫	地
	第五	第三	繫字上	柄	枘
	第六	第一	昔日二字下	覩	覘
	第十	第四	倭情二字下	慚	漸
		第十二	毛字下	照和	和熙
	第十二	第七	洋字上	兩	西
	第十八	第十一	趨字上	少	步

卷	頁	行	位置	誤	正
	第二十	第十二	武字下	并	弁
卷七	第十一	第十四	不爲二字上	既故	故既
	第十二	第十七	津沽二字下	至	矣
	第十四	第五	嘲字下	儀	議
			捻字上	挪	挪
		第八	從字上	由	出
	第十六	第十九	汝貫二字上	魏	衛
	第十七	第十三	徒字上	戎	戍
卷八	第一	第十	督工二字下	脫	延
	第二	第十二	鐵字上	牃	牒
		第十三	金上字上	磨	靡

光緒大事彙鑑 [illegible] 正誤各一表 四

右光緒大事彙鑑八卷與庭訓錄柏巖感舊詩話皆湘潭趙並蓀侍御在山中校出寄答嗣以修族譜停校侍御年近七十糾謬訂訛精神矍鑠因並列爲正誤第二表以誌感誌喜云柏巖敬識

趙柏巖集
湘潭趙啟霖署檢
國立廣西大學圖書館
THE LIBRARY OF NATIONAL KWANGSI UNIVERS
CHINA

光緒大事彙鑑卷九

全州趙炳麟柏巖著

嗚呼中國政事之失機其在戊戌乎當是時天子圖治殷殷整綱飭紀使不中蹶必非今日之廢弛可斷言也惜乎其多故也孔子曰天無二日民無二王孟子曰定於一吾於戊戌益信之述戊戌之變

戊戌之變

二十四年戊戌正月詔開經濟特科

故制科舉用制藝取士應制者揣摩聲調求進取靡研覈實學者同光來尤空疏自束髮授書父詔其子兄勉其弟率以八股小楷工巧相期望馴至掇巍科擢貴官亦惟汲

汲詩賦楷書竊取富貴人才愈消乏甲午以後士大夫稍稍知振作貴州學政編修嚴修請仿康乾間博學宏詞開舉經濟特科以收實用而勵人才數年一舉行分六科試士一內政凡考求方輿險要郡國利病民情風俗諸學者隸之二外交凡考求各國政事條約公法律例章程諸學者隸之三理財凡考求稅則礦產農工商務諸學者隸之四經武凡考求行軍布陣駕駛測量諸學者隸之五格物凡考求中西算學聲光化電諸學者隸之六考工凡考求名物象數製造工程諸學者隸之詔總署議行總署奏云光緒二十三年十一月二十三日軍機處交貴州學政嚴修奏請設專科以收實用一摺軍機大臣面奉諭旨著總理各國事務衙門會同禮部妥議具奏欽此臣等查該編修原奏所陳各節大

抵以近世士大夫頗多講求實學而書院學堂之設所成就僅及於少年新進而耆儒
宿學及已經通籍者不入院堂肄業轉無由邀朝廷特達之知因請設經濟特科仿照
從前博學鴻詞之例由京官四品以上外官三品以上以及各省學政核實保送不限
京官外官已仕未仕一體攷試分別錄用其所擬立專科寬額數憑保送嚴責成破資
格籌經費六條辦法籌畫亦頗周密方今時事多艱需才孔亟誠非有破格非常之舉
不足以聳外人之視聽而鼓舞海內之人心第原奏請設特科又請設立年限援之事
理竊恐難行夫旣曰特科其事固不能歲舉而歲舉之例行之科目亦斷不能概加超
擢與以破格之遷除朝廷立賢無方議法必通而後久非特科無以動一時之耳目非
歲舉無以供歷久之取求二者兼資可分辦而不宜合辦查國朝康熙乾隆年間舉博
學鴻詞本依效唐人銓目以網羅海內人材唐制舉博學鴻詞者大抵皆明經進士律
算諸科有出身人復經朝官薦送試之吏部優等或竟除給舍若陸贄韓愈等皆由此
以登清要當時號爲得人宋制沿唐所荐送亦皆已由科目出身者若洪邁王應龍諸
人皆以進士名舉非布衣所能與也康熙乾隆年間意在訪求遺逸故不限布衣及朝
官外職一皆荐送而一時剡牘山林之數較倍於縉紳立法因時各收宏效其在于今
則宜仿康熙乾隆年間特科舊制甄錄學堂書院外之人才准現今科目階級以登進
學堂書院中之髦俊一爲歲舉一爲特科先舉特科次行歲舉庶幾楨幹不遺亦且施
行有序臣等公同商酌其特科擬略宗宋臣司馬光十科朱子七科之例以六事合爲
一科一曰內政凡攷求方輿險要郡國利病民情風俗諸學者隸之二曰外交凡攷求

各國政事條約公法律例章程諸學者隸之三曰理財凡考求稅則礦產農工商務諸學者隸之四曰經武凡考求行軍布陣駕駛測量諸學者隸之五曰格物凡考求中西算學聲光化電諸學者隸之六曰考工凡考求名物象數製造工程諸學者隸之其保送應試如該編修所奏飭下京官三品以上外官督撫學政各舉所知無限疆域無論人數悉塡姓名籍貫已仕未仕並其人何所專長咨送總理衙門定期考試其由臣衙門會同禮部奏請試期欽命題目簡派閱卷大臣在保和殿試以策論差次優劣分別去留錄取者再請殿廷覆試一場另請簡派閱卷大臣詳定等第以昭愼重覆試後由臣衙門會同禮部帶領引見應如何量材擢用或悉照鴻博成案略與變通權衡鼓舞出自聖裁非臣等所敢擅擬應時由軍機大臣請旨辦理此爲特科或十年而一舉或二十年而一舉統俟特旨不爲常例此特科議辦之大略也若設爲年限之科則即以新增講求算藝各書院學堂爲造端之始每屆鄉試年分由各省學臣調取各書院各學堂鄉會試皆以策問試之初場試專門題次場時務題三場仍試四書文以端趨向中試者另爲一榜名爲經濟正科舉人貢生其覆試殿試朝考仍與尋常舉人貢士合爲一場同試一題第於卷面另編字號不責以楷法不苛其訛脫一以學問爲高下自不至屈抑眞材而亦可免諸生之歧視此爲常科三歲一舉此臣等就該編修所請考試年限酌與變通之議辦大略也臣等竊維學問以磨勵而後成人材以激揚而愈重譬近來風尙上之所求與下之所學精神所注未嘗不並出一途徒以科舉未開故相需殷而相遇疏當官每嘆乏才而處士恆嗟不遇誠使丕煥綸音廣開賢路風聲所樹

羣十響臻因風尚以激揚較之藉激揚以開風尚者其勢彌順其程效亦當彌捷拔十得五理可預期惟其間詳細章程或需咨商外省或需參考舊章斟酌施行茲先將大概辦法恭摺具陳如蒙特旨俞允恭候命下之日再由臣等分別咨商擬定詳細章程開列清單恭呈御覽二十四年正月初六日奉　旨行之　嚴修字範生直隸人

給事中高燮曾請開武備特科

先是步軍統領榮祿以武科用弓刀石試士無關戰務請改用槍礮詔樞臣會議至是燮曾請開武備特科數年一舉行分五事試士一嫻韜略兼貫中法西法二熟輿地工測繪三練身體善擊刺四習洋槍洋礮及中國擅長火器五精製造創新械前四事毋許闕一後事別爲一格或兼長或專長皆可保薦至京考校分別予職分爲武備學堂教習著成效者超擢京外武備學堂亦懸此五事教育以

備任使詔與榮祿奏並議之

右中允黃思永請行昭信股票

馬關約定賠款浩繁右中允黃思永請行昭信股票以借民款詔戶部議行　戶部奏云軍機處交出右中允黃思永奏籌借華款請造自强股票一摺光緒二十四年正月初九日奉　諭旨戶部速議具奏欽此據原奏內稱時事孔棘庫藏空虛舍借款無以應急舍外洋不得鉅款前已種種吃虧近聞各國爭欲抵借其言愈甘其禍愈伏何中國臣民如此之衆竟無以借華款之策進者若謂息借商款前無成效且有擾民之弊遂不可行此誠因噎廢食之說也在外洋與在通商口岸之華民依傍洋人買票借款者甚多不能自用乃以資人且縉紳之私財寄頓於外國洋行或託洋商營運者不知凡幾存在中國之銀號票莊者又無論矣小民不足責應請特旨嚴責中外臣僚激以忠義奮發之氣先派官借以爲民倡合天下之地力人力財力類別區分各出其餘以應國家之急似乎四萬萬民之衆不難借一二萬萬之款聞外洋動輒以萬萬之出借非其素蓄不過呼應甚靈每股百兩且有折扣甲附股以售與乙反掌間即可加增以爲恆產傳子孫者不願歸還即輾轉操縱亦有贏餘股票甚於銀票故舉國信從趨之若鶩每得中國電報

借欵議成即由銀行造票登新聞紙出售雖萬萬銀之多尅期立盡中國風氣若開豈
難漸收成效擬請敕下速造股票先按官之品級缺之肥瘠家道之厚薄酌定借欵之
多寡查照官册分派漸及民間亦仿西法每百兩爲一股每股分期收繳還以十年或
二十年爲度每年本利共還若干預定準數隨股票另給票據十年則十張平時准其
轉售臨期准抵交項蓋分期寬則交本易交本易則股本方肯多入歸欵亦不爲難出
入皆就近責成銀行票莊銀號典當代爲收付不經胥吏之手無詐無虞確有憑信可
售可抵更易流通抑或能借鉅欵給獎叙以資鼓勵亦是一法臣非空言請先派籌借
若干兩定限繳齊逾期請治臣罪其力數倍於臣數十倍於臣者如恆河沙數成塔祇
在人爲惟懇　皇上宸斷令出惟行則頹風可振衆志成城轉弱爲强之機反求即是
等語臣等伏查日本償欵數鉅期迫原擬息借洋債以應急需乃需用愈急息借愈難
或已有頭緒而不免紛紜或已立合同而終成反計計自去年以迄今日借債一事其
旋議而旋停者蓋不知凡幾矣現在期限日緊洋債仍無成說臣部正議息借華欵爲
補救萬一之謀今中允黄思永請　特旨嚴責中外臣僚激以忠義憤發之氣先派官
借以爲民倡並請速造股票先按官之品級缺之肥瘠家道之厚薄酌定借欵之多少
查照官册分派漸及民間亦仿西法每百兩爲一股每股分期收繳還以十年或二十
年爲度每年本利共還若干預定準數隨股票另給票據十年則十張平時准其轉售
臨期准抵交項等因自屬籌欵之一法第缺分肥瘠家道厚薄一時既難周知且按官
之品級以定數之多少亦恐跡近抑勒窒碍難行臣等會同商酌擬令官紳商民均量

力出借無庸拘定數目先由臣部印造部票一百萬張名曰昭信股票頒發中外隨後
再製造息摺給予本人收執每部票註明庫平紋銀壹百兩銀圓亦准折合抵交凡中
國官民領收部票繳納借欵或在部庫藩庫兌交或寄存某字號票商但使無誤提撥
均聽其便此項借欵照洋欵辦法周年以五釐行息計用二十年前十年每年還息一
次後十年本利並還期以二十年本利完訖在京由部庫發給在外由藩庫發給斷不
准絲毫需索延宕其轉相售買每屆還期准抵地丁鹽課釐金以冀通行而昭大信夫
商民食毛踐土各懷忠義之心而內外大小臣工受　國厚恩際此帑絀時艱尤當熟
計安危出家貲以佐國用況　朝廷不責以報効不强令捐輸一律按本計息分期歸
還誰無人心誰無天良斷不忍觀望遲回一任大局之潰裂該中允原奏先派官借以
爲民倡所議誠爲扼要擬請　降旨飭令在京自王公以下在外自將軍督撫以下無
論大小文武現任候補候選各項官員均領票繳銀以爲商民之倡在京大小官員出
借銀若干應領票若干由該旗該衙門開單報部請領轉發在外大小官員出借銀若
干應領票若干由各省將軍督撫開單請領轉發至地方商民人等願借者亦復不少
在京即責成順天府府尹在外即責成將軍督撫將部定大概章程先行出示隨即揀
派廉幹之員剴切曉諭勸令紳商士民一體量力出借仍不得苛派勒捐致滋紛擾一
面由臣部將印票分別省分酌量給發一面由地方官將出借銀數隨時報部聽候撥
還日本償欵無論何項不准挪移動用此項借欵待用孔亟各直省應自奉　旨之日
起限兩個月內將籌借辦法及已借銀數赶緊電報不得稍有遲踰如派辦籌借人員

多方勸諭能借巨欵十萬以上准從優獎五十萬以上准破格獎以示鼓勵

工部主事康有爲上書言亂亡且呈日俄變政諸書

先是光緒十四年戊子有爲布衣上書闕下（是時有爲名祖詒後改名有爲）言列強逼處宗國危亡極發俄人東侵隱謀贊日本變法自強將窺韓遂臺灣因請革弊修政取法泰西以救時局翁同龢摘其有窒礙語格不達尋第癸巳鄉舉乙未會試入京適馬關議約乃集公車於楊椒山祠堂（俗名松筠庵）聯名上書請罷和遷都變法至者千三百人復以阻撓而止有爲尋第進士授工部主事時和議大定有爲乃删前疏罷和遷都擴張變法一條爲書上之　上大嘉許勑督撫大臣議

行有爲自以前書略復草疏言變革條目工部堂官不代遞戶部尙書翁同龢在毓慶宮授　上讀且値機密恥甲午蹶屢賛　上變法聞有爲言大喜且愧前之格有爲也爲游揚　上前有爲名遂顯未幾同龢擬下維新詔令太后聞弗韙因奪同龢毓慶宮差蓋同龢於軍機承旨時猶保同班公見惟毓慶宮獨見　上舉劾多授讀密陳故去其差疏之而侍郞汪鳴鑾長麟翰林院侍讀學士文廷式亦同時以離間　太后去官有爲乃出京往來江南廣東廣西間收弟子講學徒黨滿東南令弟子開報館以聳天下之聽舉人梁啟超者有爲高足弟子也與進士汪康

年共刊時務報於上海侃侃談中外沿革利弊張之洞陳寶箴爲之游揚風行天下青年手之若拱璧二十三年丁酉十二月德人據膠州有爲復入京集士夫開經濟學會且上書言亂亡情形工部堂官復惡其語激格之有爲交各報館刊布給事中高爕曾見之喟然曰此忠言也上疏薦之請　上召見上將允恭親王奕訢時冠軍機諫曰本朝成例非四品以上官不召見有爲小臣令大臣傳詢可也上遂命總署王大臣傳有爲詣署問變法大計且傳諭著述議論關涉政治者總署當代遞有爲卒以言亂亡疏進　上閱至求爲長安布衣而不可得及不忍見煤山前

樹各節爲肅然動容云　上自是稱有爲才前翰林院侍讀學士文廷式者負文名爲　上所愛珍妃師自言事忤
太后奪職居上海致書妃贊有爲妃弟志錡結爲密友妃遂薦有爲　上側　上益重有爲謂總署大臣曰康有爲志士爾後有所陳其勿阻日令內侍宣取日本變政考大彼得變政考諸書有爲編輯日俄變法事參以己意洋洋數十萬言逐日進呈　上變法志彌堅
工部主事康有爲專摺上疏言變法
有爲既以日俄變政諸書進翁同龢復薦有爲才勝臣百倍　上因命有爲具摺言國政故例朝士惟九卿科道及

翰林兼講官或內廷供奉者可專摺其他皆由堂官代奏有爲以工部主事專摺異數也昔　文宗諭奏事處不應專摺之臣有專銜封奏者屏勿納有爲奏事遂不由奏事處交軍機總署大臣廖壽恆直遞　上前有爲因上疏言三事曰大誓羣臣以定國是曰立對策所以徵賢才曰開制度局以定憲法下總署議行有爲疏云竊頃者德人割據膠州俄人竊伺旅大諸國環伺岌岌待亡自甲午和議成後臣屢上書極陳時危力請變法格未得達旋即告歸土室撫膺閉門泣血未及三年遂有茲變臣萬里浮海再詣　闕廷荷蒙　皇上不棄芻蕘特命總理各國事務王大臣傳詢問以大計復命具摺上陳並宣取臣所著日本變政考俄大彼得變政考進呈　御覽此蓋歷朝未有之異數而　大聖人採及葑菲之盛德也臣愚何人受此殊遇遭際時艱敢不竭盡其愚以備採擇臣聞方今大地守舊之國未有不分割危亡者也有次第割其土地人民而亡之者波蘭是也有盡取其利權一舉而亡之者緬甸是也有盡亡其土地人民而存其虛號者安南是也有收其利權而後亡之者印度是也有握其利權而徐分割而亡之者土耳其埃及是也我今無士無兵無餉無船無械雖名爲國而土地鐵路輪船商務銀行惟敵之命聽容取求雖無亡之形

而有亡之實矣後此之變臣不忍言觀大地諸國皆以變法而強守舊而亡然則守舊
開新之效已大可覩矣以　皇上之明觀萬國之勢能變則存不變則亡全變則強小
變仍亡　皇上與諸臣審知其病之所源則救病之方即在是矣夫方今之病在篤守
舊法而不知變處列國競爭之世而行一統垂裳之法此如已夏而衣重裘涉水而乘
高車未有不病暍而淪胥者也大學言日新又新孟子稱新子之國論語孝子毋改父
道不過三年然則三年之後必改可知夫物新則壯舊則老新則鮮舊則腐新則活舊
則板新則通舊則滯物之理也法既積久弊必叢生故無百年不變之法況今茲之法
皆漢唐元明之弊政何嘗爲　祖宗之法度哉又皆爲胥吏舞文作弊之巢穴何嘗有
絲毫　祖宗之初意哉今託於　祖宗之法固已誣　祖宗矣且法者所以守地者也
今　祖宗之地既不守何有於　祖宗之法乎夫使能守　祖宗之法而不能守　祖
宗之地與稍變　祖宗之法而能守　祖宗之地孰得孰失孰重孰輕殆不待辨矣雖
然欲變法矣而國是未定衆論不一何從而能舍舊圖新哉夫國之有是猶船之有柁
方之有針所以決一國之趨向而定天下之從違者也若針之子午未定舵之東西游
移則徘徊莫適傍偟何之行者不知所從居者不知所往放乎中流而莫知所休指乎
南北而莫知所極以此而駕橫海之大航破滔天之巨浪而適遭風沙大霧之交加安
有不沉溺者哉今　朝廷非不稍變法矣然　皇上行之大臣撓之才士言之而羣僚
攻之爲用夷變夏則以爲變亂　祖制謠諑並起水火相攻以此而求變法之有效猶
卻行而求及前也必不可得矣　皇上既審時勢之不能不變知舊法之不能不除臣

請　皇上斷自聖心先定國是而已國是既定矣然下手之方其本末輕重剛柔緩急不同其規模條理綱領節目大異稍有乖誤亦無成功臣愚嘗斟酌古今考求中外唐虞三代之法度至美但上古與今既遠臣願　皇上日讀孟子師其愛民之心漢唐宋明之沿革可採但列國與統一迥異臣願　皇上上考管子師其經國之意若夫美法民政英德共和地遠俗殊變久跡絕臣故請　皇上以俄大彼得之心爲心法以日本明治之政爲政法也然求其時地不遠教俗略同成效已彰推移即是若名書佳畫墨蹟尙存而易於臨摹如宮室衣裳裁量恰符而立可鋪設則莫如取鑑於日本之維新矣日本之始也其守舊攘夷與我同其幕府封建與我異其國君守府變法更難然而成功甚速者則以變法之始趨向之方針定措施之條理得也考其維新之始百度甚多惟要義有三一曰大誓羣臣以定國是二曰立對策所以徵賢才三曰開制度局而定憲法其誓文在決萬幾於公論採萬國之良法協國民之同心無分種族一上下之議論無論藩庶令羣臣咸誓言上表革面相從於是國是定而議論一矣召天下之徵士貢士咸上書對策所五日一見稱旨者擢用於是下情通而羣才進矣開制度局於宮中選公卿諸侯大夫及草茅才士二十人充總裁議定參預之任商榷新政草定憲法於是謀議詳而章程密矣日本之強效原於此　皇上若決定變法請先舉三者大集羣臣於　天壇　太廟或　御乾清門詔定國是躬申誓戒除舊布新與民更始令羣臣具名上表咸革舊習黽勉維新否則自陳免官以激厲衆志一定輿論設上書所於午門日輪御史二人監收許天下士民皆得上書其羣僚言事咸許自達無得由堂

官代遞以致阻撓其有稱　旨者召見察問量材擢用則下情咸通羣才輻輳矣設制度局於　內廷選天下通才十數人入直其中王公卿士儀皆平等略如　聖祖設南書房　世宗設軍機處例　皇上每日親臨商榷何者宜增何者宜改何者當存何者當删損益庶政重草章程然後敷布施行乃不謬紊近泰西政論皆言三權有議政之官有行政之官有司法之官三權立然後政體備以我朝論之　皇上則爲元首百體所從軍機號爲政府出納王命然跪對頃刻未能謀議但爲喉舌之司未當論思之寄若部寺督撫僅爲行政之官譬於手足但供奔持豈預謀議且部臣以守例爲職而以新政與之議事既違例勢必反駁而已安有以手足而參謀猷哉近者新政多下總署總署但任外交豈能兼營況員多年老或兼數差共議新政取決俄頃欲其詳美勢必不能若御史爲耳目之官刑曹當司法之寄百官皆備而獨無左右謀議之人專任論思之寄然而新政之行否實關軍國之安危而言者妄請施行主者不知別擇無專司爲之討論無憲法爲之著明淚付有司聽其抑揚惡之者駁詰而不行決之者倉卒而不盡依違者狐疑而莫定從之者條畫而不詳是猶範人之形有頭目手足口舌身體而獨無心思必至冥行擿埴顚倒狂瞀而後已以此而求新政之能行豈可得哉故制度局之設尤爲變法之原也然今之部寺率皆守舊之官驟予改革勢實難行既立制度局總其綱宜立十二局分其事一曰法律局外人來者自治其民不與我平等之權利實爲非常之國恥彼以我刑律太重而法規不同故也今宜採羅馬及英美德法日本之律重定施行不能驟行內地亦當先行於通商各口其民法民律商法市則舶則

訟律軍律國際公法西人皆極詳明既不能閉關絕市則通商交際勢不能不概予通行然既無法律吏民無所率從必致更滋百弊且各種新法皆我所夙無而事勢所宜可補我所未備故宜有專司採定各律以定率從二曰度支局我國地比歐洲人數倍之然患貧實甚所入乃下等於智利希臘小國無理財之政故也西人新法紙幣銀行印稅證券訟紙信紙煙酒稅礦產山林公債皆致萬萬多我所無宜開新局專任之三曰學校局自京師立大學各省立中學各府縣立小學及專門各學若海陸醫學律學師範學編譯西書分定課級非禮部所能辦宜立局而責成焉四曰農局舉國之農田山林水產畜牧料量其土宜講求其進步改良焉五曰工局司舉國之製造機器美術特許其新製而鼓勵之其船舶市場新造之橋梁堤岸道路咸屬焉六曰商局舉國之商務商學商會商情商貨商律專任講求激厲之七曰鐵路局舉國之應修鐵路繪圖定例權限咸屬焉八曰郵政局舉國皆行郵政以通信命各省府縣鄉咸立分局並電線屬焉九曰礦務局舉國之礦產礦稅礦學屬焉十曰游會局凡舉國各政會學會教會游歷游學各國會司其政律而鼓舞之十一曰陸軍局選編國民為兵而司其教練十二曰海軍局治鐵艦練軍之事十二局設庶政可得而舉矣然國政之立皆以為民民政不舉等於具文而已夫地方之治皆起於民而自縣令之下僅一二簿尉雜流未嘗託以民治縣令任重而選賤俸薄而官卑自治獄催科外餘皆置之度外其上乃有藩臬道府之轄經累四重乃至督撫而後達於上藩臬道府拱手無事皆為冗員徒增文書費厚祿而已一省事權皆在督撫然必久累資勞乃至此位地大事繁年老精衰

舊制且望而生畏望其講求新政而舉行之必不可得向者學堂商農之　詔累下矣而各直省多以空文塞責亦可見矣日本以知縣上隸於國漢制百郡以太守上達天子我地大不能同日本宜用漢制每道設一民政局妙選通才督辦其事用南書房及學政例自一品至七品京朝官皆可為之准其專摺奏事體制與督撫平等用出使例聽其自辟參贊隨員俾其指臂收得人之助其本道有才者即可特授否則開缺另候簡用即以道缺給之先撥釐稅俾其創辦新政每縣設民政分局督辦派員會同地方紳士治之除刑獄賦稅暫時仍歸知縣外凡地圖戶口道路山林學校農工商務衛生警捕皆次第舉行三月而備其規模一年而責其成效如此則內外並舉臂指靈通憲章草定奉行有準然後變法可成新政有效也若夫廣遣親王大臣游歷以通外情大譯西書游學外國以得新學厚俸祿以養廉恥變通科舉以育人才皆宜先行者猶慮强鄰四逼不能容我從容圖治也且我民窮國匱新政何以舉行聞日本之變法也先行紙幣立銀行財泉流通遂以足維新之用今宜大籌數萬萬之款立局以造紙幣各省分設銀行用印度田稅之法仿各國印花之稅我地大物博可增十倍然後郡縣徧立各種學堂沿海急設武備學院大購鐵艦五十艘急練民兵百萬則氣象丕變維新有圖雖不敢望自强亦庶幾可以自保臣愚夙夜憂國統籌大局思之至詳其能舉而行之惟　皇上之明其不能舉而行之惟諸臣之罪時阽國危謹竭愚誠伏乞　皇上聖鑒

三月康有爲岑春煊等開保國會於京師

先是有爲及文廷式江標陳熾袁世凱黃遵憲等數十人開強學會於虎坊橋購書籍儀器研究天文地理內政外交御史楊崇伊劾其結黨得旨封錮而御史胡孚宸謂書局關天下人才翁同龢力主之遂詔總署議改強學會爲官書局派大臣理厥事至是德占膠州俄據旅大德兵入卽墨聖廟毀我仲由目士大夫憤極會試公車雲集相聚赴臺泣請詰責御史李盛鐸夙與有爲善陰詐好事謂有爲曰今聯公車開一大會不壯觀乎有爲然之乃馳柬各京官負時望者及會試舉人謂仿泰西茶會聚集志士討

論政治遂開會於粵東館及嵩雲草堂志士赴者數百人至則具果餌供茶茗貲費皆盛鐸出有爲登臺演說尋以保國會章程簿册請衆列名時論大譁御史黃桂鋆潘慶瀾劾之　上曰會能保國不誠善乎寢不問盛鐸懼及禍亦三疏劾黨會且令各報館盡刊各京官公車至者岑春煊于式枚等數百人而不與已名云先是有爲門人布滿天下學會林立其在京者有林旭等之閩學會楊深秀宋伯魯等之陝學會楊銳劉光第等之蜀學會而吏部主事洪嘉與立一攻保國會與之反對康門又立一保保國會護之自是議論蠭起而新舊黨禍烈矣李盛鐸連上七疏劾有爲後有爲敗盛鐸方奉管學大臣派在日本考察學務人以盛鐸與有爲交際密攻之　太后查舊檔得盛鐸前後各疏大喜驟擢盛鐸四品卿命爲出使日本大臣識者鄙之

四月軍機大臣恭親王奕訢卒
王爲　文宗弟　孝和成皇后極愛之初　宣宗議立嗣
后贊王賢將立之王力辭且曰伯兄賢能主天下遂立
文宗以是　文宗重之自同治以來　兩宮垂簾訓政
王長政府倚以定亂光緒甲申之役王以失調度罷政日
本難起仍起王長軍機王知大體諳故事嘗受　文宗遺
詔　慈禧太后亦憚之王以調和宮闈爲己任大小臣工
奉若山斗至是卒
下詔定國是
先是康有爲上變法疏下總署議置弗覆　上再催而總

署不答大小學堂累詔催辦經三年無緒　上決意變法恭王諫曰法者祖宗之法也不可變　上曰今祖宗之地若民且莫保法安存乎因使慶王弈劻奏　太后曰朕不能爲亡國之君若不予我以人君實權毋寧遜位　太后大恚欲縱所爲制之而恭親王適卒翰林院侍讀學士徐致靖御史楊深秀上書請定國是翁同龢力主之乃下詔

詔曰數年以來中外臣工講求時務多主變法自强邇者詔書數下如開特科汰冗兵改武科制度立大小學堂皆經再三審定籌之至熟甫議施行惟是風氣尚未大開論說莫衷一是或託於老成憂國以爲舊章必應墨守新法必當擯除衆喙嘵嘵空言無補試問今日時局如此國勢如此若仍以不練之兵有限之餉士無實學工無良師强弱相形貧富懸絕豈眞能制梃以撻堅甲利兵乎朕惟國是不定則號令不行極其流弊必至門戶紛爭互相水火徒蹈宋明積習於時政毫無補益即以中國大經大法而

論五帝三王不相沿襲譬之冬裘夏葛勢不兩存用特明白宣示嗣後中外大小臣工自王公以及士庶各宜努力向上發憤為雄以聖賢義理之學植其根本又須博採西學之切於時務者實力講求以救空疏迂謬之弊專心致志精益求精毋徒襲其皮毛毋競騰其口說總期化無用為有用以成通經濟變之才京師大學堂為各行省之倡尤應首先舉辦著軍機大臣總理各國事務王大臣會同妥速議奏所有翰林院編檢各部院司員大門侍衛候補候選道府州縣以下及大員子弟八旗世職各省武職後裔其願入學堂者均准入學肄習以期人材輩出共濟時艱不得敷衍因循徇私援引致負　朝廷諄諄誥誡之至意將此通諭知之欽此

慈禧皇太后逐上師傅軍機大臣大學士翁同龢回籍

同龢久授　上讀頻勸　上振君權　太后雖歸政大事　上必關白同龢教　上獨斷　太后惡之自文廷式汪鳴鑾長麟志銳被讒　帝黨勢益孤同龢且主張新政　太后逼　上逐回籍　總管太監李連英詔事　太后得寵勢陵　主上恆短　上危之欲盡去附　上者軍機大臣刑部侍郎剛毅

密結之剛毅粗鄙無學翁同龢易之　上亦惡剛毅屢受面呵恭王卒大事決同龢剛毅腹誹觖望時京中爲之語曰自言自語剛樞密獨斷獨行翁相公剛毅連英合搆同龢於　太后遂開缺回籍後剛毅當權同龢交地方官嚴加管束剛毅陷之也

詔文武大臣補缺受賞赴　太后前謝恩

太后雖歸政而進退大臣多由　懿斷非　上所得專故命文臣侍郎巡撫以上武臣都統提督以上得賞受官者赴　太后前謝恩

以榮祿爲直隸總督節制北洋三軍

榮祿爲太監李連英死黨小有才　太后喜之命爲直隸總督節制董福祥聶士成袁世凱三軍榮祿自是益發達

榮祿到任籌辦直隸大勢疏不陳　上
而陳　太后　上詰責之榮祿大懼

御史楊深秀請釐正文體

深秀以變法當先變科舉昌明實學疏請釐正文體詔曰

可

上召見康有為張元濟於仁壽殿

上亟思變法而大臣礲玩無當意者有為屢進書疏同龢

珍妃交稱之元濟開學堂燕都教貴游子弟時務因負時

望侍讀學士徐致靖奏保　上召見頤和園之仁壽殿

上曰中國事皆守舊諸臣壞朕深知之但滔滔皆是朕權

弱安能盡去耶有為因說　上不必去大臣而惟任小臣

不必擢其官而惟委以差俾得專摺奏事大臣養尊處優無所事事久之新政效大臣無辦事之勞無去位之慮則怨讟自息矣　上然之元濟廷見後上書言改革因命有爲在總理衙門章京上行走元濟故總署章京故無他命

詔大臣保薦使才

詔各省自闢利源

賠款浩繁計臣惟務羅括民生益蹙工部郎中唐浩鎭請令各省自闢利源以贍國用詔戶部議行之　戶部奏云據原呈內稱富國之本首在足民生物之功資乎因地今者世變益亟財用內匱各直省官員未聞以何地可興何項利益何處可植何種樹木詳籌以增國課中國膏腴至廣生產最繁誠量各省土性之所宜廣植物產其已備者擴而充之未備者購而給之務使無曠土無游民而後止一曰蠶桑中國產絲之區以江浙爲最江浙以近太湖者爲最蓋湖水澄清性肥而

燬故以水灌桑則葉茂以桑飼蠶則絲韌以太湖例之鄱陽巢湖洞庭大明金明滇池
昆明各省之湖誠能推廣此意徧植蠶桑則所出絲繭皆能光白柔韌遠勝於日本意
大利諸邦而收大利二曰葡萄外國酒爲貨物之大宗其酒稅爲國課之大宗考察奉
天吉林土性皆宜葡萄苟能廣種購機以釀復能推而行之直隸西山山西北山太行
陝西華山山東泰山河南嵩山泉甘土沃之區則酒產日豐酒銷日旺而酒稅大贍國
用矣三曰種棉中國棉花向推順天平谷絲長色白足與美國南海島種相匹洋棉價
貴每百觔需洋銀三十三圓華棉價賤只十七八元故華棉行銷外洋以之紡紗織布
轉運中國銷售尙有巨利今江蘇兩湖產棉亦旺苟令各省凡土脈鬆厚山陸高燥之
地廣爲播種歲入不可勝計四曰種蔗甘蔗爲中國獨有之利西人試種愛爾蘭之地
而不合土宜且枯瘦無糖故中國絲茶而外蔗糖爲西人最嗜雖法人之蘿蔔糖美國
之楓脂糖不足比也惟不用機器提製色味不潔若令江西浙江江蘇安徽素常種蔗
之地廣植豐收購機製造則歲增之利無算五曰種竹竹之爲物可製機可造紙獲利
較他產尤速中國除直隸山陝諸省不能豊植外餘皆可種產紙之區向以浙江之紹
興安徽之宣城甯國爲最惟舂煑烘焙仍嫌錘鍊未精若用洋機製造和以管蔴加以
堅韌則成紙速而銷場廣每年洋紙數百萬之利可以抵制而竹竿竹器出口之價亦
可歲增六曰種樟樟腦爲製炸藥所必需其漲力可增至五千倍日本與臺灣所產最
旺中國江西湖南安徽廣西等苟能種植十數年間即可熬腦每十斤可値洋銀五元
其利什伯於他產七曰種橡西人歲剝橡樹皮熬膠以製器物續剝續長獲利無窮以

之爲物廣狹屈伸各適於用中國各省有之雲南最多西人名曰膠樹今宜專收橡子
任民播種數年即可剝膠行銷外洋足奪意大利及舊金山所產之利八曰種煙與咖
啡煙性能滌穢化痰中國關東煙葉味較芳厚第不善收儲又不知卷成紙煙致巨利
爲人所侵如令直隸奉天擇其隙地廣種煙子收儲地中一二年後退其火性購機卷
製即可行銷外洋咖啡一物始於斐洲西人日用必需銷路大廣故各國市肆俱設咖
啡之館近通商口岸華人俱嗜與紙煙同如令各直省添種咖啡之樹其利較種茶尤
厚凡此八利如蒙　諭旨飭下直省各督撫詳查地宜購種發給以郡守牧令總其成
以同知通判縣丞等任其事各州縣能勸種樹木三十萬株以上農利三百畝以上考
察得實立與擢用奉行故事者罷黜之地方官吏亦視種植之繁簡爲考成按圖立册
就地課稅產既加多稅自益旺足國之道權輿於此各等語臣等竊維樹藝與耕耘並
重本天地自然之利爲農民切要之圖值此時局艱難度支奇絀各省地方有司尤當
審量土宜廣開利源藉紓　國用迭經欽奉　諭旨飭令各省考核錢糧稽核荒田開
辦蠶桑振興商務並行令各省督撫就地籌欵如有可興之利隨時陳奏以應急需上
年九月御史華煇奏請令各省講求種植水利亦由工部會同臣部通行在案復據都
察院左都御史徐樹銘奏請舉行蠶桑並護理陝西巡撫張汝梅奏請通行各屬蠶桑
種植等項凡有裨生計者飭令興辦亦已奉准咨行臣部郎中陳熾復編輯續富國策
一書內詳載種樹富民種桑育蠶葡萄造酒種竹造紙種樟熬腦種木成材種橡製膠
種茶製茗種棉軋花種蔗製糖種煙及咖啡以供食用各說業由坊間刊行臣等職司

農政凡內外臣工條奏興利摺件無不行令各省設法振興無如各省於種植一事迄
未舉行或土性實有所不宜抑民情有難以相強現據該郎中所陳蠶桑葡萄種棉種
蔗種竹種樟種橡種煙八利實皆臣部郎中陳熾所輯續富國策中之言臣等反復推
勘亦知地利之可興惟風土異宜難必成效之可覩即如蠶桑一事前據廣西巡撫馬
丕瑤奏稱興辦有効未及兩載而桑秧蠶子靡有孑遺又如葡萄製酒前據山東巡撫
奏稱東海關道盛宣懷稟仿照洋法製造價廉味美准該商專利十五年又據山西巡
撫奏據文水一帶所產葡萄最佳誠宜設局開辦現在是否確能釀造是否行銷出洋
未據該撫等奏咨到部此外如軋花製糖造紙熬腦製膠卷煙各事非購買外洋機器
則貨物不精非熟習商務情形則獲利不厚且未察物產之多寡銷路之暢滯更不講
求製造諸法亦恐未必有益應請 旨飭下各直省將軍督撫各就地方情形詳加考
察認眞舉辦如樹藝有合土宜製造有可抵制外洋之處應如何定章勸懲即行奏咨
立案以重 國課而開利源所有臣等遵旨議奏各緣由理合恭摺具陳伏乞 皇上
聖鑒謹 奏奉 旨依議欽此

詔設商務大臣

中國自漢以來視商爲末務恆抑之商人散漫隔膜日見

嵗眩各國洋貨入口奪我利益國用愈窘至是　上鑒商戰之局詔設商務大臣統海內海外商人研究製造保護利益

詔選宗支王公出洋游學

自　聖祖設立官學教宗支經史天算頗有所成就而歷久廢敗上書房亦成具文宗支幾無教育知識頑陋莫任大事五洲形勢尤貿然詫以爲怪　上慨然曰宗支者國家之根本也他日內秉國鈞外掌兵軸皆吾子弟是倚今知解若是安能當國乃命選王公宗室中學有根柢者游學各國諳習政法

大學士徐桐稱疾不視事

桐好宋學取與不苟負清正名而足未出國門不知世事故深惡新政嘗曰古先王治法未墜於地其人存則其政舉何爲取法外國徒紛紛亂耳編修蕭榮爵桐門人也爲桐作疏力劾康有爲亂制以去就生死爭桐止勿上但稱疾不視事攻新法者倚桐爲領袖

五月御史宋伯魯楊深秀劾禮部尚書許應騤

上欲於經濟特科外更舉經濟常科試時務策論及政治法律財政外交物理各專門學令禮部條議章程應騤格之且忌有爲屏勿禮有爲亦怨之伯魯等劾應騤守舊迂

謬阻撓新政請予罷斥　上令應騤明白回奏

詔科舉改試策論

上以近科制藝空疏於經義罕有發明文體日敝風俗日漓無以拔眞才勵實學命自下科始鄉會及歲科一律改試策論令禮臣詳議行

御史宋伯魯請以經濟歲科歸併正科詔行之伯魯疏云竊本月初五日奉　上諭因時文積弊太深不得不改絃更張以破拘墟之習總期體用兼備人皆勉爲通儒等因欽此臣伏讀之下仰見　皇上天錫智勇洞悉積弊之原力破迂拘之格千年沉痾一旦掃除轉弱爲强在此一舉矣臣又讀本年正月初七日　上諭有創行經濟歲舉在各省學堂挑選高等學生應考作爲經濟科舉人貢士等語臣恭繹前後兩　諭用意實同特前者因八股取士相沿既久未便遽革故別創一格以待實學之士今既毅然廓清積弊改試策論則與經濟歲舉所試各項大略相同似宜合於一途以一觀聽臣竊維中

國人才衰弱之由皆緣中西兩學不能會通之故故由科舉出身者於西學輒無所聞知由西學出身者於中學亦茫然不解夫中學體也西學用也無體不立無用不行二者相需缺一不可今世之學者非偏於此即偏於彼徒相水火難成通才推原其故殆由取士之法歧而二之也臣以爲未有不通經史而可以言經濟者亦未有不達時務而可謂之正學者教之之法既無偏畸取之之方即當無異致似宜將正科與經濟歲科合并爲一皆試策論論則試以經義附以掌故策則試以時務兼及專門泯中西之界限化新舊之門戶庶體用兼舉人多通才且並兩科爲一科省却無數糜費不然則歲歲舉行鄉會試　國家財賦斷不能支如蒙　采擇乞將臣所陳交部一并議覆

詔催鐵路大臣盛宣懷開辦蘆漢鐵路

蘆漢開辦鐵路設立招商公司特派盛宣懷督辦至是兩年勘路購地尚未奏陳端緒故詔催之

以大學士孫家鼐爲管理大學堂大臣

自乙未詔開京師大學堂爲天下倡經三年無敢議者敦

促再四羣臣相顧束手至是樞臣譯署僉屬舉人梁啟超草覆啟超取日本學規參合中國情勢爲章程八十餘條上之報可御史李盛鐸上疏薦孫家鼐遂派爲管學大臣康有爲冀爲總教習而家鼐忌有爲資淺干衆議乃特詒有爲問總教習有爲故辭家鼐因其辭謝遂聘美人丁韙良任之而薦李盛鐸爲總辦

召見舉人梁啟超賞六品頂戴命辦譯書局事

中國驟言新法知各國文字能讀其原文書者固少譯出書籍亦乏精善御史楊深秀李盛鐸請就日本書譯之日本文略同譯較易會啟超召見上所著變法通議　上悅

總署王大臣謂啟超究心西學曾在上海集資設局譯書請以起超辦理譯書局事允之尋啟超奏立編譯學堂准予學生出身書籍報紙免稅報可

詔興農學

上以各省曠土相望地力未盡西北尤荒廢嘗有志振興之御史曾宗彥上疏請興農學遂令總署議行時梁啟超開農學會於上海刊農學報研求新法張之洞陳寶箴等捐貲助之　上併令劉坤一查採章程頒行天下譯西國農學書報以振農務

詔興工藝

上以各國工藝日新月異中國囿於舊習未能自出新奇皆由朝廷未嘗鼓倡所致遂詔建立工藝學堂有創新法製新器者賞之爵之捐貲設局者照軍功例給獎

御史文悌以劾宋伯魯楊深秀奪言職

滿洲御史升階滯多各署繙員保送明幹者避弗爲故常冥冥不知世事文悌講學敢言滿洲翹翹者也嘗自請使俄爭回旅大不遂則蹈海以死使外人知中國冇不畏死之臣或懾而還我地言雖迂陋而朝士壯之康有爲先亦厚結悌尋與有爲齟齬且以伯魯等彈應騤爲黨庇誣罔遂上疏劾之言有爲學術不端聯絡臺省私開保國會祇

保中國不保大淸　上方務變法惡悌阻撓謂悌不勝言職令回原衙門行走文悌遂授徒於龍樹寺樓上大學士徐桐重譽之曰仲恭悌字天下正氣也悌亦自負以正氣刻其圖章曰十歲爲神童二十爲俠客三十爲才士四十爲名宦五十爲直臣或嘲曰悌尙未爲聖人此其所以劾康也

詔更兵制

國朝兵制凡三曰綠營兵曰旗兵曰練兵綠營兵多土籍散處各汛地旗兵爲滿洲卒屯京遼及駐防地練兵隨時招募就營爲防日久皆窮冗闒與弱者如乞匄而强者半盜賊靡洶旭敵凱者　上鑒甲午之役下詔更兵制行新操法

詔併天下書院祠廟爲郡縣中小學堂

大學士孫家鼐請朝官簽校邠廬抗議允之

前左中允馮桂芬著校邠廬抗議言改革制度翔實家鼐以上殷變法請下其書部院卿士逐條簽可行不可行擇多者從之報可

諭各省保護教堂

自景教流傳中土教徒繁滋近以國勢愈弱教徒愈橫地方官訟事率袒之民積不平教案累見數釀成交涉失地賠款　上命總署定新章行之

孫家鼐請譯局進書由管學大臣核進

康有爲著春秋孟子界說內言公羊之學證孔子改制稱
王韡以其言不合疏請譯局進書由管學大臣查核方可
進呈　御覽允之
以湖南按察使黃遵憲爲出使日本大臣擢三品京卿
遵憲舊任日本參贊著日本國志考察國統天文地輿財
政兵刑禮俗稱詳實及爲湖南按察使力佐陳寶箴行新
政上欲任之遂有是命
詔裁綠營
綠營兵腐敗無用徒耗庫款甲午以後臣工屢請汰舊練
新翁同龢力主之恭王以爲未可迄乙未始裁三留七至

是　上決意練新兵詔各省裁汰之節糧餉以養精壯

六月張之洞陳寶箴請鄉會試隨場去取詔行之

納孫家鼐請改時務報爲官報以康有爲駐滬督辦之

變法議大行論者以　上之改革皆有爲私入宮禁鼓動之朝議大譁家鼐請改時務報爲官報以有爲駐滬督辦蓋疏之也報可尋命有爲畢呈所輯歐洲列國變革記始出京有爲遂不赴滬時務報之起也梁起超任著作汪康年任籌欵二人創辦昌言國是大動人聽至是改爲官報康年曰報爲官報欵亦需官欵遂盡收時務報欵別開昌言報啟超等人恨謄報詈罵康年亦詆復之啟超等諷御史宋伯魯劾康年侵吞公欵交黃遵憲查辦未幾而新政敗時人謂戊戌新政隨時務報館爲起滅云

詔開中國銀行

中國故無銀行利權惟外人握大理寺少卿盛宣懷請仿西國銀行成法開中國銀行下戶部議至是議行

詔刪改則例

上以舊例繁瑣吏胥因緣爲奸且與西律輕重不合外人在中國者執是自行其本國之法律不歸約束治外法權盡失恆思更張之康有爲請開制度局採各國憲法選名人訂定使之覲若畫一大臣格不行至是倉塲侍郞李端棻請刪改則例勒爲成書詔行之

詔駐英美日本各使臣設立華商學堂

華民隸英美日本各商埠者數逾五百萬富貲財而愛宗

國　上亟亟教育命立學堂教其子弟

左都御史徐樹銘劾湖南巡撫陳寶箴詔切責樹銘

湖南多氣節之士強幹可任而守舊心極固深惡新法編修江標爲學政頗以新法課士風氣稍稍變寶箴任湘撫大行新政聘梁啟超爲時務學堂教習用曾昭吉開製造局興電燈以廖樹蘅黃宗灝等辦礦務任臬司黃遵憲興警察紳士譚嗣同熊希齡唐才常等和之於外其子吏部主事陳三立助之於內江標任滿徐仁鑄繼爲學政尤好新奇三湘靑年抵掌談新法議論漸激詆詬亦集仁鑄課士撰輶軒新語戸部主事葉德輝撰軒新語評大攻之詆新學者倚爲領袖前祭酒王先謙舊與曾昭吉熊希齡善出資本合開製造局後見攻新學者多亦反而攻曾熊爲康黨撰翼教

彙編以自明他如孔忞敎張祖同俞錫爵皆逢起攻新學自是謠諑百出矣樹銘湘人上書劾寶箴等操切

詔責樹銘隨聲附和不顧大局時督撫力行新政者推湖廣總督張之洞陝甘總督陶模湖南巡撫陳寶箴三人爲最之洞子權模子葆廉寶箴子三立皆能助其父時人謂之三公子

詔建水師鐵路鑛務各學堂

御史張承纓請立五城學堂詔孫家鼐議行之

納康有爲請設農工商局於京師以直隸霸昌道端方直隸候補道徐建寅吳懋鼎爲督辦賞三品卿銜專摺奏事端方巧於仕宦後有爲敗方賄內監進勸善歌太后大喜擢陝西按察使

上以康有爲進書勞賞銀二千兩

七月詔幸天津閱兵

上以將軍督撫延玩新政詔督催之

上以樞廷部院蒙蔽因循詔申飭之

詔設商會

京師既設農工商局少詹事王錫蕃請於上海設立總商會講求商務並於沿江沿海商賈輻輳之處設立分會詔總署詳議行

翰林院侍講黃紹箕上張之洞所著勸學篇詔行之

新政大行好奇之士緣飾西儒平權論自由說諸吐餘謂中國禮法倫常皆爲桎梏必一切破壞而後能見維新之

眞相攻新政者據爲口實排擊愈衆羣謂新說皆康梁啟之之洞曾薦梁啟超懼爲時議非刺受禍遂著勸學內外篇外篇言採西法內篇宗經典以抵康學紹箕之洞門人與有爲往來密亦慮康敗及禍遂上之洞所著勸學篇以塞時口詔通行天下學校

國子監學正黃贊樞言民生日蹙宜厚生計蠹吏橫征宜嚴考查允之

前太僕寺少卿岑春煊請汰冗官允之

上以京外大小各官舊制相沿冗濫日甚久思變更春煊以京卿候補居京屬幕賓張鳴岐爲書上之侃侃聳聽遂

詔施行

翰林院編修趙炳麟請整頓部務允之

上以部務廢弛事不在官吏胥貪橫流弊叢集思振新之

會炳麟上內治外防十二策言及整頓部務請裁汰胥吏

考覈部員無學識者選專門學家分任部事使各部實權

能及於郡縣而後綱舉目張詔允行之

翰林院修撰駱成驤上中興徵獻錄

革禮部尚書懷塔布許應騤左侍郎堃岫徐會灃右侍郎溥頲

曾廣漢職賞禮部主事王照四品京堂

照上書請　上游歷日本以固邦交設立教部以翼聖教

罷斥老朽而用新黨懷塔布等不爲代遞照復爲摺劾堂官蒙蔽懷塔布等亦劾照咆哮署堂陷帝敵國並上之上大怒懷塔布等阻撓新政革六堂職謂照不畏強禦賞四品京堂或謂康有爲勸上變法進退羣臣當爲太后呵阻不得行其志欲以游歷日本爲名奉上都金陵離遠太后然後大行改革故諷王照言之自是詆新政者愈衆後新政敗六堂皆復職懷塔布以義和拳之變爲聯軍擊斃許應騤任閩浙總督以貪婪奪爵爲御史李灼華劾罷

詔各署則例仿史表分門別戶刪訂

以岑春煊爲廣東布政使

春煊請汰冗官　上嘉許由候補四品京堂特擢之

以倉場侍郎李端棻爲禮部尚書少詹事王錫蕃爲禮部左侍

郎翰林院侍讀學士徐致靖爲禮部右侍郎（故例講讀學士少詹正詹遷內閣學士始遷侍郎侍郎轉左都御史始遷尚書端棻等言新政故超擢之）

徐致靖請置散卿詔孫家鼐議行之

以內閣候補侍讀楊銳刑部候補主事劉光第內閣候補中書林旭江蘇候補知府譚嗣同在軍機章京上行走參預新政賞四品卿銜

上惡老臣不能佐新政且格抑之思用小臣氣銳者會楊銳劉光第爲陳寶箴保薦寶箴行新政力　上信之而譚嗣同亦佐寶箴行新政徐致靖薦之林旭故世家子欲入榮祿幕至京聞康有爲言大悅執弟子禮王錫蕃薦之旭

召見時縷縷述師說　上遂授四人參政別賜硃諭令將新政條理分列竭力輔佐無有畏憚凡新政奏疏悉給閱看諭旨皆撰擬軍機大臣若綴疣嗣同旭尤盛意氣毅然獨斷大臣竊腹誹　上曰朕用小臣當如　聖祖之用熊廷弼大臣皆謂　上以鼇拜待己益怨忌之

詔保賢牧令

撤李鴻章總署差

鴻章自罷直督以大學士居京師上爲其熟外交命在總理衙門行走康有爲屢投刺鴻章言變法鴻章勿爲禮及新政行鴻章復嘲之　上聞知撤總署差

上停止昭信股票
自股票行有司多苛索民衆愁嘆御史黃桂鋆高爕曾疏
劾之　上遂下詔停止
納戶部主事王鳳文請設立賑施局
孫家鼐請設醫學堂允之
納刑部主事蕭文昭請整頓絲茶
詔許士民上書言國政
翰林院侍讀黃思永請辦速成學堂允之
納內閣中書祁永膺請改各省教職爲中小學堂教習
翰林院侍讀學士瑞洵請設報館於京師允之

京師故有鈔報大抵鈔諭旨例摺其廷寄較密不發內閣者勿鈔焉康有爲前開強學會刋強學報後改爲官書局報稍稍談外事瑞洵言約集同志繙譯新報爲上海官報之續並乞飭官紳士民一律聽自由開報館允之

擢翰林院編修江標四品京堂在總理衙門章京上行走

標素肄業同文館研求交涉學薛福成力保之任湖南學政刋湘學報教士分經史時務天算等門取才不拘常格湖南風氣之開標實始之滿任回京會新政大行而物議交集標得其母書言年老多病遂請假歸　上聞標名擢四品京堂在總署章京上行走

復詔革除壅蔽令羣臣進言

上欲採納羣議令士民上書徑達奏事處毋許壅蔽章奏日逾千數至有野人漁父以二尺長條言事者體裁多違式　上粲然閱之自晨迄夕無閒而不能畢覽乃令四參政分覽之擇可行請　旨言事者競進朝房爲之塞

翰林院檢討蔣式瑆請罷衰老大臣更用新壯

舉人曾廉請斬康有爲梁啟超

廉謂康有爲藉變法文奸欲爲教皇覬覦神器啟超前爲湖南時務學堂教習演說悖逆引楊州十日記毀謗本朝上疏請斬之譚嗣同擬處廉重罪　上曰朕令人昌言國

政毋忌諱今以言事罪人是食言也且塞言路寢不問令
譚嗣同劉光第逐條駁之保有爲無他而已
江蘇學政瞿鴻禨請改南菁書院爲學堂並將沙田試辦農學
允之
蕪湖道袁昶請籌八旗生計詔軍機大臣議行之
翰林院庶吉士丁惟魯請飭戶部編歲出歲入表頒行天下詔
行之
戶部主事蔡鎭藩請審定官制詔採行之
刑部主事洪汝沖請遷都荆襄聘用客卿與日本聯邦交
總理衙門章京工部員外郞李岳瑞請變服制用客卿廢兩院

翰林院都察院也

總理衙門章京刑部主事張元濟請改服色變官制廢拜跪

擢直隸按察使新建軍統領袁世凱爲侍郎專辦練兵事

康有爲請仿日本兵制立參謀本部　上自將之盡收天下精銳置禁衛擇忠勇之將副之　上握重兵日習戰事然後分練天下兵而統制之可得人才而收兵柄　上從之譚嗣同遂薦世凱能世凱嘗駐韓機警善變隨以新操練兵天津謂之新建軍　上欲固結其心擬用爲參謀部長因超擢侍郎令專辦練兵事賜食內廷溫語嘉之

李端棻請開懋勤殿

先是康有爲請開制度局總署累撓之至是言新政者日盈千百四參政輪班互閲日不暇給端棻請仿國初故事開懋勤殿選國中英才數十人議政兼聘東西各國政治家爲顧問官議定一切制度然後告太廟誓羣臣大行更新譚嗣同力贊之　上曰須至頤和園請命　太后然後施行

八月召見楊銳賜密詔

先是張元濟李岳瑞等請易服制　上以爲未可康有爲奏曰服制雖細事然最切於身今新政行而大臣掣阻兒戲王言新政終無效服制變大臣褫魄革面革心一切新

氣象自然發現武靈胡服明治戎裝皆以此耳　上然之令購西服雜優人服進或謂內廷演劇有時演近事如鐵公雞之類演戈登助剿一節作西兵西裝優人想九霄備西服待用實非　上所令購爲太監搜得疑爲易服制之用故幷逮想九霄云將請　太后命更之有爲等議於易服制後盡去舊臣告廟更新改是年爲開化元年　上自旁支繼統久懾　太后威事必關白乃行自變法以來諭旨多已出進退大臣亦專之　太后深勿喜各衙門裁罷失官差者益出流言　上所革禮部尚書懷塔布者與總管內務府太監李連英善其妻數入大內與　太后弈棋因泣訴　太后曰　皇上爲左右熒惑變亂朝政求老佛爺宮中呼太后爲老佛爺呼皇上爲佛爺作主極閙　上於　太后羣閹助搆之會　上適來園朝謁上雖居宮恆數日一朝太后　太后怒

上曰小子爲左右熒惑使　祖宗之法自汝壞之如　祖
宗何　上泫然出涕曰時勢至此敵驕民困不可不更張
以救祖宗而在亦必自變法臣寧變祖宗之法不忍棄祖
宗之民失祖宗之地爲天下後世笑而負祖宗及　太后
之付託也　太后大詬之置酒玉瀾堂不懽而散　上大
懼思命人調停之而恭王卒慶王疏遠端王載漪兄弟及
各大臣皆怨　上耆因思楊銳知世故告之銳曰此　陛
下家事當與大臣謀之臣人微言輕徒取罪戾無益也
上因令四參政與康有爲商之且賜密詔詔曰近來朕仰窺　皇太后聖意不願將法盡變並不欲將此輩老謬昏庸之大臣罷黜而登用通達英勇之人令其議政以爲恐失人心雖經朕累次降旨整飭而并且有隨時幾諫之事但　聖意堅定終恐無濟於事

即如十九日之硃諭　皇太后已以爲過重故不得不徐圖之此近來之實在爲難之情形也朕亦豈不知中國積弱不振至於阽危皆由此輩所誤但必欲朕一旦痛切降旨將舊法盡變而盡黜此輩昏庸之人則朕之權力實有未足果使如此則朕位且不能保何況其他今朕問汝可有何良策俾舊法可以全變將老謬昏庸之大臣盡行罷黜而登進通達英勇之人令其議政使中國轉危爲安化弱爲強而又不致有拂　聖意爾其與林旭劉光第譚嗣同及諸同志等妥速籌商密繕封奏由軍機大臣代遞候朕熟思再行辦理朕實不勝十分焦急翹盼之至特諭　此詔後至宣統元年由楊銳之子呈都察院是時炳麟掌京畿主持代奏并連疏請宣付實錄

署直隸總督榮祿調提督聶士成舉兵來津提督董福祥移軍長辛店距京彰義門四十里累電促袁世凱還營

先是懷塔布立山等皆至津言宮中事懷立久領常侍太后黨也懷被革尤怨　上思制之御史楊崇伊善總管太監李連英內事纖悉報知之崇伊亦出天津詣榮祿告曰

上之用慰亭袁世凱字欲收兵權也　上得權必先圖公公其危哉且康有爲亂法臣工怨之事宜早圖也翰林院編修林開蕃旭同族叔也素惡旭所爲而因旭多知內事亦在榮祿座上贊崇伊言榮祿乃稱英俄開仗琿春英艦七艘窺大沽調聶士成兵二十營來津董福祥移軍長辛店三電總署促世凱還營榮祿謂崇伊曰爾言官也可約臺垣請　太后訓政試歸與慶邸謀之遂爲書與崇伊還京

上促康有爲出京

上以事急恐有爲及難以辦官書局爲詞明詔促出京尋召見林旭謂曰朕有密詔促長素行其齎遞汝師善自爲

之有爲得詔遷延三日始行

譚嗣同見袁世凱於法華寺

初楊銳持密詔賜有爲覽有爲曰　太后訓政久閱事多矣安可以口舌爭耶相視而泣譚嗣同曰是烏可以坐待當爲君籌之攜有爲入密室以筆代口議令袁世凱回津提兵殺榮祿因圍頤和園刼制　太后盡誅李連英黨及大小臣撓新法者遂變服制告廟更新有爲愕然曰　太后母也固可刼乎嗣同曰此兵諫也事成自拘於司敗古人有行之者矣因定議林旭聞以詩代簡諫之引漢何進事嗣同不可時世凱累得榮祿促電以未謝　恩不得還

營居法華寺嗣同造謁曰袁公天下健者　皇上知而用之誠得人矣公以　皇上何如主也世凱曰聖主彼得睦仁流也嗣同曰榮祿及羣宵謀欲廢立君知之乎世凱曰然聞之嗣同因說世凱殺榮祿兵圍頤和園救護聖主大行新法且曰此不世之業曠代一時也世凱諾之欲回營簡軍實更將官至津榮祿留之不得抵小站（世凱軍所駐離津七十里）聶士成兵齊集世凱恐遂背嗣同以其謀告榮祿榮祿微服入京奏　太后

御史楊崇伊張仲炘背　皇上上疏頤和園請　太后訓政崇伊與慶王端王徐桐懷塔布立山等日夜謀議因約仲

炘聯名上書　太后請訓政以慰天下之望至頤和園門外不得達時皇上在乾清宮奏事官皆隨皇上太后歸政久頤和園未設奏事官也遇端王載漪弟鎮國公載瀾告以故載瀾遂持摺遞　太后

慈禧皇太后還宮復訓政

太后納榮祿楊崇伊等請即日還宮收　上璽符下詔復訓政

慈禧皇太后殺康廣仁譚嗣同楊深秀楊銳劉光第林旭

廣仁有為弟也有為於訓政前一日行乘英船南渡廣仁居京倉卒緹騎至收下獄　太后密電煙臺上海道截要收有為極刑誅之時梁啟超亦在京與譚嗣同等謀救有

爲往求英使英使避暑西山未歸遂求救於英教士李提摩太爲西字密電告上海領事救之有爲不知政變方從容坐船樓上與客抵掌議論至吳淞口忽英國兵輪至以旗示商船停行一英人上船持有爲相片索之遂攜有爲及行李入兵輪始開而上海道捕船至有爲得無恙啟超匿日本使館薙髮爲日裝使臣僞作出獵狀擁啟超出京門遂得遁嗣同方謀集強桀者刼出　上或謂嗣同曰事急矣君盍遁旃日使亦勸嗣同匿其舍嗣同辭曰各國變法未有不殺人流血者中國以變法流血請自嗣同始深秀亦上疏論　太后訓政非禮未幾皆被執六人同日斬

於市

慈禧皇太后下徐致靖於獄戍李端棻張蔭桓於邊革宋伯魯王錫蕃黃遵憲張元濟李岳瑞陳寶箴江標徐仁鑄熊希齡陳三立職王照遁　太后詔捕治之

楊崇伊請窮治黨人

政變後稍研時務者人皆指爲康黨有志之士人人自危自文悌保中國不保大淸之謠傳布日下李盛鐸所刋保國會數百人幾爲羣矢之的崇伊請窮治黨人盡錮言新政者　太后召見謂曰予已有詔勿株連茲案士類多黨禍一發天下皇皇汝毋昧予意也

兩江總督劉坤一累電請保全　皇上
倉卒政變海內皇然有謂　上已大行者志士聚海上而
泣坤一聞之流涕曰　上一片熱心惜無老成主持之故
致蹶敗此大臣之過也因三電政府請保全　上以免天
下寒心
上朝　太后勤政殿遂居於瀛臺
上率王公大臣朝　太后勤政殿　太后泣曰　皇上五
歲予撫之今長大如許乃欲幽廢予老婦其何辜　上亦
痛泣不敢言羣臣退　上懼欲微服遁有太監六人導之
珍妃牽裾諫而止　太后遂令　上居瀛臺易監侍　上

擊殺六導　上行者瀛臺孤峙南海中四面水環之板橋通出入每召對大臣引見百官架橋引　上出及入則撤其橋褫二妃瑾珍　簪珥不得與上俱　上嘗見秋風吹海水波瀾映咽若泣慨然曰此眞求爲長安布衣而不可得也

太后以榮祿剛毅爲軍機大臣袁世凱權直隸總督

自是榮剛秉鈞勢傾人主榮祿以樞相統武衛五軍外招士夫爲幕客內結李蓮英爲死黨剛毅橫愎謂漢人皆不可用欲滿洲樂須漢人創滿洲人多信之獨壽富自日本歸太息曰吾輩安枕無日矣

太后令內外大臣保薦醫生

傳諭中外言　上病令大臣薦醫生脈案醫方下京外各
署存案後醫生踵至屢乞　上賜診　上怒曰我固無病
何診爲有受　上杖擊者
太后罷各新政
復冗官止士民上書禁報館停辦各省中小學堂罷特科
復制藝廢農工商局復武試弓刀石戒練軍勿用新操

光緒大事彙鑑戊戌之變正誤表

冊別	頁數	行數	字數	誤	正
卷九	四	十一	反字下	計	汗
	九	十六	任重而三字下	選	職
	十六	十三	文體日三字下	蔽	敝
	二十一	二十	葉德輝撰四字下	脫一字	輶
	二十八	十九	作主極三字下	開	間
	三十	五	移軍長三字下	幸	辛